U0940348

多彩贵州

文化学刊

【第一辑】

张学立　袁华◎主编

主　办
贵州民族大学
承　办
多彩贵州文化协同创新中心
品牌支持
多彩贵州文化产业集团有限责任公司

中国社会科学出版社

图书在版编目（CIP）数据

多彩贵州文化学刊．第一辑/张学立，袁华主编．
—北京：中国社会科学出版社，2017.12
ISBN 978-7-5203-1086-4

Ⅰ.①多… Ⅱ.①张… ②袁… Ⅲ.①文化研究—
贵州—文集 Ⅳ.①G127.73-53

中国版本图书馆 CIP 数据核字(2017)第 238551 号

出 版 人 赵剑英
责任编辑 郭晓鸿
特约编辑 席建海
责任校对 张依婧
责任印制 戴 宽

出　　版 中国社会科学出版社
社　　址 北京鼓楼西大街甲 158 号
邮　　编 100720
网　　址 http://www.csspw.cn
发 行 部 010-84083685
门 市 部 010-84029450
经　　销 新华书店及其他书店

印　　刷 北京明恒达印务有限公司
装　　订 廊坊市广阳区广增装订厂
版　　次 2017 年 12 月第 1 版
印　　次 2017 年 12 月第 1 次印刷

开　　本 710×1000 1/16
印　　张 26
插　　页 2
字　　数 338 千字
定　　价 109.00 元

发刊词

“多彩贵州”是新时期提炼的一个以贵州原生态文化为主体的多元文化关系、多样文化生态、多种文化现象涵聚的地域文化概念，还是一个集旅游、影视、传媒、演艺、工艺、美术、会展、体育、食品等多种业态为一体的品牌产业集群。作为贵州省实施文化产业发展战略的重要成果，“多彩贵州”如今已成为贵州省的一张名片，产生了显著的经济效益和社会效益。

多彩贵州文化协同创新中心是2013年9月贵州省教育厅按照“贵州急需、国内一流”要求批准成立的省级“2011协同创新中心”之一，该中心由贵州民族大学牵头，贵州省文改文产办、多彩贵州文化产业集团、中国联通贵州分公司、贵州文化演艺集团等多家单位联合申报获批的唯一一个文化传承类协同创新中心。多彩贵州文化协同创新中心以多彩贵州文化高等研究院为核心，以多彩贵州文化资源网络数据库建设基地、多彩贵州民族民间文化传承人创新基地两个基地为依托，以多彩贵州文化品牌与传播协同创新平台、多彩贵州文化产业化与旅游开发协同创新平台、多彩贵州文化数字化开发与利用协同创新平台三个平台为抓手，以多彩贵州民族民间文化科技园、多彩贵州民族文化影视园、多彩贵州联通数字园、多彩贵州民族文化演艺园四个产业园区为载体，通过协同创新建设，打造多彩贵州“文化研究—学科建设—人才培养—产品研发—品牌示范—企业孵化”等一条龙的政、产、学、研、用链条，通过国内外优势资源的整合，各种创新要素的汇聚，产出重大创新成果，使多彩贵州文化协同创新中心成为西部乃至全国文化多样性传承传播和产业研发的示范中心。

经过多彩贵州文化协同创新团队的同心协力，多彩贵州文化协同创新中心成立三年来，开展了多彩贵州文化领域内文化资源挖掘、文化内容研究、文化产品研发等工作，形成了数量可观、形式多样、水平较高的研究成果。其中包含学术著作10余部、多彩贵州文化品牌调研报告10余篇，发表高水平学术论文90余篇，开发专利和软件著作权13个，获得省部级奖励29项，著作类涵盖了教材、专著、蓝皮书、论文集、多彩贵州文化研究书系等多种形式，其中10余篇论文和研究报告得到省部级、市厅级部门领导批示，或被相关政府部门采用，对推动当地经济、社会、文化协同发展产生了积极作用，取得了一定的社会效益和经济效益。中心团队成员还结合自身研究实际，以多彩贵州文化研究为基点，申报了一批重要科研课题并获立项。其中国家级课题4项，省部级（含教育部、国家民委和贵州省等社会科学规划课题）课题14项，市厅级（含省科技厅、省文化厅、省教育厅、省民委、贵阳市政府社会科学规划项目）课题5项。技术层面上，中心利用科研基础孵化并成立民族工艺品制作、文化旅游产品设计、品牌策划服务、影视制作、数字动漫公司5家；还与政府、高校、企业协同创新，完成了多彩贵州“壹”系列文化品牌工程，包含一套双语译丛、一套演艺节目、一套民族动漫、一套影视剧、一套论著、一套工艺品、一套数据库等一批高质量的成果，多形式建立协同创新联盟，并积极开展各类活动，取得了显著成绩。同时，还建成民族民间文化传承人传习与产业传播的人才培养培训基地，为民族民间传承人搭建起一个政府、企业、高校合作发展的产、学、研一体化的孵化平台——多彩贵州民族民间文化传承人协同创新基地，为傩文化、彝文化、水书文化、民族工艺、民族音乐舞蹈、民族传统体育等文化的传承创新提供平台，把传承人的技艺记录保存并与高校的相应专业学科相融合，为美术、音乐、舞蹈、体育、民俗、文学、旅游等相关方向的教学、科研和创作提供创新资源，形成了高校文化产业及交叉学科创新人才的培养体系。

“多彩贵州”文化品牌对贵州历史的挖掘、当下的发展、未来的展望、产业的拉动都有着积极意义。研究和探讨多彩贵州文化品牌的内涵和外延及其产业化，对传承贵州文化，弘扬贵州精神，建设生态贵州，讲好贵州故事均具有重要意义，不仅具有学术理论和现实应用的双重价值，也是贵州当前文化大发展、大繁荣背景下的历史选择。

为了总结和展示多彩贵州文化研究成果，推动多彩贵州文化协同创新，同时也为了给多彩贵州文化研究的学人、广大读者提供发表研究成果和开展学术讨论的园地，贵州民族大学协同各单位创办了《多彩贵州文化学刊》。本刊是有关多彩贵州文化研究的综合性学术理论刊物，主要刊登与多彩贵州相关的文化理论、文化政策与文化资源传承及非物质文化遗产、文化品牌塑造与传播研究、文化旅游产业研究、文化数字技术研究、文化协同创新研究、文化区域发展比较与借鉴研究、文化资源的文学艺术转化与利用研究等学术成果。本刊设置文化视点、文化名家、文化遗产、文化品牌、文化产业、文化科技、文化服务、制度文化、历史文化、民族文化、民俗文化、生态文化、宗教文化、文学艺术等栏目。

本刊致力于传播“多彩贵州”文化，竭诚为多彩贵州文化的研究者、爱好者服务，既注重学术性又注重大众化，既注重理论性又兼具实践性。读者的喜欢与需求就是我们编辑的动力和努力的方向。我们将与广大读者、作者一起努力，把《多彩贵州文化学刊》办成多彩贵州文化协同创新的重要窗口，办成展示多彩贵州文化品牌、推动多彩贵州文化产业发展的重要平台，并使之成为引领多彩贵州文化发展的一面旗帜，成为贵州各界人士、各族人民的精神家园。

编　者

二〇一六年十一月

目　　录

研究报告

文化遗产

文化产业

文化品牌

历史文化

文学艺术

研究报告

“多彩贵州”文化品牌传播研究

喻　健　唐亚娟*

摘要：“多彩贵州”是贵州省委、省政府为了推动贵州经济发展，拉动贵州旅游业兴起，集全省之力打造的省级文化品牌。研究“多彩贵州”文化品牌，对复兴贵州文化、创新贵州精神、塑造“贵州形象”、构建美丽贵州和生态贵州，具有重要的理论价值和现实指导作用；对如何以品牌融合资源，以文化创造价值，以和谐多元关系与原生态智慧作为“中国经验”的必要补充，并为全世界实现多民族文化包容性成长提供可资借鉴的生动样本，具有深远的历史意义和重大的现实意义。鉴于“多彩贵州”是一个综合性的区域文化品牌，它不仅具有文化的涵聚性，而且兼具经济的引领性。因此本论文运用文化地理学、审美人类学、文化产业学和品牌传播学作为理论工具进行综合研究，其基本要点如下。

第一，“多彩贵州”是一个以贵州原生态文化为主体的多元文化关

* 喻健，土家族，贵州民族大学教授、硕士生导师，研究方向：民族文化产业、中国现当代文学、跨媒介文学。

唐亚娟，贵州民族大学副教授，研究方向：传媒与文学。

系、多样文化生态、多种文化现象、多类产业样态涵聚的地域文化概念，有其独特、丰富的文化内涵，概括起来包括历史文化、民族文化、红色文化、生态文化。这些文化提炼出来就是“多元、和谐、原生态”，而它们正是“多彩贵州”文化品牌构建的重要依据和文化支撑。

第二，“多彩贵州”是以民族歌舞、工艺美术、节庆会展、曲艺影视、现代传媒等文化与科技、文化与经济结合的多类产业样态聚合的综合性文化品牌，它的载体形式有“艺术综合体”“公益服务体”“产业集成体”“协同创新体”四种类型，其品牌构建采取“党政推动、三级联动、社会参与”的形式，从而塑造出“多彩贵州”这个文化品牌的形象。

第三，“多彩贵州”文化品牌的传播必须建立一套识别系统，通过理念识别（MI），凸显品牌核心价值、经营方式，以及生产经营的战略、宗旨、精神；通过行为识别（BI），体现品牌经营管理行为、公共关系、广告、促销方式与手段；通过视觉识别（VI），将文化品牌的一切可视事物进行统一的视觉识别和标准化、专有化，将品牌形象传达给社会公众。

第四，“多彩贵州”是一个既带有明显公益性又涵盖广泛商业性的文化品牌，因而在传播策略上采用“党政传播、媒体传播、机构传播、企业传播”相结合的特殊方式，运用广告传播、公关传播、营销传播、形象代言人传播等有效手段，其传播目的是将一个“宜游、宜居、宜业”的多彩贵州新形象深入人心。

第五，“多彩贵州”是一个综合性的区域文化品牌，既是文化的、艺术的，又是产业的，因此适合运用文化地理学、审美人类学、文化产业学、品牌传播学作为理论工具进行综合研究，从而揭示“多彩贵州”多重文化内涵和区域文化特征，揭示这一特定区域、特定群体审美实践和审美文化的创造性成果，揭示“多彩贵州”文化品牌的产业化发展战略，揭示“多彩贵州”文化品牌的传播与营销运作机理，以壮大“多彩贵州”品牌的实力。

关键词：多彩贵州；文化品牌；品牌构建；品牌传播

一　绪论

（一）概念、术语与理论基础

1. 关于“多彩贵州”

“多彩贵州”是20世纪90年代以来，在贵州省人民政府倡导下，由众多学者和文化工作者在文化研究与文化生产中提出的一个以贵州原生态文化为主体的多元文化关系、多样文化生态、多种文化现象、多类产业样态涵聚的地域文化概念。“多彩贵州”以其独特丰富的文化内涵，被世界旅游组织原秘书长弗朗西斯科·弗朗加利先生于2002年9月在贵州兴义万峰湖景区召开的第六届贵州旅游产业发展大会上盛赞为“文化之州、生态之州、歌舞之州、美酒之州”。①

21世纪以来，“多彩贵州”以贵州多姿多彩的民族文化、历史文化、红色文化、生态文化，以及美丽自然的旅游风光、名优特产作为基本元素，以《多彩贵州风》大型民族歌舞为起点，发展成现在具有多彩贵州歌唱大赛、多彩贵州舞蹈大赛、多彩贵州酒、多彩贵州城、多彩贵州生态旅游、多彩贵州旅游商品“两赛一会”、多彩贵州旅游形象大使

① 石新荣：《一位外国人的“贵州情缘”》，新华网贵州频道，2002年9月28日，http：//www. xinhuanet. com/chinanews/2011 –09/28/content_ 23799552. htm。

选拔赛、多彩贵州原生态国际摄影赛、淘宝多彩贵州旅游馆等多业态聚合的“多彩贵州”文化品牌，成为贵州省委、省政府为推动贵州经济发展，拉动贵州旅游业兴起，集全省之力打造的贵州文化名片。尤其是《多彩贵州风》，已经与《印象·刘三姐》《云南映象》并称为“西南三部曲”，成为展示贵州形象的一个重要文化符号。

近年来，“多彩贵州”文化品牌的塑造与建设已上升到国家和省的发展战略高度。2011 年年初，《贵州省国民经济和社会发展第十二个五年规划纲要》提出，要“积极推进品牌引领战略，继续做响做强‘多彩贵州’品牌，实施百佳文化品牌培育工程，推动形成以‘多彩贵州’为主的品牌集群”;① 2011 年年底，中共贵州省委出台了《关于贯彻党的十七届六中全会精神，推动多民族文化大发展、大繁荣的意见》，提出要把贵州省建设成为多民族文化大发展大繁荣的文化强省的目标；2012 年年初，《国务院关于进一步促进贵州经济社会又好又快发展的若干意见》（简称“国发 2 号”文件）再次强调要“深入挖掘民族文化，做大做强以‘多彩贵州’为代表的民族歌舞、工艺美术、节庆会展、戏剧、影视、动漫等文化品牌”。

由此，“多彩贵州”具有多重属性。在文化属性上，它是贵州特殊的山地高原地理背景与多民族迁徙杂居的历史人文进程相融合生成的一个特定的地域文化体系符号，并将成为贵州区域内源远流长、独具特色、承前启后仍发挥传播作用的一个文化传统；在政治属性上，它是政府推动，通过集束认识，凝聚思想，由社会集体有意识建构的体现当下国家意志的地域文化话语；在经济属性上，它是在政府主导下，具有商标授权的市场垄断性、文化产业打造的龙头引领性、地域品牌提升的国家战略性。

---

① 中国国情网，http：//guoqing. china. com. cn/2011 -12/05/content_ 24076069. htm。

2. 关于“文化品牌”

文化品牌具有三个基本特性，一是具有较高的文化境界和特有的精神属性；二是立足于本土，具有坚强的文化自信和独特的文化身份；三是在建设上注重文化创意，力求创新发展。[①] 那么，作为一种区域层面的文化产业品牌，“多彩贵州”以它原生态文化为主体，涵聚着多元文化关系、多样文化生态、多种文化现象、多类产业样态，具有鲜明的民族性、传统性、本土性、原生性、共融性特征。在民族性方面，17 个世居民族各具特征，坚守着自己的民族精神、传承着自己的民族文化；在传统性方面，有着悠久的历史积淀，凝聚着历史的厚重，承载着主流文化的命脉；在本土性方面，“多彩贵州”文化品牌的产生有其特定的历史环境和生存区域，与其他区域文化相比，具有明显的差异性、稀缺性和不可复制性；在原生性方面，“多彩贵州”文化品牌具有强烈的聚合力、鲜明的选择性和突出的内生性特征，它以原生文化为基点，在历史演进过程中加以取舍、融合、再生；在共融性方面，贵州虽然少数民族众多，但贵州是个移民省，历史上移民实边、改土归流、抗战大后方、新中国成立后的三线建设以及改革开放后的西部大开发等，军籍移民、民商移民、逃难移民、文化西迁、工业西移、投资西部，使贵州形成多民族和谐共居、多元文化共生共融、各民族共同繁荣发展的态势。因此，“多彩贵州”文化品牌的核心内容是“多元、和谐、原生态”，它与历史上已经形成的其他地域文化（如楚湘文化、巴蜀文化、岭南文化等）同样具有强大的辐射力、影响力。同时“多彩贵州”的又一个显著区别，是它还肩负着对建省 600 年来贵州地域文化集大成和再创造的特殊使命，即如何定格成为新时期代表贵州特色地域文化身份符号的“贵

① 肖玮：《论我国文化品牌的创意实现》，《河南工业大学学报》2013 年第 2 期。

州话语”，并获得省内外的高度认同和强势的向心力、整合力；如何对自身地域文化形象符号进行提炼、塑造和传播，形成地域文化身份的认同，并用一个又一个文化建设上的“贵州现象”去传播和实现全新的“贵州形象”塑造。

3. 基础理论

本文在理论工具运用上，涉及以下的基础理论：

（1）文化地理学理论

“文化地理学是研究人类各种文化现象的空间分布、地域组合及文化区域系统的形成、变化和发展规律的一门科学。”① 文化地理学早在20世纪20年代的美国由著名人文地理学家C. O. 索尔提出，接着索尔又继承了施吕特尔“文化景观”的思想，提倡用文化景观来研究区域人文地理的特色，并从研究物质文化要素拓展到非物质文化领域。后来，著名地理学教授凯·安德森等学者在《文化地理学手册》（李蕾蕾、张景秋译）一书中，对文化地理学概念作了如下讨论，他们认为，文化地理学是“作为事物分布的文化、作为生活方式的文化、作为含义的文化、作为行动的文化、作为权力的文化”②。进一步说，每个民族生产的文化制品或文化景观可以带来除此之外更多所拥有的价值观、生活方式、信仰和文化认同等方方面面。

20世纪80年代以后，中国学者开始关注文化地理学。钱今昔教授在《文化地理与现代化建设》一书中探讨了文化地理学的研究对象和内容，认为“文化地理学研究一定空间范围的诸文化因素的分布、组合和发展，它们的形成条件；文化资源的评价、开发、利用和更新；文化景

① 夏日云、张二勋：《文化地理学》，北京出版社1991年版，第6页。

② ［英］凯·安德森等：《文化地理学手册·全书导读》，李蕾蕾、张景秋译，商务印书馆2009年版，第3页。

观和文化生态的特征、演化和作用”。[①] 张二勋教授说：“文化地理学就是研究诸文化要素的形成发展与地理环境的关系以及各种文化现象的区域特征。”[②] 之后，文化地理学在中国逐渐发展成为一门新兴学科，并在相应领域得到广泛应用。

“多彩贵州”是一个地理文化概念，既包括多彩的物质文化景观，又包括多彩的非物质文化景观。运用文化地理学，可以解读“多彩贵州”的多重文化内涵，揭示“多彩贵州”诸文化要素的形成、发展与地理环境的关系，概括“多彩贵州”各种文化现象的区域特征，寻找“多彩贵州”文化的奇异性对文化品牌构建的作用。

（2）审美人类学理论

审美人类学是西方学者运用人类学和美学的理论与方法，以偏僻族群审美文化为研究对象而产生的一门新学科。比如，以印第安夸库特尔人的语言、神话、故事和传说为研究对象写成《原始艺术》（1927）的美国人类学家博厄斯，则是“审美人类学”的开创者。审美人类学“试图解决传统美学、人类学各自尚未触及或者不能单独解决的问题”，[③] 整合并超越了美学与人类学各自既定的局限性。到了20世纪70年代，西方出现大量美学与人类学交叉研究形成的“人类学美学”“美学人类学”“审美人类学”等学术群体。[④] 审美人类学要解决的是现实生活中的审美问题。关于审美人类学的基本内容，广西师范大学王杰等学者侧重民族审美文化的审美人类学研究，把少数民族文化传统中的美学资源引入美学研究中来，对具有中国民族特征的具

① 钱今昔：《文化地理与现代化建设人文地理学论丛》，人民教育出版社1984年版，第743页。

② 张二勋：《文化地理学初探》，《聊城师院学报》（自然科学版）1995年第3期。

③ 冯宪光、傅其林：《审美人类学的形成及其在中国的现状与出路》，《广西民族学院学报》（哲学社会科学版）2004年第5期。

④ 向丽：《审美人类学的兴起和发展》，《光明日报》2008年5月13日。

体审美现象进行了阐发，并试图通过族群美学的研究达到人们对审美生存终极目的理解。①

“多彩贵州”是以原生态民族文化为主体的各种文化现象的集合，是特定区域、特定族群的“审美实践和审美文化创造性成果”，因此，它可为审美人类学研究提供典型案例；反过来说，要揭示“多彩贵州”文化的复杂现象、深层内核、生成规律和美学特征，则需要运用审美人类学的理论与方法。

（3）文化产业学理论

文化产业是文化制品的产业化生产与流通，它与文化经济学有着密切的联系。“文化产业”理论诞生于20世纪80年代欧美高科技发展和对法兰克福学派“文化工业”的置换。雷蒙·威廉姆斯在他的《文化与社会》一书中说：文化研究不应只是对部分文化的关注，而应当将整个文化生产纳入研究的视野。② 关于文化产业的范畴，赫斯蒙德夫认为，文化产业包括“核心的文化产业”和“周边文化产业”，前者如广告与营销、无线电与电视产业、电影及其衍生品、网络产业、音乐及其衍生品、印刷与电子出版、视频与电脑游戏；后者如剧院再生产的产业化形式，书画、装饰、雕塑等艺术品的制作、展览和出售等。

贵州自2005年年底推出大型民族歌舞诗《多彩贵州风》以来，以“多彩贵州”为品牌带动文化产业发展。目前已形成特色产品产业群、演艺产业群、会展产业群、餐饮产业群、民族工艺品产业群等，促进了文化与旅游、工业、通信、会展、商贸、休闲等行业融合，有

① 冯宪光、傅其林：《审美人类学的形成及其在中国的现状与出路》，《广西民族学院学报》（哲学社会科学版）2004年第5期。

② 参见叶朗《中国文化产业年度发展报告（2003）》，湖南人民出版社2003年版，第14页。

效延伸了产业链条。运用文化产业学理论，可以总结“多彩贵州”文化产业的经验、规律、不足和发展路径，推动和实施“多彩贵州”文化产业“走出去”战略、竞争力战略、集聚集群战略、区域发展战略、跨界并购战略、可持续发展战略，提升了“多彩贵州”文化产品的生产与营销效益。

（4）品牌传播学理论

品牌传播学，是由整合营销传播理论发展而来，是传播学和市场营销学相结合的产物。整合营销传播是“把营销与传播全面结合在一起，进而认为‘营销即传播，传播既营销’”。[①] 品牌传播学理论认为，“名称、标志、标识语和包装是四个相互关联的品牌传播元素，广告、公共关系、销售传播和人际传播是四个彼此不同的品牌传播手段，传播的媒介又包括报纸、杂志、广播、电视等，这些品牌传播中运用的要素都在品牌战略里有明确的定义和指导规范”。[②] 充分发挥这些要素在品牌传播中的潜能，就能使文化品牌达到应有的效果。

“多彩贵州”是我国首个全类注册的区域文化品牌，也是国内第一个由省级政府层面来实施市场规范化运作的省级文化品牌。运用品牌传播学理论，分析“多彩贵州”文化品牌的运作机理，进一步提高资源利用率和品牌开发能力，壮大“多彩贵州”品牌的实力；通过“以品牌统率营销传播的诸多内容”，把“多彩贵州”进行一元化的营销和传播整合，使受众获得品牌的一致信息，从而增强品牌诉求的一致性和完整性，提升“多彩贵州”文化品牌的塑造能力和营销传播效果。

---

① 卫军英：《整合营销传播理论与实务》，首都经济贸易大学出版社 2006 年版，第 1 页。
② 高洁：《系统性理论模型下的品牌传播学》，《天津市经理学院学报》2010 年第 6 期。

（二）研究的缘起与现状

1. 研究的缘起

地处西南山地高原的贵州，曾是古代氐羌、百濮、百越、苗瑶以及中原汉族五大族系的文化交会之地。在久远的人文进程和自然过程的时空“耦合”中，形成了本真独特、共融共生的民族文化环境和丰富多样、厚重璀璨的各类文化形态。2005 年，为打造贵州文化名片，推动贵州经济发展，拉动贵州旅游业兴起，贵州省委、省政府在结合贵州独特的自然景观与丰富的文化基础上，通过开展系列文化活动来展现、宣传、建设贵州，从而形成了一个显著文化现象和一个贵州文化产业的标志性龙头品牌——“多彩贵州”。

“多彩贵州”也是省委、省政府倾力打造的一个独特的地域文化概念，与楚湘文化、巴蜀文化、岭南文化等其他地域文化的一个显著区别是它兼具经济引领性。在经济属性上，它既是一个商标也是一个全国知名的文化品牌，其引领性表现在：首先，是唯一一个在全国实施全面保护性注册的商标，到 2013 年 7 月共完成了 46 件商标注册、460 个（服务）项目的全类注册；其次，品牌的所有权属于省级政府，具体归属于贵州省委、省政府成立的副厅级事业单位——贵州省多彩贵州文化产业发展中心；最后，是唯一一个由省级政府定位并通过系列省级层面的公益性活动进行培育的区域文化品牌，同时也是唯一一个由省级政府通过市场化运作进行推广的区域文化产业品牌。“多元、和谐、原生态”是多彩贵州文化与多彩贵州品牌的共同特征和文化内涵，“原生态”是它们的共同核心价值。

“多彩贵州”与历史上已经形成强大辐射力、影响力的其他地域文化的一个显著区别是，它还肩负着对建省 600 年来贵州地域文化集大成的特殊使命，这也是省委、省政府在实现我省与全国同步小康、促进多民族大繁荣大发展这样一个特殊历史节点上赋予它的政治使命，诚如李长春同志评价，“多彩贵州”作为特色文化品牌在国内外产生了较大影响，但要最终定格成为新时期代表贵州特色地域文化身份符号的“贵州话语”，并获得省内外的高度认同和强势的向心力、整合力，还需要加大对自身地域文化形象符号的涵聚、型塑、介化和内生性传播。地域文化身份的认同，是一种全民共同文化心理和共同文化想象的传播建构过程，“多彩贵州”要用一个又一个文化建设上的“贵州现象”去传播和实现全新的“贵州形象”塑造。

如今，“多彩贵州”以品牌融合资源，以文化创造价值，推动了全省文化产业和区域经济的跨越式发展，展现出和谐多元关系与原生态智慧已经成为“中国经验”的重要补充，为全世界实现多民族文化包容性的成长提供了可以借鉴的生动样本，具有世界性示范意义。与此同时，提升国家文化软实力、打造充满活力的文化强省，已是目前国家与各区域经济社会发展的急需。传承创新中国传统文化，提升我国文化软实力、推动民族文化产品走向世界，多彩贵州文化是其中不可或缺的内容和重要支撑。因此，研究、丰富、发展和实践多彩贵州文化品牌，围绕其在复兴贵州文化、创新贵州精神、构建生态贵州和美丽贵州持续发展战略中的地位与作用，不仅具有学术理论和现实应用的双重价值，而且是当前背景下的历史选择。

2. 研究的现状

如前所述，“多彩贵州”是贵州省委、省政府为推动贵州经济发展，拉动贵州旅游业兴起，集全省之力打造的贵州文化名片。在产业化运作上，“多彩贵州”的优势还体现在它既是我国首个全类注册区域文化品牌，也是国内第一个由政府层面来实施市场规范化运作的省级文化品牌。

“多彩贵州”的发展经历了初始（2005—2007 年）、发展（2008—2009 年）、成熟（2010 年至今）三个阶段。自 2005 年开始，相继推出了“多彩贵州”歌唱大赛、舞蹈大赛、旅游商品“两赛一会”以及全国网络媒体多彩贵州踏春行、《走遍大地神州，醉美多彩贵州》CCTV－1 形象片播放等一系列“多彩贵州”文化品牌活动，为推介贵州多姿多彩的民族文化、历史文化、红色文化、生态文化以及美丽自然的旅游风光发挥了积极作用。在产业化运作上，除成功打造了与《印象·刘三姐》《云南映象》并称“西南三部曲”的大型民族文化歌舞诗《多彩贵州风》（已被列入《国家文化旅游重点项目》名录）和原生态民族歌舞《多彩贵州黔印象》外，多彩贵州品牌还成功授权使用在网站、金融、房产、白酒、茶叶、饮料等 10 余个行业，拉动投资 40 亿元以上，初步形成“多彩贵州”品牌产业集群。2011 年，省政府编制出台了《多彩贵州品牌“十二五”发展规划》，通过构建“一个中心，两大体系，三项标准，四大平台，五大利润”的品牌运营模式，到“十二五”末，完成以“多彩贵州”品牌融合资源，以文化创造价值，推动全省文化产业及区域经济跨越式发展，使“多彩贵州”成为中国文化品牌的一大亮点。

到目前为止，有关“多彩贵州”的研究主要集中在以下方面。

其一，对“多彩贵州”各类活动的报道与述评较多，但缺乏理论深度和广度。例如，《多彩贵州在开放中生动起来》（彭勇）、《见证“多彩贵州”全国唱响》（苏丹）、《黔味方言让小品更出彩》（莫治江）等。这类文献在对“多彩贵州”之“游/艺/赛/味/风”等各类活动写实中，夹杂评述其意义、价值和影响，多见报刊、网络媒体。

其二，对“多彩贵州”品牌发展演进的回溯梳理，以及对其未来发展的展望进行了深度研究，但篇数屈指可数。例如，《“多彩贵州”品牌建设存在问题及发展建议》（任宁宁）、《“多彩贵州”——从文化自觉、文化自信到文化自强》（李沁、张文平）、《推动多彩贵州文化“走出去”》（省委政研室课题办）等。这一类研究依据有关品牌理论，着重考察探讨“多彩贵州”品牌的发展演变、存在问题及其对策建议，理论色彩较为明显。

其三，对“多彩贵州”品牌的某一组成部分或内容的探讨，此类研究针对性较强、比较集中、深入，但缺乏全局性视野的观照，高度不够。例如，《“多彩贵州”乡村体育旅游的现状与可持续发展的思考》（徐咏）、《多彩贵州旅游品牌整合营销传播策略研究》（宗琮）、《〈多彩贵州风〉与“多彩贵州”文化品牌塑造》（李波）等，这一类研究着眼于“多彩贵州”品牌的某一方面或某一子品牌（如“多彩贵州风”）来探讨其现状、问题及发展对策。

从以上可以看出，对“多彩贵州”的文化研究，与“多彩贵州”活动宣传、品牌推广形成的热潮相比，反差甚大不成正比；至于“多彩贵州”的品牌价值、品牌定位、品牌战略，尤其从文化学、传播学意义上对多彩贵州文化理论及其创新价值等问题的研究，更是尚未涉及或未能进行深入和系统的研究；没有理论与学术的支撑，与省委、省政府当初提出打造其成为具有贵州认同、贵州召唤力的高端区域文化符号的目的和要求相去甚远。这些，正是本选题研究的出发点。

（三）研究的目标与方法

1. 研究的内容与目标

本选题以进入 21 世纪以来“多彩贵州”文化现象为研究对象，以“多彩贵州”文化品牌构建为研究内容。在具体研究中，本选题对“多彩贵州”文化品牌的内容构成和载体形式进行细致分析，对“多彩贵州”文化品牌的构建与传播策略进行深入探讨。其研究目标，根据省政府文化改革发展规划纲要和“多彩贵州”这一典型区域性文化的发展特征与趋势，通过对“多彩贵州”文化的品牌塑造策略研究，将“多彩贵州”打造为一个独特的、文化内涵更丰富的、能完整表征贵州文化身份并可持续发展的区域文化系统提供理论支撑，为构建贵州“精神高地”、复兴贵州文化、提升贵州文化综合竞争力提供智力支持，建立具有强大涵聚、介化和产业化功能的世界性地域文化形象识别符号提供策略参考。

2. 研究的思路、方法与创新点

“多彩贵州”文化，是西部多民族地区多元、和谐、原生态文化的涵聚表征，也是中华民族优秀文化的重要体现，显示了中华民族自强不息的精神追求，是发展社会主义先进文化、建设中华民族共有精神家园的宝贵财富和重要基础。同时，“多彩贵州”文化也是政府层面运作的文化产业示范基地和区域文化品牌。因此，本选题的研究思路，是以文化地理学、审美人类学、文化产业学、品牌传播学等理论为工具，对“多彩贵州”文化品牌进行跨学科、实证性的综合研究。

在研究方法上，本选题采取定性研究和定量研究相结合。具体采取文献分析法、个案研究法和调查研究法。①文献分析法的运用，主要通过各种资料渠道，搜集省内外有关文化产业发展的经典案例、文化品牌塑造的成功经验进行综合分析研究，以明晰“多彩贵州”文化品牌塑造的研究目标、方式与方法。②在个案研究方面，主要是提取“多彩贵州”文化品牌生成的各种要素、各类型，“多彩贵州”文化品牌塑造的成功个体，分析总结其特征、条件、规律和不足，以提出新的“多彩贵州”文化品牌构建策略。③调查研究法，主要是深入“多彩贵州”文化发生的各个现场，通过实地调查，掌握丰富的第一手资料，在实地调查中，根据具体情况采用观察、访谈、焦点小组和问卷等方法。在调查的基础上，梳理“多彩贵州”文化的生成规律和品牌构建的载体形式，阐述“多彩贵州”文化各要素之间的内在联系，探寻“多彩贵州”文化品牌塑造的更好方法，指出“多彩贵州”文化品牌构建应该回避的问题和值得借鉴的经验。

本选题的研究价值或者创新点有以下几个方面：

由于过去对“多彩贵州”文化现象、文化品牌本身的理论梳理与内涵研究，仅停留在单一区域文化的层面，因此总结近十年来“多彩贵州”文化品牌的形成和发展规律，并将其提升成为独特的、文化内涵更为丰富的、能完整表征贵州文化身份的一个区域文化系统，最终成为一个能构建贵州“精神高地”和传播贵州精神，并具有涵聚、介化和产业化功能的文化符号，此为创新点之一。

由于过去对“多彩贵州”文化的延展性和纵深度挖掘不够，因此，一方面要对原生态民族文化以外的红色文化和历史文化的品牌聚合进行再挖掘、再整合；另一方面要从深层次上解决原生态的核心价值在与现代都市文化、后现代消费语境对接中的矛盾冲突、文化转向和文化资源转化问题，此为创新点之二。

由于区域文化资源分散，文化资本扭矩不力，在文化资源与品牌终端之间缺少一个有效整合的嫁接空间，因此，要通过“多彩贵州”文化品牌的研究，分析历史以来形成的行政意志偏重、法律政策保障机制偏软的现状，找出品牌资源信息体系和咨询服务网络建设的不足，提出影响“多彩贵州”文化品牌可持续发展的措施，此为创新点之三。

由于过去对“多彩贵州”文化形态范式研究不够，因此，要通过“多彩贵州”文化品牌的研究，解决在文化品牌构建中方式固化的问题，改变单纯展示资源过多、产品创意不足、市场对接失当、人文内核缺少等突出问题，使其固有的文化价值、社会效益和当代意义能够得到充分体现，此为创新点之四。

二 “多彩贵州”文化品牌的内涵确定

品牌的背后是文化，文化是品牌的灵魂。品牌专家余明阳认为："所谓品牌就是公众对于组织及其产品认识的总和。"① 王钧引申说："品牌即‘感知’，品牌即‘传播’，品牌即‘文化’。"② 凤凰卫视董事局主席、行政总裁刘长乐说："品牌是靠喝文化的乳汁生存与壮大的。"③ 这里强调的都是品牌锻造时所需要的文化禀赋。因此，在讨论“多彩贵州”文化品牌构建时，首先要确定它的文化内涵及其价值。

《多彩贵州品牌价值研究与品牌“十二五”发展规划报告》指出："多彩贵州品牌源自贵州文化，它的品牌灵魂必然来自贵州文化。探究贵州文化的根源与实质，找到贵州文化魅力的源泉，就能找到多彩贵州的品牌核心价值。"④ 因此，作为一个省级层面地域文化概念的文化品牌——“多彩贵州”，它是以“多元、和谐、原生态”为核心的各种文化现象的全方位集合。贵州是名副其实的文化资源大省，黔西“观音洞遗址”和“普定穿洞文化”都是古人类文化遗址，还有古夜郎文明、牂牁土司文化、屯堡大明遗风、“知行合一”的阳明文化、明清“沙滩奇迹”等，有着久远和深厚的文明积淀。⑤ 贵州有17个世居民族，每个民

---

① 转引自王钧、刘琴《文化品牌传播》，北京大学出版社2010年版，第36页。

② 同上。

③ 同上书，第38页。

④ 多彩贵州品牌价值研究与品牌“十二五”发展规划课题组：《多彩贵州品牌价值研究与品牌“十二五”发展规划报告》，贵州省多彩贵州文化产业发展中心2011年版，第4页。

⑤ 柳路、林茂申：《多彩贵州：民族文化多元一体》，《光明日报》2012年11月10日。

族都创造了绚丽多姿的民族文化，有“百节之乡”和“文化千岛”的美称。另外，以遵义会议会址、四渡赤水遗址等为代表的红色长征文化，以喀斯特地貌为主的山地生态文化和以茅台酒为代表的酒文化，使贵州文化丰富多彩、博大精深。据统计，贵州目前有国家级非物质文化遗产62项，省级非物质文化遗产440项；国家级文物保护单位39个，省级文物保护单位342个。贵州丰富多彩、色彩斑斓的文化，被世界旅游组织原秘书长弗朗西斯科·弗朗加利先生称为“文化之州、生态之州、歌舞之州、美酒之州”。① 2011年10月，贵州省委颁发了《关于贯彻党的十七届六中全会精神，推动多民族文化大发展大繁荣的意见》，要求“深入挖掘提炼史前文明、夜郎文化、屯堡文化、红色长征文化等历史文化、民族民间文化、原生态文化等资源”②。由此，基本界定了“多彩贵州”文化品牌构建必须依赖和把握的要素内容。下面，就“多彩贵州”文化品牌的内涵及其价值认定再做具体分析。

（一）文化之州

1. 历史文化

贵州历史悠久，24万年前就有人类居住、活动。在贵州，发现了属于晚期直立人阶段的“桐梓人”、属于早期智人阶段的“水城人”和盘县“大洞人”，还发现了若干晚期智人化石，如“兴义人”，普定“穿洞人”，桐梓“马鞍山人”“白岩脚洞人”和安龙“观音洞人”。白寿彝主编的《中国通史》说，旧石器时代早期的遗址，在南方“首推贵州黔

① 石新荣：《一位外国人的“贵州情缘”》，新华网贵州频道，2002年9月28日，http：//www. xinhuanet. com/chinanews/2011 -09/28/content_ 23799552. htm。

② 柳路、林茂申：《多彩贵州：民族文化多元一体》，《光明日报》2012年11月10日。

西观音洞”。[①] 考古学家认为：“北京周口店、山西西侯度和贵州黔西观音洞，分别代表中国旧石器时代早期的三种文化类型。”[②] 春秋战国至西汉，夜郎在“西南夷”中崛起，《史记·西南夷列传》说：“西南夷君长以什数，夜郎最大。”据史家考证，夜郎的地域应包括今贵州大部分及滇东和桂西北。夜郎地区社会经济的特征是“耕田，有邑聚”，这已为考古发掘所证实。[③] 在威宁中水大河湾，发现了碳化的稻谷堆积层，兴义汉墓中发现了水稻田模型和水田池塘模型，在普安铜鼓山和毕节青场发现了房屋遗址，在赫章可乐发现了“干栏”式建筑模型，大量的陶器更证实了人们已经定居而形成村落。赫章可乐、普安铜鼓山等遗址证明，夜郎文化有其独特的风貌，赫章可乐的“套头葬”极其罕见，出土的许多青铜器有别于中原和巴蜀，由铜釜演变为铜鼓的线索十分清楚，普安铜鼓山出土的窑、灶、坩埚及大量石模石范说明青铜器是本地制造。[④] 汉武帝元鼎六年（前111）“平南夷置牂牁郡”，牂牁文化继续发展着夜郎文化。至北宋至道元年（995），牂牁王龙汉尧遣使龙光率领牂牁各部入京，演出本族歌舞，“一人吹瓢笙，如蚊蚋声，良久，数十人联袂宛转而舞，以足顿地为节”。此事轰动一时，记入了《宋史》。[⑤] 明永乐十一年（1413）贵州建省以后，驿道的通畅和水路的整治，使贵州与全国连成一气，在政治、经济、文化上“渐比中州”。在明清“移民实边”和“改土归流”的政策下，大批移民以军屯、民屯、商屯的形式进入贵州，结束了土司割据状态，带来了各地的生产技术和先进文化，加快了贵州文明的进程。抗日战争时期的贵州处于祖国西南大后方，西

① 转引自何仁仲《贵州通史》第1卷，当代中国出版社2003年版，第2页。
② 同上。
③ 同上。
④ 同上书，第3页。
⑤ 同上书，第4页。

迁贵州的部分政治军事机关、文化教育机构、作家艺术家、科技工作者、流亡难民，给地处偏远、长期闭塞的贵州带来了发展的机遇，写下了贵州开发史上最精彩的一笔。由此而来，“史前文明”“夜郎文化”“牂牁文化”“土司文化”“屯堡文化”“抗战文化”成为当今贵州历史文化研究的热点，富于“多彩贵州”深厚的历史文化内涵。除此之外，由汉代经师大儒尹珍开“南域之学”传播中原文化的影响，到清代以郑珍、莫友芝、黎庶昌为代表创造了“独领中国西南文化之风骚”的黔北“沙滩文化”；明初彝族女政治家奢香深明大义，办汉学、开设“龙场九驿”稳步推进西南发展，形成了历史上著名的“奢香文化”；明代中期王阳明谪居龙场（今贵州修文县城），成就“心即理”和“知行合一”学说，开创儒学新学派，产生了著名的“阳明文化”，等等。丰富的地域历史文化增添了“多彩贵州”的历史文化底蕴，使之成为“多彩贵州”文化品牌定位所依赖的重要内容。

2. 民族文化

贵州是古代氐羌、百濮、百越、苗瑶以及中原汉族等几大族群迁徙流转、交汇集结之地，是中国乃至世界文化多样性最为突出的地区之一。中国56个民族中有49个民族在此居住，据2010年第六次全国人口普查，“贵州省少数民族人口占全省总人口的36.1%，其中17个世居民族在这块土地上生息繁衍，创造了各具特色的文化样式”。① 黔东南有苗侗文化，黔西南有布依文化，黔东北有土家文化，黔西北有彝族文化，黔北有仡佬文化，黔南有水瑶文化，各种民族文化活动频繁，成为“多彩贵州”文化的重要支撑，“也为全世界实现多民族文化包容性成长提

① 柳路、林茂申：《多彩贵州：民族文化多元一体》，《光明日报》2012年11月10日。

供了可以借鉴的生动样本”。①

由于贵州山高峡深、多山多洞，地形多变、地貌复杂，各民族聚居在各个山坡和河谷，形成了“五里不同风，十里不同俗”的多样化民族特色，各族人民以无穷的智慧创造了丰富多彩的原生态民族文化，构成了多元文化共存的“多彩贵州”。据民俗学家研究，贵州有1000多个民族文化传统节日，其中“16个世居民族都有自己的具有鲜明的民族特色和深厚的文化积淀的民间传统节日”。② 同时，每过一个民族传统节日，都是一次服饰文化（刺绣、挑花、款式、佩饰）、歌舞文化、饮食文化、风情民俗礼仪的展示和传承，“每一个民族，都是通过一个个传统节日在传承着自己的民族文化，来延续着自己的民族文化，使民族文化生生不息，延绵不断”。③ 这些丰富、独特、原生、古朴的民族民间文化，构成了“多彩贵州”民族文化多样性的基本格局，引起了世界关注，尤其是黔东南苗族侗族自治州，被联合国教科文组织认定为“十大世界少数民族风情保护区”之一，被联合国世界文化基金会认定为全球“返璞归真，回归自然”十大旅游首选地之一，并与西藏一起被世界保护乡土文化基金会增列为全球18个生态文化保护圈之一，对于“多彩贵州”文化品牌的内容确定具有重要支撑作用。

3. 红色文化

“红色文化”是对五四运动以来各个革命时期产生的具有特定历史形态的人物事迹、遗址景观、艺术作品、革命精神的总称。贵州有着良好的革命传统，早在1895年清代戊戌维新变法中，600名举人在“公车上书”中冒死签名，贵州举人就占96名，居全国第二位；五四运动以

---

① 柳路、林茂申：《多彩贵州：民族文化多元一体》，《光明日报》2012年11月10日。

② 颜勇、雷秀武：《贵州民族文化传统节日综论》，《贵州民族研究》2007年第6期。

③ 同上。

后，贵州一批青年走出大山投身共产主义运动，成为中国共产党的领导人物，如邓恩铭、王若飞、周达文、周逸群、邝继勋等；“八一南昌起义”的主力军中，许多将领是贵州人，故有“三千子弟兵，八百贵州人”之说；1930年以后，从红七军进入贵州开始，红八军、红三军、红二军团、红六军团，在贵州活动前后达6年，足迹遍布全省68个县；红军自1934年黎平会议、1935年猴场会议之后，接着在遵义召开挽救党、挽救红军、挽救革命的历史上著名的遵义会议；接着以毛泽东为首的党中央领导红军与40万名敌军周旋战斗，最后跳出敌人包围圈的“四渡赤水”，为世界战争史写下了精彩的案例，为中华民族留下了宝贵的精神遗产；抗日战争时期，70万名“贵州草鞋兵”在正面战场上英勇搏杀，用鲜血和生命谱写了一部厚重的贵州人民抗战史。据贵州省委党史研究室全省革命遗址普查统计，目前全省有重要革命遗址共2067处，其中红军在贵州的重要遗址1029处，堪称全国之最。①② 2012年7月5日，由贵州省党史研究室、省宣传部、省文化厅与省科技厅共同组建的“贵州红色文化发展研究中心”正式成立，主要从事对贵州红色文化的发掘研究、开发保护和宣传普及。“红色文化”成为“多彩贵州”文化内涵确定与品牌构建的重要内容。

（二）歌舞之州

大山中的贵州，各少数民族以一种简朴、平和、自适、快乐的心态和方式，安详地生活着，在漫长的历史长河中承袭着自己的文化传统。经历了几百、几千年的积累，创造了绚丽多姿的音乐、歌舞文化。贵州

---

① 肖菡：《贵州省共有红军长征文化遗址900多处　为全国之最》，《贵州日报》2011年6月25日。

② 王小梅等：《追寻红军在贵州的足迹　构筑红色文化“精神高地”》，《贵州日报》2012年7月13日。

17个世居民族都有自己的歌舞娱乐产品，如《侗族大歌》被誉为“东方的咏叹调”，苗家舞蹈也有“东方的迪斯科”之称。丰富多彩的民族歌舞成为“多彩贵州”文化内涵确定与品牌构建的重要组成部分。

贵州民族歌舞集中在黔东南、黔西北、黔东北、黔南少数民族聚居区。黔东南是全国苗族、侗族原生态文化中心，原生态民族人文生态系统保存比较完整、种类繁多，尤其是以苗族和侗族丰富多彩的原生态民族歌舞最具有代表性，驰名中外的有苗族祭祀狂欢舞蹈反排木鼓舞，有行云流水的苗族飞歌，有惟妙惟肖、表达吉祥和感恩的丹寨苗族《锦鸡舞》，有天籁之音的《侗族大歌》。黔西北彝族歌舞大多源于远古的原始宗教，流传到现在的有史诗歌、情歌、喜酒歌、叫魂歌、斗鸡舞、斗羊舞、跳钗舞、大鼓舞以及享誉中外的“滚山珠”等；仡佬族是黔西北一带的原住民族，唢呐吹奏或用唢呐配合锣鼓的吹打乐是这个民族的音乐文化特色。黔东北是贵州土家族的主要聚居地，土家族的哭嫁歌、酒歌、情歌、栽秧歌、打闹歌、摆手舞、龙灯舞等多姿多样；土家花灯，载歌载舞、灯戏兼容，唱腔优美、妙趣横生，富于浓郁的乡土气息，展现出乌江流域的人文风采；有“戏剧活化石”之称的德江傩戏，更是古朴神奇。布依族、水族、瑶族等少数民族聚居的黔南，民俗民风浓郁，三都水族的民歌有情歌、酒歌、婚嫁歌、生产歌等，水族的铜鼓舞、狮子舞、斗牛舞等颇具特色；布依族山歌曲调简练、情趣活泼、内容丰富，情歌集中在每年“六月六”歌节上的青年男女对歌，而由八种乐器组合奏唱的“八音坐唱”更是布依人的音乐代表作；瑶族的长鼓舞、铜鼓舞也声名远播。①

多样性、原生性的民族歌舞资源，不仅成为贵州建设文化旅游大省的重要支撑，而且也是“多彩贵州”文化品牌塑造的核心力量，引起

---

① 李淥：《民族歌舞．贵州文化旅游的生力军》，《贵州大学学报》（艺术版）2007年第3期。

省、市政府文化部门的高度关注。2005年4月，由省委宣传部主办的首届“多彩贵州”歌唱大赛正式启动，并于8月举行比赛颁奖仪式；2005年国庆期间，贵州省委、省政府倾力打造的大型民族歌舞诗《多彩贵州风》在贵阳市隆重推出；2005年11月，贵阳市争得第五届至第九届（共五届十年）荷花奖大赛的独立承办权，并成功举办第五届中国舞蹈荷花奖民族民间舞蹈大赛。以此为契机，贵阳市面向全国实施“大地之舞”计划，形成以中华民族舞蹈为中心内容的舞蹈文化现象和舞蹈文化产业，努力打造中国的“舞蹈之都”；2007年春，省委宣传部又启动“多彩贵州”舞蹈大赛，推动了“歌舞之州”的传承与发展。

（三）醉美之州

所谓“醉美之州”，一是自然生态让人醉；二是美酒飘香让人醉；三是多彩文化让人醉。它们是“多彩贵州”文化内涵确定与品牌构建的重要组成部分。

就自然生态来说，贵州自然生态有三大突出类型，一是占全省土地总面积70%以上的喀斯特地貌和洞穴资源，是世界上最大的喀斯特山区；二是隆起于武陵山脉中部，黄河以南最古老的台地、国际“人与生物圈”保护区网络成员之一的梵净山自然保护区，是世界罕见的生物资源基因库，举世瞩目的生物多样性研究基地；三是世界自然遗产赤水丹霞地貌风景名胜区，有“千瀑之市”“丹霞之冠”“竹子之乡”“桫椤之国”等美称。据统计，贵州有12个国家级风景名胜区、9个国家级自然保护区、21个国家级森林公园、2个国家生态旅游示范区、6个国家湿地公园、6个国家地质公园、57个省级风景名胜区、4个省级自然保护区、26个省级森林公园。贵州独特的地质和生物条件形成了许多绮丽多姿、令人叹为观止的风景名胜和极为丰富的旅游资源，让世人陶醉。这里有世界自然遗产荔波绿色喀斯特景观和樟江水上森林，有最壮观的“中国第一瀑”黄果树大瀑布及瀑布群，有奇、雄、秀、妙的水中溶洞龙宫，有被誉为“地下艺术宝库”的织金洞，“有名扬四海的中国五大佛教名山之一的弥勒道场梵净山，有被称为‘地球上一道最美丽的伤痕’的马岭河峡谷”,[①] 还有红枫湖、草海、舞阳河、花溪、百里杜鹃、茂兰喀斯特原始森林等许多高原湖泊和山间清流以及名贵动植物生长栖居地，“众多妙趣天成的自然景观，使全省一山一景、一水一景，处处皆景，如同一座大公园”,[②] 因此贵州有“公园省”之称。[③] 另外，贵州地处高原，原生态的自然山水、常年温度与日照等自然条件适宜茶树生长，因此贵州是出产高质量茶叶的地方，茶叶生产历史悠久、工艺精湛，自古皆是贡茶之乡。目前全省茶园面积达到204 万亩，居全国第六位，茶叶产值达14 亿元，贵州茶叶被省委、省政府列入特色优势产业“五张名片”之一进行重点发展。都匀毛尖、湄潭翠芽（含兰馨雀舌）、梵净翠峰、凤冈锌硒、石阡苔茶、明前毛尖、绿宝石、云雾贡茶、清池翠片、雷公银球等十大名茶，逐渐享誉全国。感受自然山水，品味生态名茶，也是贵州多彩的文化内涵之一。

白酒是贵州的传统工艺产品，也是贵州的特色优势产业之一。贵州酿酒历史悠久，据文献记载，早在2100 年前的战国时代，一种名叫“拘酱酒”的美酒就在贵州青山绿水间飘香。汉代，汉武帝品尝过古仁怀产的酒而大加赞赏。唐宋时期的“女酒”“牂牁酒”“风曲酒”已颇负盛名。到了清代，贵州的苗酒、夹酒、钩藤酒、刺梨糯米酒、茅台春、茅台烧已闻名全国，后二者逐步发展成誉满五洲的“茅台酒”。在

---

① 何光渝：《多彩贵州：多民族聚居和睦相处》，2006 红色故土行——贵州专题，新浪网，http：//news. sina. com. cn/c/2006 -08 -26/212810836604. shtml。

② 同上。

③ 贵州省旅游局：《多彩贵州·醉美之旅》，中国旅游出版社2010 年版，第2 页。

1915年的巴拿马万国博览会之前，茅台酒就已经有了在南洋劝业会获奖的历史，而在巴拿马荣获金质奖章后，贵州茅台酒已正式成为国际品牌。另外，贵州是“国酒之乡”，有着内涵丰富、形式多样的民间酒文化。既有祭祖敬神、养老奉宾的酒德酒礼，也有婚丧寿喜、节令活动中的各种酒俗酒仪，还有与酒有关的酒旗、酒令、酒规、酒歌、酒诗、酒会以及生产酒、饮用酒的各种酒具酒器。酒文化浓缩了社会生活的方方面面，体现出鲜明的地域民族特色，尤其是贵州有中国白酒第一品牌“贵州茅台酒”的独家优势，能够充分展现中国白酒特色文化，因此“酒文化”成为贵州旅游形象建立的重要指标，也是“多彩贵州”文化品牌内涵确定的重要元素。

多彩文化让人醉，指的是贵州多彩文化的感染力。贵州多彩文化源于喀斯特地貌带来的山水洞峡林泉瀑、湖潭峰坝坡沟坪等自然环境、居住条件、气候特征、物产资源，以及各民族的生产活动、生活方式、风俗习惯、人际交往、休息娱乐、社会意识、宗教信仰、发明创造等，它们构成了贵州文化的丰富性和多样性，到每一处都会让人感受不同的民俗风情、民族建筑、民族工艺，让人陶醉在贵州的山川美景和民族文化之中。“山美，水美，人更美”“走遍大地神州，醉美多彩贵州”——由广州喜马拉雅广告公司拍摄的多彩贵州形象广告片，以“走遍大地神州，醉美多彩贵州”为主线，通过《避暑篇》《人文篇》《航拍篇》《旅游篇》《山水文化篇》《醉美篇》向世界展示了贵州绚丽的自然风光、多姿多彩的民族文化。时长15秒的《醉美篇》，2011年8月1日起在中央电视台《新闻联播》《新闻30分》等黄金栏目时段连续播出近三年之久，让世人同醉。据央视索福瑞的调查数据显示，从2012年1月至2013年10月31日，共有254.41亿人次收看多彩贵州形象片，产生了广泛的影响，“醉美贵州”已深入人心。

（四）和谐之州

所谓“和谐之州”，一是多民族和谐相处，二是人与自然和谐相生，三是多元文化和谐相融，形成了中国典型的“天地人和”的和谐之州。

贵州是多民族省份，全省现有49个民族聚居在这里。贵州也是个移民省，在漫长的历史岁月中，各个族群从祖国的四面八方陆续迁徙而来。据文史学家研究，几千年前蚩尤的后代从东部一路迁徙，来到贵州，沿山而居，后来发展成苗族，他们是第一波开发贵州的先民。第二波移民是在明朝时期来到贵州的。明朝朱元璋为了平定云南，下达“调北征南”“移民实边”命令，派遣二三十万军队来到贵州，加上随军家属一百多万人，他们带来了江南的耕织技术、建筑艺术和民族民间文化，推动了贵州的发展。① 清朝雍正年间大规模的“改土归流”，又有二三十万名“客民”进入贵州，深入山区与少数民族杂居，开发了一批地方名特产品，开办官学、书院，促进了贵州的进一步开发。20世纪40年代日本侵华期间，国土相继沦陷，作为“大后方”的贵州，一时成为难民、企事业单位内迁集中的地区之一，浙江大学等一批著名大学迁至贵州，竺可桢、苏步青、茅以升、臧克家、马思聪等一批知名学者和艺术家在黔活动。据不完全统计，从1937年到1944年，全省人口净增50万人。这一时期，贵州人才聚集，教育、文化、交通运输及机械工业得到很大发展。20世纪60年代初，中共中央发出建设大三线的号召，冶金工业部将大连钢厂、本溪钢厂、鞍山钢铁公司的部分设施向贵阳钢铁厂搬迁，接着，贵州会集了全国各地的铁路建设大军，东北、华北、华东调集来的煤炭勘探队伍，上海、西安、重庆迁徙来的纺织技术员工，

---

① 何光渝：《贵州：移民之州》，外文出版社2006年版，第61页。

上海转移来的电子、仪表、化工人员，还有来自四面八方的科技专家和工人，成为新中国成立后贵州声势最浩大的一次外来移民行动。据文献资料记载，1964—1965 年，随迁职工和家属达 8.26 万人，到 1978 年三线建设停止时，迁黔建设人员已超过 18 万人。新中国成立后，干部严重缺乏，贵州迎来了一批南下西进支黔的干部，入黔干部的总数达 10719 人，加上勤杂人员共 15000 余人，他们接管贵州之后，成为全省各级党政机构的骨干，稳定了贵州的政局。① 由此而来，“移民”“交融”“和谐”，贯穿着贵州发展的全过程，各民族在贵州山水之间错杂相居，融洽共处，形成了人与自然、人与社会、人与人“多元共存、共生共荣”的贵州生态文化和人文环境。因此，民族团结、社会和谐、文化多彩、山川秀丽、人民幸福的美好贵州，正是“多彩贵州”文化品牌内涵确定和价值认定的核心内容。

三 “多彩贵州”文化品牌的载体与构建方式

文化品牌是“指那些具有文化意义和文化价值的并且有独特标记的产品”。② 文化品牌理论认为，品牌产品的元素构成有三个组成部分：一是产品特定的名称、术语、象征、记号、图案和语言等一切指代该品牌产品独有的外在表征；二是品牌产品具有功能实用价值；三是产品品牌与特定顾客的个性和情感紧密相连的文化。③

“多彩贵州”文化品牌的载体与构建方式多种多样，并且涵盖了品牌产品构成的基本元素。近年来，以民族文化为内涵支撑和品牌塑造的文化旅游业在贵州得到快速发展，同时以民族歌舞、工艺美术、节庆会展、曲

① 戴永明、王文慧、朱韬：《贵州：移民之州六百年》，《贵州民族报》2010 年 4 月 7 日。
② 王钧、刘琴：《文化品牌传播》，北京大学出版社 2010 年版，第 41 页。
③ 同上书，第 40 页。

艺影视、现代传媒等文化与科技、文化与经济相结合的艺术形态，打造了以“多彩贵州”为代表的一批具有一定知名度、影响力的民族文化品牌，民族文化的传承和传播在产业化发展过程中得到具体的实践。总体来说，“多彩贵州”文化品牌的载体有四种类型，一是“艺术综合体”；二是“公益服务体”；三是“产业集成体”；四是“协同创新体”。至于“多彩贵州”文化品牌的塑造方式，是按照“党政推动、三级联动、社会参与”的原则，整合宣传、文化、旅游、体育、农业等部门资源，构建全方位、多层次、宽领域的大外宣格局，大力推动多彩贵州文化“走出去、请进来”，从而塑造“多彩贵州”这个文化品牌的形象与魅力。

（一）艺术综合体

所谓“艺术综合体”，是指以艺术产品为载体，引领和吸附其他文化要素参与构建所形成的文化品牌。“多彩贵州”文化品牌呈现的艺术综合体主要有以下几种形式。

1. 大型民族歌舞诗《多彩贵州风》

《多彩贵州风》是由贵州省委、省政府主导，由《贵州日报》报业集团、贵州电视台、贵州广播电台、贵州省歌舞团及江苏金杨集团五家单位共同投资组建的多彩贵州文化艺术有限公司运作打造的一台民族歌舞节目。它源于2005年夏天开始的首届全省“多彩贵州”歌唱大赛，同时也是以“壮美大瀑布，多彩民族风”为主题的于2005年8月16日开幕的“2005中国贵州黄果树瀑布节”开幕式演出节目的浓缩。在此基础上，2005年“十一旅游黄金周”期间，一台体现贵州原生态特色、集多民族风情于一体、展示贵州多民族文化底蕴的大型民族歌舞诗《多彩贵州风》正式推出。如今，《多彩贵州风》已连续演出9年，在祖国大江南北和世界各地共演出近2200场，其间四次改版，逐渐完善，形成了与

《印象·刘三姐》《云南映象》并称为“西南三部曲”的文化品牌。

作为大型民族歌舞诗的《多彩贵州风》是一个艺术综合体，它在音乐、舞蹈以及舞美、灯光和整体创意上独具特色，艺术感染力极强。在舞蹈方面，《多彩贵州风》既保持着贵州世居民族典型舞蹈的原汁原味，如具有原生态魅力的苗族反排木鼓舞、丹寨锦鸡舞、雷山扁担舞、乌蒙苗族芦笙舞，布依族的粑棒舞、傩仪舞，彝族的海马舞、晴隆《阿妹戚托》，土家族的“摆手舞”等，同时又注入现代舞创作观念，使其更具艺术韵味和表现力。在音乐方面，《多彩贵州风》将本土音乐与现代音乐完美结合，如苗族飞歌、侗族大歌、琵琶歌、布依族八音坐唱、水族民歌、仡佬族的情歌等，充分展现贵州民族音乐的艺术魅力，实现舞蹈音乐的艺术表现力。除此而外，舞台美术也是《多彩贵州风》重要的表现要素，特别是“高科技手段和先进舞美设备的运用，将贵州的山水自然和民族文化表现得淋漓尽致”，[①] 营造出原始与现代、朴素与华丽相融合的浓厚氛围。尤其在服饰文化方面，更是多姿多彩，在梦幻般的灯光下，彰显出绚丽斑斓的美妙效果。在舞台灯光方面，运用高科技声光电手段，创造出崭新的时空变幻效果，营造出富有梦幻气息和民族特色的舞台气氛。在结构布局上，有着散文诗一样疾徐有致的节奏，加上天籁般细腻的歌声，鲜丽的民族服饰，完善的古朴造型，使整台节目充满诗的意境和艺术的震撼力。

总体来说，大型民族歌舞诗《多彩贵州风》，是“由22个少数民族的多声部民歌、‘原生态’歌舞和朴拙写意的民族服饰‘集合’而成的舞台呈现”，[②] 是贵州独特而多彩的文化大观园，是一座展示贵州非物质

---

① 李波：《“多彩贵州风”与“多彩贵州”文化品牌塑造》，《原生态民族文化学刊》2011年第2期。

② 刘琼：《一台多彩贵州风 盘活千年古资源》，《人民日报》2006年4月21日。

文化遗产的博物馆。《多彩贵州风》整体的艺术效果“实现了散文化与逻辑性的统一、戏剧性与抒情性的统一、精英化与大众化的统一”,[①] 带给人无限的想象和审美的享受。由此而来,《多彩贵州风》浓缩了“民族之都”的文化胜景,“承载着淳朴的古风和现代的神韵”,[②] 并体现“艺术化”和“提炼”的匠心，代表着民族民间传统艺术的传承发展旨向。

2. 多彩贵州歌、舞、小品三大赛

多彩贵州歌唱大赛、多彩贵州舞蹈大赛、多彩贵州小品大赛，属于年度例行文化活动，在全省范围内举行，主题每年有所不同。多彩贵州歌、舞、小品三大赛，是“多彩贵州”文化品牌构建的重要方式与载体形式，是《多彩贵州风》的节目基础和重要补充。

始于2005年“黄果树杯”首届“多彩贵州”歌唱大赛，是省委宣传部为贯彻落实胡锦涛总书记春节期间视察贵州的重要讲话精神，落实省委唱响“热爱贵州、建设贵州”主旋律的要求，向全省发出通知举办的“唱响贵州”歌唱大赛。这场活动，一方面是为了丰富全省城乡群众的精神文化生活，选拔一批优秀的歌唱人才，挖掘和保护全省民族民间文化珍贵资源；另一方面是唱响一批歌唱贵州的歌曲，从而提升贵州的知名度，振奋全省各族人民热爱贵州、建设贵州的精神。首届大赛历时3个多月，340多万人到现场观看选拔赛；8场决赛及颁奖晚会，省内电视观众达8820多万人次；金黔在线网站直播决赛，日点击率突破一百万人次。除了组委会推荐的新中国成立以来不同历史时期以歌颂贵州为主题的35首优秀曲目外，还设奖征集唱家乡、赞家乡的新歌。来自北京、湖南、四川、广东等地的著名音乐家担任大赛评委，他们把民间唱

---

① 李波：《“多彩贵州风”与“多彩贵州”文化品牌塑造》，《原生态民族文化学刊》2011年第2期。

② 陈政：《“多彩贵州风”的文化产业效应》，《贵州日报》2006年5月11日。

法（原生态）作为美声、通俗（流行）、民族唱法之后的第四种演唱形式纳入大赛，为传统的民族民间艺术开辟了生存发展之路。2013届大赛采取选拔赛、单项赛、训练赛、巡回赛和总决赛五个阶段举行，内容更丰富，环节更科学，艺术水准更高。因此，“多彩贵州”歌唱大赛的举办，对于挖掘贵州地域民族文化资源，展示贵州元素和文化符号，培养更多本土音乐人才，唱出更多歌唱美丽贵州的音乐作品，均具有无比重要的现实意义；同时对于进一步激发文化创新活力，促进艺术气息的表达和文化精神的追求，塑造贵州文化品牌，其作用十分巨大。

由贵州省委宣传部主办，于2007年2月28日正式开赛的首届“多彩贵州”舞蹈大赛，以“热爱贵州、鼓舞贵州、建设贵州”为主题，半年间从乡村到城市、从市、州、地到省会，经过1600多场海选，全省遴选出15支代表队175个舞蹈参赛，通过复赛有67个优秀舞蹈作品获得决赛资格，最后《锦鸡舞》《银项圈》《BREAKING》《大转折》《十面埋伏》分别获得原生态舞蹈类、民族民间舞蹈类、时尚舞蹈类、现当代舞蹈和国际标准舞蹈类的“金黔奖”。这些舞蹈以鲜亮的服饰、优美的舞姿、丰富的元素、动听的音乐，全面诠释了“多彩贵州”文化的内涵。有专家评价说，“多彩贵州”舞蹈大赛“10万民众参与，创造了中国舞蹈史上的‘吉尼斯之最’，为舞蹈艺术群众化树起一座丰碑”。①“多彩贵州”舞蹈大赛，在全国率先将原生态舞蹈列为专门的类别进行比赛；当年11月在贵阳举办的第六届中国舞蹈荷花奖民族民间舞大赛，评委们也开创性地专门分出民族民间舞蹈类和原生态舞蹈类比赛项目，让不用编导、不用化妆的贵州原生态舞蹈直接上台表演。② 贵州从“多彩贵州”舞蹈大赛中选拔出的10个优秀作品，全部进入第六届“荷花

---

① 刘学洙：《“多彩贵州”三年三大赛　为开创性之盛举》，《贵州日报》2007年7月26日。

② 明江：《全民舞动“多彩贵州”》，《文艺报》2007年7月5日第B1版。

奖”半决赛，其中《水姑娘》《花溪花溪》《银项圈》《山那边》等一系列贵州本土特色的舞蹈作品过关斩将、杀进决赛，最终《花溪花溪》和《水姑娘》一举夺得金奖。贵州原生态舞蹈震撼了全国的专家和观众，正如著名文化学者余秋雨先生说：“原生态文化已经成为中国文化的生命线，而贵州的原生态文化有着完整的系统，是一种与自然、社会达成和谐的生命哲学，它已经树立起了一种让世人尊重的力量。”[①] 如今，“多彩贵州”舞蹈大赛持续举办着；另外，标志着中国专业舞蹈艺术最高成就的专家奖，贵阳市花溪区在全国众多城市中脱颖而出，成功取得第五届至第九届（共五届十年）荷花奖大赛的独立承办权，并以此为契机，实施以“中华一个家、共舞大自然”为主题的“大地之舞计划”，着力打造“中国舞蹈之都”。

由贵州省委宣传部主办、始于2010年4月的“多彩贵州”小品大赛，坚持艺术性与导向性相结合、地域性与开放性相结合、专业性与普及性相结合、创新性与实效性相结合的‘四结合’原则”,[②] 力求抓住本土优势，主打原生态品牌，以推出一批优秀的民族小品剧本作为参赛重点。首届比赛历时4个月，全省各地11个赛区107个分赛区共14065名演员参选，通过层层遴选，50个作品进入了决赛，最后产生6个金黔奖、11个银瀑奖、17个铜鼓奖、16个优秀奖、8个优秀创作奖、3个优秀整理奖。[③] 在题材和品种上，“多彩贵州”小品大赛的范围已经不再是传统单一的话剧、短剧表演，它不仅把歌剧、歌舞剧、哑剧、杂技戏、滑稽戏、相声等非戏曲类小品纳入其中，而且还将黔剧、文琴戏、苗戏、侗戏、花灯剧、布依戏、地戏、阳戏、大喇叭苗原生态山歌、撮泰

① 转引自周静《原生态舞蹈是国宝》，《贵州日报》2007年8月2日第6版。

② 本刊摘编：《“中天城投杯”2010’多彩贵州小品大赛》，《中国演员》2010年第5期。

③ 同上。

吉等戏曲类小品作为大赛的重要类别，涌现出一批具有贵州题材、贵州样式的小品；在创作成果上，“多彩贵州”小品大赛充分展示了贵州专业和业余小品的创作水平，集中展示了贵州的民族风情、生活百态、时代热点和文化精神，发现了一批有潜质的艺术人才，发掘了贵州可创作深挖的文化资源，推动了贵州小品文艺事业的发展，为“多彩贵州”文化品牌的构建增添了新内容。

3. 多彩贵州原生态国际摄影大展

“多彩贵州”原生态国际摄影大展始于2008年夏秋之际，由贵州省人民政府、文化部、国务院新闻办公室、国家旅游局、中国摄影家协会、联合国教科文组织、中国新闻社、中国摄影家协会主办，至今已连续举办六届，成为具有较高知名度的国际文化品牌，2012年被写入国家发改委发布的黔中经济区发展规划，成为贵州省重大文化会展赛事活动之一。大赛的落脚点是创作和展览中国顶尖级摄影艺术作品，因此它属于艺术综合体承载的“多彩贵州”文化品牌形式。

2008年首届“多彩贵州·中国原生态国际摄影大展”，以“保护民族文化多样性”为主题，美、英、法、俄、日、韩等41个国家和地区以及国内31个省（直辖市、自治区），香港、澳门、台湾地区的1900余名摄影家云集贵州，创作了56000余幅作品，分别在西江苗寨、凯里市、贵阳市多个展区展出了12000余幅作品。通过自然风光、野生动物、民族文化、多彩贵州、艺术创意、手机影像等6大系列摄影作品，展现了贵州和世界的文化及自然的多样性，324个获奖作品成为世界级艺术珍品。此次大展是全球范围内唯一以“原生态”命名的摄影展，是一次国际化、高水平、权威性、多层次的摄影艺术盛事，被誉为“世界摄影盛会、民族文化荟萃”。2009年第二届“多彩贵州·中国原生态国际摄影大展”由竞赛单元、特邀主题展、线下活动三部分组成，其中竞赛单元设置了民族人物、民族物产、民族节庆、民居环境、多彩贵州等7个系列的奖项，在主题和选材上继续突出“民族”元素，成为一项宣传、展示、挽救原生态文化和民族文化的措施之一。

“世界的原生态摄影在中国，中国的原生态摄影在贵州。”美国国家地理资深摄影师路易斯·马萨腾塔在贵州采风时深有感触地说。① 一年一届的“多彩贵州·中国原生态国际摄影大展”如今仍在持续着，据了解，该项活动仍是世界上唯一以“原生态”命名的摄影大展，这对贵州原生态民族文化的展示、促进文化多样性的传承和保护，具有重要的文化价值和现实意义；同时，对宣传贵州来说，更具有形象塑造作用和发展推介意义。

（二）公益服务体

所谓“公益服务体”，是指以政府部门为主导，以公益活动为载体，在政府、企业、社会之间形成的一种公益服务组织，它通过主题活动开展形成社会影响，促进文化品牌的形成与认同。承载“多彩贵州”文化品牌的公益服务体，主要有以下几种形式。

1. 多彩贵州旅游产业发展大会

贵州有着得天独厚的文化旅游和生态旅游资源，但如何保护和利用？自2006年以来，贵州省委、省政府已连续8年成功举办旅游产业发展大会，形成了“举办一届旅发大会，打造一个旅游精品，助推一地经济发展”的有效模式。显然，旅发大会成为“多彩贵州”旅游产业发展的助推器，也是“多彩贵州”文化品牌构建的有效载体形式（见表1）。

---

① 景伯平：《以原生态摄影话贵州看世界》，《对外传播》2010年第12期。

表 1　　贵州省历届旅游产业发展大会一览

届别	举办时间	开幕式地点	大会主题	大会成果
第一届	2006. 9. 16	安顺市黄果树景区	发展旅游产业，建设旅游大省	启动 20 多项旅游建设项目；建设黄果树演艺中心，中国第一条彩色公路，中国第一的牌坊，黄果树生态旅游城停车场，我省最大的旅游商品卖场
第二届	2007. 11. 6	黔南州荔波大七孔景区	整合资源，夯实基础，创新机制，加快发展	着力改善旅游交通条件，加快精品景区建设，打造“地球绿宝石、风情黔南州”的品牌，建设贵州南部“金三角”国际旅游区；公布《中国南方喀斯特文化旅游发展荔波宣言》
第三届	2008. 9. 26	黔东南州西江苗寨	建设生态文明，发展和谐旅游	充分挖掘厚重的少数民族文化，打造“苗乡侗寨情 · 美丽黔东南”的品牌；促进文化与旅游的深度融合，走出了一条“举办一个节会，打造一个品牌，开发一个景点，树立一个形象，带动一方经济”的文化旅游发展之路
第四届	2009. 9. 25	遵义市遵义会议会址	弘扬长征文化，发展特色旅游	打造全国红色旅游胜地；推出娄山关、海龙囤等历史文化旅游产品，开辟“遵义—仁怀—习水—赤水”“环中心城区”“遵义—湄潭—凤冈—务川”等三条旅游精品线路①
第五届	2010. 9. 15	铜仁地区梵净山景区	转变旅游发展方式，推动产业优化升级	建设旅游基础设施项目 83 个，对 4243 处重点景区公路沿线村庄农舍，按照苗族、侗族的建筑风格进行了全面改造；推进生态文化旅游精品建设，提升梵净山国际旅游品牌知名度和影响力，打造黔湘渝环绕梵净山旅游精品线路②

① 杜兴旭：《第四届贵州旅发大会明天在遵义开幕》，《贵州日报》2009 年 9 月 24 日。

② 张煜其：《第五届贵州旅发大会 15 日在铜仁召开》，人民网贵州频道，http://gz.people.com.cn/GB/195053/229457/229461/15519022.html。

续　表

届别	举办时间	开幕式地点	大会主题	大会成果
第六届	2011. 9. 26	黔西南州兴义市	打造旅游名片，加速产业升级，加快推进旅游强省建设	重点建设了包括旅游基础设施、交通基础设施、城市基础设施等在内的85个项目，中心城市面积拓展4倍；着力打造特色旅游、民族文化、喀斯特山地生态文化为重点的文化旅游产业带；重点推出马岭河—万峰湖等景区的旅游精品线路
第七届	2012. 4. 23	毕节地区百里杜鹃森林公园	神奇乌蒙，花海毕节	实施了总投资521亿元的各类建设项目314个，推出了索风湖、宣慰府等10个新的旅游景区；驻华使节团团长牙买加驻华大使考特尼·拉特雷宣布《促进中国花文化旅游走向世界毕节宣言》
第八届	2013. 8. 18	六盘水市新城	创新业态、转型发展，全力打造贵州旅游发展升级版	确定在全省打造100个旅游景区，实现旅游市场供给从浅层观光旅游转向深度文化体验等四大转变；将六盘水定位为都市休闲旅游，打造中国避暑休闲城市、山地户外运动基地、山地康体养生度假胜地
第九届	2014. 8. 15	贵阳市青岩古镇	开放引领，改革驱动，与时俱进，打造贵州旅游发展升级版	采取“1＋10”（青岩古镇主会场和10个重点景区）模式推进景区建设。包括开阳南江国际生态旅游综合体、息烽温泉景区、多彩贵州城创意旅游综合体、修文桃源河旅游区、时光贵州湿地公园、乐湾国际旅游结合体、乌当“泉城五韵”景区、未来方舟城市旅游综合体、阳明文化园、蓬莱仙界·休闲农业旅游区
第十届	2015. 7. 9	安顺市云峰屯堡	美丽乡村，让多彩贵州更加精彩	把大屯堡旅游景区打造成为黄果树的姊妹篇；同时，建设黄果树西游文化休闲步道和龙宫景区、旧州古镇等18个项目提等升级

2. 多彩贵州旅游商品“两赛一会”

始于2006年的多彩贵州旅游商品“两赛一会”，包括多彩贵州旅游商品设计大赛、能工巧匠选拔大赛和旅游商品展销大会，这是国内首创的举全省之力发展旅游商品的一种模式。大赛分别以“突出贵州特色、打造精品、提高档次、拓展市场”和“培训技能、传承工艺、挖掘人才、推出新品、开拓市场”为主旨，以“匠心多彩，创意贵州”为活动口号，[①] 每届均由省政府牵头，全省各市（州、地）、县（市、区）精心组织，广泛参与，使之成为全面展示贵州丰富的文化、旅游资源的平台，成为全省“名创”“名匠”展示自己才艺的舞台，也是企业与企业、企业与科研部门之间“展示、交易、交流、合作”的平台，更是全省旅游产品实现产业化、市场化的平台。在历届“两赛一会”上，沉寂多年的民间工艺品大放异彩，身怀绝技的能工巧匠大显身手，一批极具贵州原生态特色的旅游商品被大量挖掘出来，提高了贵州旅游商品的美誉度和市场竞争力，丰富了“多彩贵州”文化品牌的内涵（见表2）。

表2　多彩贵州旅游商品“两赛一会”一览

举办时间	活动主旨	入选总决赛	贵州名创奖	贵州名匠奖	获奖作品类别	展销大会
2006.9	家底盘点	1101件(套)/252名	60件(套)	100名	马尾绣、银饰、蜡染、刺绣	全省88个县市区的“名创”“名匠”参展
2007.12	产品提升	280件(套)/223名选手	40件(套)	100名	蜡板画、破线绣	全省88个县市区上百家企业、内外展室共172个展位参加现场展销

① 本报记者：《激活民间智慧 催生新兴产业》，《贵州日报》2011年1月11日。

续 表

举办时间	活动主旨	入选总决赛	贵州名创奖	贵州名匠奖	获奖作品类别	展销大会
2008.12	分块突破	222件(套)/254名选手	45件(套)	80名	银器、刺绣、蜡染蜡画、雕塑	88个县市区、92个展位参加现场展销
2009.12	产业推进	783件(套)/241名选手	45件(套)	80名	银饰、银绣、茅台酒包装、傩面具、笔插、麻艺、漆器	88个县市区参加现场展销
2010.10	全面推进	291件(套)/255名选手	48件(套)	83名	银绣石、纯银绽花、银器、刺绣、蜡染、雕塑	300家企业、210个展位参展
2011.11	产业深耕	720件(套)/952名选手	55件(套)	100名	刺绣、蜡染、银饰、瓢画、刻纸、蜡画	88个县市区参加现场展销
2012.11	与世界对话	575件(套)/286名选手	52件(套)	88名	银饰、刺绣、雕刻	197家企业、183个展位参展
2013.11	匠心多彩、创意贵州、世界共融、畅想未来	500件(套)/284名选手	54件(套)	90名	银器银饰、蜡染蜡画、刺绣、雕塑、包装	88个县市区的“名创”“名匠”参展
2014.11	丝绸之光、升级创新、合作交流、携手共赢	1万件(套)/200名选手	50件(套)	80名	手工银饰、蜡染、刺绣	国内外参展企业约300户、标准展位约200个

多彩贵州旅游商品“两赛一会”至目前已连续举办九届，据有关统计资料介绍，全省共有近3万件作品和1.5万余名能工巧匠参赛，累计评选出“贵州名创”399件（套）、“贵州名匠”721名；展销大会吸引了全省1400余户旅游商品企业参展，旅游商品种类达1000多个，累计现场交易金额超过1000多万元；全省旅游商品企业达到2370多户，其中省级旅游商品定点生产经营企业127家，带动了150多万名农民和民间手工艺者从事旅游商品制作。2013“两赛一会”升格为国际民族民间工艺品·文化产品博览会。据统计，国际嘉宾300余名分别来自60多个国家和地区，国内外学者、专家、大师、企业家和采购商达800余位，省内“贵州名创”“贵州名匠”分布于88个县市，国际馆、贵州馆、展销馆和总决赛馆共参展商品超过3万件，观众达12万人次；[①] 更为重要的是，联合国教科文民间艺术国际组织借助“两赛一会”平台，发布《全球手工艺保护贵州宣言》，树立了全球手工艺的行业标杆。“两赛一会”有力地带动了贵州省旅游商品产业快速发展，2013年，全省旅游商品产业综合产值突破400亿元，为2007年的8倍，对全省旅游业的发展产生了巨大影响。副省长王江平说，多彩贵州“两赛一会”经过8年的努力，已成功培育出“旅游商品”这个以创业带动就业、文化与经济共融、就地促进致富的特色轻工产业，提高了贵州民族民间旅游商品的知名度，拓宽了贵州旅游商品市场，成为保护文化传承、促进带动就业、致富于民的有力抓手，成为贵州省民营经济发展和县域城乡经济建设的重要推手。[②] 因此，多彩贵州旅游商品“两赛一会”拓展了“多彩贵州”文化品牌的内涵，

---

① 罗梅：《“两赛一会”总决赛将于15日启幕》，《贵州日报》2013年11月13日。

② 萧洪、谢磊：《2013多彩贵州旅游商品“两赛一会”周五开幕》，黔龙网，http：//www.qlong.com.cn/2013/11/12/17/98872/。

成为“多彩贵州”文化品牌的重要方式与载体形式。

3. 多彩贵州旅游形象大使选拔赛

由省委宣传部、省旅游局主办的“多彩贵州”旅游形象大使选拔赛始于2006年，举办此项活动的目的在于，一是让大赛成为贵州的“发现之旅、熟识之旅、倾心之旅、向往之旅”；二是“选拔一个形象大使，就要宣传一条线路，展示一个美丽风景区，打造一个旅游品牌”。[①] 这也是以政府部门为主导的公益文化活动，是“多彩贵州”文化品牌构建的重要方式与载体形式。

为了使活动达到预期效果，大赛科学设置程序，一方面通过才艺、表达、知识、气质、仪态等方面强调选手的综合素质；另一方面，提出旅游形象大使选拔大赛不是一场简单的选美比赛，而要充分融入和体现“热爱贵州，展示贵州，建设贵州”的主旋律。同时，每场比赛还要从贵州世居少数民族中评选出“民族姑娘”。大赛从县里海选开始，到市里预赛，再到分赛区复赛，最后到省城贵阳和京、沪、穗、港大城市分别进行决赛，并在决赛举办地聘请专家组成专业评审组和当地市民组成的大众评审组进行评分。[②] 通过自下而上、省内省外的选拔推进，使整合比赛过程实现推介和宣传贵州美丽的旅游资源和丰富多彩的民族民间文化的目的。多彩贵州旅游形象大使选拔大赛结果出来后，授予“多彩贵州旅游形象大使”的称号并承担推介贵州旅游的义务。同时，以此活动为契机，评选出全省9个最具影响力品牌旅游景区和9个最具潜力特色旅游景区，然后通过媒体向省内外、国内外全力推介这18个精品旅

① 张兴、苏丹、沈彬：《多彩贵州旅游形象大使选拔大赛电视电话会召开》，《贵州日报》2006年1月13日第1版。

② 本刊编辑部：《热爱贵州 展示贵州 建设贵州——“2006多彩贵州旅游形象大使选拔大赛”活动问答》，《当代贵州》2006年第2期。

游景区。①

作为公益服务体的“多彩贵州”旅游形象大使选拔赛，产生了多重积极影响，充分体现了公益价值，是“多彩贵州”文化品牌的重要载体，对于“多彩贵州”文化品牌的构建发挥了重要作用。

（三）产业集成体

所谓“产业集成”，这里是指通过文化核心价值定位、文化品牌研发与创意设计、社会服务和市场连锁形成的一种可持续发展的旅游文化服务产业集成模式，它具体由核心产业、相关性产业与支持性产业有机组成。

从文化活动到文化品牌，从文化品牌催生产业集群，这是“多彩贵州”文化品牌构建与发展的路子。自 2005 年 4 月省宣传部主办首届“多彩贵州”歌唱大赛到 10 月上升为省委、省政府倾力打造大型民族歌舞诗《多彩贵州风》，再到推出其他“多彩贵州”系列文化活动，至今 8 年来，走出了一条以公益活动育品牌、以市场运作强品牌、以多元传播推品牌的区域文化品牌发展之路，2011 年，“多彩贵州”品牌荣获了“中国最佳品牌建设优秀案例奖”和“中国元素国际创意大赛文化贡献奖”。如今，“多彩贵州”品牌对与核心价值有紧密联系的演艺、工艺品、文化旅游地产、传媒、酒、茶、饮料、教育、金融等 10 多个行业、25 家企事业进行了商标授权，拉动投资 40 亿元以上，初步形成了“多彩贵州”特色文化产业集群和多彩贵州品牌大家族（见表 3）。②

---

① 覃敏笑：《“多彩贵州”旅游形象大使选拔大赛启动》，《贵州民族报》2006 年 1 月 16 日第 1 版。

② 贵州省多彩贵州文化产业发展中心：《西部地区文化品牌建设可以实现跨越发展——以多彩贵州品牌模式的有益探索为例》，《中共贵州省委宣传部·文化改革发展案例精选》，贵州人民出版社 2013 年版，第 1 页。

表3　　多彩贵州品牌授权情况一览

企业/事业名称	类　别	产　品
贵州安酒集团有限公司	白酒	多彩贵州酒
贵州金星啤酒有限公司	啤酒	多彩贵州啤酒
贵州信友实业有限公司核桃乳厂	饮料	多彩贵州核桃乳
贵州省多彩贵州生态农业有限公司	茶叶	多彩贵州茶
六盘水浙江大酒店有限公司	餐饮	多彩贵州·凉都美食广场
多彩贵州文化艺术有限公司	演出	多彩贵州风
贵州省多彩贵州文化传播有限公司	文化活动	多彩贵州演出季
贵州民族大学	教育	多彩贵州文化协同创新中心
多彩贵州印象网络传媒股份有限公司	网站	多彩贵州印象网
贵州省广播电视信息网络股份有限公司	电视	多彩贵州资讯频道
贵州风雅颂文化发展有限公司	杂志	多彩贵州杂志
贵州省多彩贵州城建设经营有限公司	文化旅游地产	多彩贵州城
玉蝶控股集团有限公司	文化旅游地产	多彩贵州街
贵州省多彩贵州酒店管理有限责任公司	酒店	多彩贵州酒店
贵阳金凯利民族文化产业有限公司	工艺品	多彩贵州工艺品
贵州晴隆怡丰源贵翠文化产业有限责任公司	工艺品	多彩贵州玉
贵州多彩民族民间文化艺术发展有限公司·黔艺宝	工艺品	多彩贵州工艺品
贵州榜香郁苗绣服饰开发有限公司	工艺品	多彩贵州工艺品

续 表

企业/事业名称	类 别	产 品
黔东南苗乡侗寨文化传播有限公司	工艺品	多彩贵州工艺品
北京富达尔城市发展咨询有限公司	文化咨询	多彩贵州文化旅游研究院
黔菜文化研究会	比赛	多彩贵州黔菜创新烹饪大赛
贵州空中黔信科技有限公司	金融	多彩贵州一卡通
贵州省盛华职业学院	教育	多彩贵州茶学院
多彩贵州印象网络传媒股份有限公司	金融	牡丹多彩贵州印象灵通卡
多彩贵州文化艺术有限公司	教育	多彩贵州少儿艺术团

注：材料来自《多彩贵州品牌产业化发展报告》。

（四）协同创新体

所谓“协同创新”，是指打破高校办学“围墙”，实行高校与高校、高校与科研机构、高校与行业产业、高校与政府部门、高校与国际学术机构之间合作创新办学的模式。这一理念来源于时任国家主席胡锦涛同志2011年4月24日在“清华大学百年校庆”上的讲话。2012年5月教育部、财政部正式启动实施《高等学校创新能力提升计划》（简称“2011计划”）。“2011计划”成为我国继“211工程”“985工程”之后又一项体现国家意志、提升高等学校创新能力的重大战略举措。因此，“2011计划”又叫“高等学校创新能力提升计划”，它以“国家急需、世界一流”为根本出发点，其核心任务是“突破高校内外部机制体制壁垒，释放人才、资源等创新要素活力，实现人才、学科、科研三位一体创新的能力提升”。①

① 吴倩：《大学在大学科技园中的角色选择与功能定位研究》，硕士学位论文，浙江工业大学，2013年。

根据教育部分层实施、系统推进的工作机制，2013 年 9 月，贵州民族大学联合贵州省文化体制改革和文化产业发展工作领导小组办公室、吉首大学、美国科罗拉多大学波尔德分校、中国联合网络通信有限公司贵州省分公司、贵州文化演艺集团有限责任公司申报的“多彩贵州文化协同创新中心”，被贵州省教育厅认定为省级“2011 协同创新中心”，这是全省 6 个“2011 协同创新中心”中唯一一个文化传承类协同创新中心。该中心依托“多彩贵州”文化品牌，建设“多彩贵州文化高等研究院”等“1 个研究院、2 个基地、3 个平台、4 个园区”，以此提升、拓展“多彩贵州”文化品牌的内涵与外延，扩大“多彩贵州”影响力和产业化能力（见表 4）。

表 4　“多彩贵州文化协同创新中心”建设框架

（一院、二基地、三平台、四园区）

项目名称	建设内容	承建单位与建设地点
多彩贵州文化高等研究院	多彩贵州文化的理论体系建构与内涵研究；多彩贵州文化传播与构筑贵州“精神高地”关系研究；多彩贵州文化与“同心”文化关系研究；多彩贵州品牌理论与传播研究；多彩贵州文化内涵与文化企业经营管理研究	贵州省文改文产办，美国科罗拉多大学波尔德分校，吉首大学，贵州民族大学
多彩贵州民族民间文化传承人协同创新基地	开展对全省民族民间艺人、民间手工艺大师的寻找、集聚，抢救、记录并整理传承人的历史及其技艺；对传承人技能应用现代传媒技术进行挖掘、保护；开展多样化的传习培训和传承人技艺推广，使之成为西南乃至全国的传承人保护、技能传习、文化传播、技艺展示、产业化推广的汇聚区	吉首大学，贵州民族大学民族学与社会学学院，黔东南州政府

续 表

项目名称	建设内容	承建单位与建设地点
多彩贵州文化资源网络数据库建设基地	构建文化产业领域学科体系集成的公共的民族文化创意产业孵化平台;实现数据库、实验室、网络门户、应用系统的互通互联	贵州民族大学图书馆数据中心,贵州民族大学计算机中心,中国联通贵州分公司
多彩贵州文化品牌与传播协同创新平台	“多彩贵州”品牌理论与实践研究;“多彩贵州”文化品牌培育与传播运用;“多彩贵州”文化品牌国际论坛与会展经济融合实践	贵州省文改文产办,美国科罗拉多大学波尔德分校,贵州民族大学传媒学院
多彩贵州文化产业化与旅游开发创新平台	多彩贵州特色文化符号形塑与100个示范小城镇选点合作;多彩贵州城市文化符号体系建构与100个城市综合体选点合作;多彩贵州文化符号体系建构与100个旅游景区选点合作	贵州省文改文产办,贵州民族大学旅游与航空学院,相关市县
多彩贵州文化数字化开发与利用创新平台	多彩贵州民族文化数字化保护与开发;多彩贵州影视动漫创意与制作;多彩贵州文化数字化技术研究	贵州民族大学计算机中心,中国联通贵州分公司,贵州民族大学传媒学院
多彩贵州民族民间文化科技园	进行民族文化与科技创新应用;民族民间知识生产、民族民间工艺品创意、展示;技术创新、产品成果转化;民族民间文化企业孵化;复合型创新创业人才培养	贵州省文改文产办,贵州民族大学民族文化产业发展研究中心,贵州民族民间文化科技园

续 表

项目名称	建设内容	承建单位与建设地点
多彩贵州民族文化影视园	拟与丹寨县政府合作共建，打造拍摄、制作、放映、观光体验与教学实训一体化的多功能园区，同时调动多种数字处理技术用影像展示多彩贵州的历史、生态、工艺、民俗等文化和数字化产品，深化休闲度假与民族文化旅游融合的视觉体验	贵州省文改文产办，中国联通贵州分公司，贵州民族大学传媒学院，黔东南州丹寨县
多彩贵州联通数字园	在全省联通宽带网络和手机网络上，开设多彩贵州文化主题专栏、信息服务专栏，对多彩贵州文化进行手机终端应用、传通中介服务、移动互联网息等服务，开展数字内容方面研发、生产、培训，产品展示与交易及教学实践等，同时在全省的联通营业厅内开设统一的、动态的、虚拟的“多彩贵州联通数字园”	贵州民族大学传媒学院，贵州民族大学计算机中心，中国联通贵州分公司
多彩贵州民族文化演艺园	拟与大方县政府合作共建，将黔西北的彝族、苗族文化艺术等元素融入演艺园，打造民族歌舞创作、表演、展示、民族文化交流、观光体验与教学实训一体化的多功能园区	贵州文化演艺集团有限责任公司，贵州民族大学音乐舞蹈学院，毕节市大方县

注：材料来自《多彩贵州文化协同创新中心实施方案》。

四 “多彩贵州”文化品牌的传播策略

一个文化品牌的基本特征有三个要素：一是具有鲜明人文识别意义的文化产品，它体现文化产品形象的独特性和文化品牌意义的人文因素的规定性；二是具有巨大影响力的产品的价值特征，它深刻地影响并指引着社会大众的文化意识和文化价值观念；三是具有广泛价值联动和价值升值效应的文化产品，它以文化内容的创作为核心，向文化产品的制造业扩展和复制，再向文化产品销售业延伸变成消费品，接着再向扩张型文化产业或者融合其他产业后形成的混合型文化产业发展，使文化含量更高。[①] 由此看来，"多彩贵州"文化品牌传播必须充分考虑这三个要素。也就是说，"多彩贵州"文化品牌需要通过一系列识别系统的建立来呈现自己的个性特征和实现其传播目的。这些识别系统包括理念识别（MI）、行为识别（BI）、视觉识别（VI）。通过理念识别，凸显存在价值、经营方式，以及生产经营的战略、宗旨、精神；通过行为识别，体现经营管理行为、公共关系、广告、促销方式与手段；通过视觉识别，将文化品牌的一切可视事物进行统一的视觉识别表现和标准化、专有化，将品牌形象传达给社会公众。具体来说，文化品牌的传播必须抓住三个关键，一是文化品牌的核心价值定位，这是文化品牌构建与传播的核心；二是文化品牌的物化要素和物质载体，这是文化品牌传播的重点；三是文化品牌传播的目标与手段，这是文化品牌构建的关键。

（一）"多彩贵州"文化品牌的核心价值定位

1. 文化品牌的核心价值

关于"品牌核心价值"，美国营销学者 Walker Chip 认为"品牌核心价值是一个品牌的灵魂，是品牌资产的主体部分，它让消费者明确清晰地识别并记住品牌的利益点与个性，是驱动消费者认同、喜欢乃至爱上一个品牌的主要力量"。[②] 当然，文化品牌则不仅如此，它是一种具有独特标识的文化产品，它具有精神性、意识形态性、创意性、价值延伸

① 王钧、刘琴：《文化品牌传播》，北京大学出版社 2010 年版，第 41—45 页。
② Walker Chip，"The perils of popularity"，*Marketing Tools*，1997（6）6：21－22.

性、多义性和增值性，它凝聚着国家和民族文化的精髓，是国家和民族文化形象的典型代表。“多彩贵州”文化品牌也正是这样，它是贵州文化传统和贵州文化形象的最佳展现。通过“多彩贵州”这一独具个性的品牌树立，集聚文化资源，凝聚贵州精神，打造贵州形象，让广大群众能明确清晰地识别、记取和认同，从而改变贵州形象，促进贵州整体发展。

2. “多彩贵州”文化品牌核心价值的定位

自全省多彩贵州歌唱大赛活动，到一台《多彩贵州风》大型民族歌舞诗，再到多彩贵州旅游商品“两赛一会”、旅游形象大使选拔赛、舞蹈大赛、原生态国际摄影大展等活动的开展，“多彩贵州”文化品牌始终体现“多元、和谐、原生态”内涵，因此，“多彩贵州”文化品牌的定位是“多元、和谐、原生态”，其核心价值是“原生态”。关于这个定位，贵州省多彩贵州文化产业发展中心曾做过专门论证：“从文化视角分析，原生态文化现象遍布贵州全省，贵州多元的原生态文化和自然和谐交融、共生共荣。从市场视角分析，原生态切合世界后工业化的消费趋势，原生态文化的原生性和本真性符合现代人的精神需求，具有较大市场潜力。多彩贵州原生态的特性涵盖贵州自然风景、民族文化和物产，具有市场化、产业化的价值，体现了多彩贵州品牌价值的比较优势和竞争优势，也是品牌产业化运作的根本基点。”①

3. “多彩贵州”文化品牌核心价值的基本特征

在“多彩贵州”文化品牌培育与发展的这个“同心圆”中，“多元、和谐、原生态”是其基本内涵和核心价值，具有民族文化的独特性

---

① 贵州省多彩贵州文化产业发展中心：《西部地区文化品牌建设可以实现跨越发展——以多彩贵州品牌模式的有益探索为例》，中共贵州省委宣传部《文化改革发展案例精选》，贵州人民出版社 2013 年版，第 4 页。

和不可替代性。“多元”是指贵州这块地域悠久、丰富、多样、神奇的历史文化、民族民间文化、红色文化、生态文化等；“和谐”是指贵州49个民族“大杂居、小聚居”，人与自然、人与人、人与社会共荣共生、交相辉映的状态；“原生态”是指贵州多民族文化古朴、本真、独特，保持着多民族文化与自然山水的原生风貌。尤其是“原生态”，基于它的核心价值地位，决定了“多彩贵州”这个文化品牌不同于其他区域文化特征，而具有自己的唯一性和不可复制性。它体现在四个方面：一是传统性，“多彩贵州”文化经历过悠久历史的洗礼，凝聚着历史的厚重，经过千百年的文化传承，其文化特征早已融入人们的日常生活，有着根深蒂固的传统；二是民族性，“多彩贵州”文化是贵州世居民族在长期衍变发展过程中形成的，每个民族坚守着自己的民族习惯和生活方式，有着强烈的民族特征，体现着鲜明的民族精神；三是本土性，“多彩贵州”文化有其特定的生成环境，它孕育和成长于特定的自然、人文、社会环境中，与其他文化形态有着明显的区别，有其不可复制的文化特质；四是内生性，“多彩贵州”文化以自身文化基因为核心，以本土文化现象、文化事物等要素为基础，以当地民众文化生活为依托，从而形成一种文化互动集合，这种文化集合具有强烈的凝聚力和鲜明的倾向性，在漫长的历史进程中，它总能以自身文化特性为主导，决定文化交流内容的舍弃和存留。① 正是因为“多彩贵州”有着以上的文化特质和差异性，它就具备了一个文化品牌生成的基础和核心，而与“巴蜀文化”“湖湘文化”“岭南文化”有着明显区别。

（二）“多彩贵州”文化品牌传播的物化要素

品牌传播的物化要素，是指它要通过一定的物质载体来表现自己，

---

① 陈燕：《原生文化的品牌定位研究》，硕士学位论文，山东师范大学，2010年。

以此区别于其他品牌，便于人们识别，吸引人们关注并博得人们长期的依赖和产生偏好。文化品牌传播的物化要素包括品牌名称、标识、口号与包装等基本识别体系。

1. “多彩贵州”文化品牌的名称及其传播价值

就“多彩贵州”这个名称来说，它寓意了贵州多姿多彩的历史文化、民族文化、阳明文化、沙滩文化、红色文化以及美丽的旅游风光、纯净自然的生态和驰名中外的名优特产。当代贵州已不再是“夜郎自大”“黔驴技穷”“天无三日晴，地无三尺平，人无三分银”的贫穷落后形象，而是“多彩绽放”，被外国友人称为“文化之州、生态之州、歌舞之州、美酒之州”。因此以“多彩贵州”作为一个文化品牌的名称，能够涵聚贵州文化特色，彰显多彩贵州魅力，引领经济社会发展；其内涵和核心价值定位为“多元、和谐、原生态”，正体现它的独特性、唯一性和不可替代性，其传播价值无比巨大。

2. “多彩贵州”文化品牌的视觉识别系统

品牌视觉识别系统由两部分构成：一是基础系统，包括品牌名称、品牌标志、字符、图形、色彩、宣传口号等要素；二是应用系统，包括产品及其包装、展示场所，器具、办公设备和用品，工作服及其饰物，广告设施和视听资料，公关用品和礼物，厂旗和厂徽，指示标识等。

“多彩贵州”标识的基础系统由基本符号和组合符号构成。基本符号有两个，一个是由汉字“贵州”设计的符号，另一个是用贵州的简称“黔”字进行创意的符号（如图 1、图 2 所示）。

图1 “贵州”形象标识　　图2 多彩贵州标识基础符号“黔”

2011年7月26日，贵州省委外宣办、省政府新闻办召开“贵州”形象标识系统新闻发布会，宣布融合品牌化、符号化系统传播理念的“贵州”省新标识于2011年8月1日正式启用，并配以“走遍大地神州，醉美多彩贵州”这一响亮的广告词，构架起贵州与外部世界的关联。据贵州省宣传部副部长周晓云介绍，新的标识在创意设计上，以汉字“贵州”作为设计的雏形，融入象形的理念，直观明了；“贵州的山、贵州的酒、贵州的民族风情、贵州的名胜古迹以大写意的挥洒，融合进‘贵州’这两个字当中，让‘贵州’的标识在成为一幅书法作品的同时，也成了一幅山水、一幅饮酒器皿和一幅民族风情的画卷，蕴含了贵州丰富多彩的民族民间文化”。[①] 这是展示贵州形象的上佳符号，“使贵州不仅仅是一个地方、一个省份，而是将其打造成了一个具有独特形象标识系统的品牌”。[②]

① 杜再江：《“贵州”形象进入品牌营销时代》，《贵州民族报》2011年7月27日。

② 同上。

而“黔”字的写意化设计，充分体现贵州山之巍峨起伏、水之清丽灵动、文化之神秘多彩，象征着贵州各民族人民载歌载舞、团结和谐、阔步前进的精神面貌，彰显出贵州后发赶超的生机与活力。它在给人强烈视角冲击的同时，留下了深刻难忘的印象，具有很强的品牌识别效果。

“多彩贵州”的组合符号是在基本符号的基础上组合其他相关元素构成的，使其内容产生延伸，内涵更加丰富，涵盖面更宽，功能价值更广泛。例如，“多彩贵州”标识，由前述“黔”字的阴刻图章形状加彩色背景处理，再配上中、英文名称，形成具有独特视觉效果的“多彩贵州”品牌标识（如图3所示）。

图3 “多彩贵州”形象标识

“多彩贵州”标识的基础系统中还有一个要素是宣传口号，它也是品牌视觉识别系统中的重要内容。“品牌口号是用来传递有关品牌的描述性或说服性信息的短语。”它的传播价值在于为品牌传播提供额外的联想和信息，能在受众中树立良好口碑，更易传播和沟通，能保持长久的记忆和美好的印象，久而久之成为一种具有文化底蕴的特殊“商标”。[①]“多彩贵州”标识基础系统中的宣传口号是“走遍大地神州，醉美多彩贵州。”它与图像标识组合运用（如图4所示）。

① 段淳林、戴世富：《品牌传播学》，华南理工大学出版社2009年版，第77页。

走遍大地神州，醉美多彩贵州

图4 “多彩贵州”品牌口号

“走遍大地神州，醉美多彩贵州”这个口号出自喜马拉雅广告公司，其主题表现为贵州的自信和多彩；落脚点体现在“醉美”二字上。“在贵州，既有美酒的醉人，也有美景的醉人，还有贵州多彩文化的感染力也让人陶醉，可谓一字多义，回味悠长”。① “多彩贵州”反映了贵州文化的丰富性和多样性，人们到贵州的每一个地方，都能体会到不同的民族风俗、民族风情、民族文化、民族艺术，民族建筑；在贵州，可让人放松身心，情不自禁地陶醉于贵州的山川美景和民族文化。② 因此，好的品牌口号，能切合品牌的内容定位，是品牌内容的高度概括；好的品牌口号能抓住广大受众的消费心理和利益诉求；好的品牌口号具有冲击力和感染力，能在情感上产生共鸣，在文化上产生认同；好的品牌口号易读、易记、易传播。

“多彩贵州”标识的应用系统都是由组合符号构成，常用于电视广告、宣传画册、舞台文化活动、会展、产品包装、办公设备和用品等。这类组合

---

① 《喜马拉雅广告2011年重磅力作——贵州省品牌形象整合传播》，喜马拉雅广告网，http：//www. himalayas. net. cn/news. asp？ id =41。

② 钱外轩：《走遍大地神州，醉美多彩贵州，在科学发展后发赶超中塑造贵州新形象》，《贵州日报》2013年12月23日。

符号系统，有的是名称加口号，有的只用名称，有的是将基本符号融入相关产品内容中去，根据包装的需要设计产品标志（如图5、图6、图7所示）。

图5 旅游宣传中的“多彩贵州”标识

图6 广告宣传中的“多彩贵州”标识

图7 文化活动徽标和产品商标中的“多彩贵州”标识

品牌标识具有很强的传播价值。品牌研究专家认为，品牌标识在品牌传播和建立品牌资产的过程中往往起着更为关键的作用。大量研究表明：在人们接收的外界信息中，83%的印象来自视觉，因此标识正是对人的视觉的满足，可以让人们获得更多的信息。另外，标识比语言信息更容易记忆和再认，比语言信息保持记忆的时间更长，比语言信息更能引人注目和激发联想，更容易顺利地进行跨文化传播。因此，设计具有良好视觉效果的品牌标识，是建立强势品牌的重要内容。①

从以上看来，“多彩贵州”文化品牌在名称、标识、口号上十分清晰，在功能定位与受众定位、文化属性与价值意义的明确上十分准确，使“多彩贵州”文化品牌呈现鲜明特征，具有唯一性、垄断性和不可替代性。同时，根据品牌形象识别系统理论，“多彩贵州”文化品牌在理念识别、行为识别、视觉识别方面，注重通过统一的视觉形象设计来提升公众对品牌的认知，形成形象策划、设计、传播和管理等形象个性的一体化，并实施产业化运作，提升“多彩贵州”这一文化品牌的知名度、美誉度和忠诚度，增强“多彩贵州”文化品牌的影响力与竞争力。

（三）“多彩贵州”文化品牌传播的主要手段

“多彩贵州”作为我国首个省级区域性文化品牌，既带有公益性，又涵盖广泛的商业性。因此，“多彩贵州”文化品牌的传播，采用“党政传播、媒体传播、机构传播、企业传播”相结合的特殊传播策略。其传播目的是要将一个“宜游、宜居、宜业”的多彩贵

① 段淳林、戴世富：《品牌传播学》，华南理工大学出版社2009年版，第74页。

州新形象让外界知晓并深入人心，其传播路径采取新闻传播、经贸传播、文化传播、体育传播、旅游传播等，传播手段主要采取广告传播、公关传播、营销传播、形象代言人传播等形式。下面分而述之。

1. 广告传播

广告传播是以大众传媒为主要载体，以策划和创意为主要形式，针对不同传媒的目标受众进行的以品牌名称、品牌标志、品牌定位、品牌个性等为主要内容的宣传活动。广告传播可以提高品牌知名度、品质认知度、品牌联想和品牌忠诚度构成的品牌资产。①“多彩贵州”文化品牌之所以在全国广为知晓，其广告传播的手段丰富而有力，是因为除了报纸、杂志、网站以图文进行广泛宣传以外，还通过电视、LED 广告屏、户外广告、车体广告等形式宣传这一品牌。从 2011 年 8 月 1 日起，贵州省多彩贵州文化产业发展中心还以“走遍大地神州，醉美多彩贵州”为主题，分别制作了《避暑篇》《人文篇》《航拍篇》《驴友篇》《山水文化篇》《醉美篇》六条形象宣传片②，拍摄制作以及投放耗资近 7000 万元，通过中央电视台《新闻联播》《新闻 30 分》《中国新闻》和《走遍中国》等多个栏目，向国内外广泛传播“多彩贵州”形象。据央视索福瑞的调查数据显示，从 2012 年 1 月至 2013 年 10 月 31 日，共有 254.41 亿人次收看多彩贵州形象片。③ 户外广告方面，多彩贵州城树立了 43 块大型户外广告牌；多彩贵州酒独家冠名了第九届全国少数民族运动会的火炬传递仪式，还在中央电视台、贵州电视台及全国 532 个火车站的

① 段淳林、戴世富：《品牌传播学》，华南理工大学出版社 2009 年版，第 121 页。

② 《喜马拉雅广告 2011 年重磅力作——贵州省品牌形象整合传播》，喜马拉雅广告网，http：//www. himalayas. net. cn/news. asp？ id =41。

③ 钱外轩：《走遍大地神州，醉美多彩贵州，在科学发展后发赶超中塑造贵州新形象》，《贵州日报》2013 年 12 月 23 日。

3000 多块 LED 广告屏幕上都投放了“多彩贵州”品牌宣传片。另外，在全省所有公交车上都设置车体广告，播放“走遍大地神州，醉美多彩贵州”系列宣传片。

图 8 “多彩贵州”文化品牌的广告传播

2. 公关传播

公关传播是以塑造组织形象为目标的传播活动。公关传播是提高品牌知名度、树立良好的品牌形象、增加品牌可信度和亲和力的有效手段。公关传播的常用手段有活动赞助、举办会议和公益服务活动等。“多彩贵州”文化品牌在公关传播中用得较多，有《多彩贵州风》大型民族歌舞诗演出，多彩贵州歌唱大赛、舞蹈大赛、小品大赛，多彩贵州旅游商品“两赛一会”、旅游形象大使选拔赛、原生态国际摄影大赛，还有多彩贵州旅游产业发展大会以及全国网络媒体多彩贵州踏春行、全国画报媒体行摄多彩贵州、全国广播电台听多彩之声看魅力贵州、全国卫视聚焦多彩贵州记录奋进历程等大型活动。据统计，自2005年以来，《多彩贵州风》在省内外、国内外演出2200余场，观众达200多万人次；在各种多彩贵州大赛中，全省有近40万人次报名参加各级赛事，各类比赛近10000场，共有3000万名观众到现场观看比赛，各级电视台录播、直播2000余场，电视观众累计达数亿人次。2011年10月5—15日，贵州省办公厅、省宣传部、省文化厅、省外事办、省旅游局及《多彩贵州风》剧组赴美开展多彩贵州文化旅游推介交流活动，这是继2010年在加拿大开展文化旅游交流取得成功之后又一次出行北美，先后在纽约、亚特兰大、拉斯维加斯、洛杉矶进行为期10天的文化旅游推介交流，《多彩贵州风》演出场场爆满，出现一票难求的现象。活动开始前，美国商业电视台、《世界日报》等媒体就刊播了有关前期报道628篇（次）；活动期间，纽约《多维周刊》、洛杉矶《星岛日报》等34家当地媒体分别对活动进行了报道。此外，新华社、中新社、凤凰卫视、人民网、搜狐网、中华文化传媒网、亚特兰大新闻（Atlanta News）等20多家中英文媒体也进行了大量报道。两年的多彩贵州文化旅游推介交流活动，使北美赴黔游客骤增，美国游客已一路飙升至1.5万人，成为贵州省第二大国外入境旅游客源市场。[①] 自2011年7月“贵州”形象新标识颁布以来，随即通过中国（贵州）国际酒类博览会暨2011中国贵阳投资贸易洽谈会、第九届全国少数民族传统体育运动会以及系列经贸、旅游推介、文化交流活动的广泛展示、使用和推介，卓有成效地传播了“多彩贵州”的文化品牌。

---

① 李卫红：《多彩贵州：派给世界一张“烫金”的名片》，《贵州日报》2011年10月28日。

图9 “多彩贵州”文化品牌在美国洛杉矶开展公关传播

3. 营销传播

这里讲的营销传播是指将文化品牌中的文化要素充分挖掘，通过准确的定位、营销规划的战略实施，将文化品牌推向消费者，使其选择与评判。[①]“多彩贵州”文化品牌营销传播的内容与方式，主要是通过宣传与推介，向企业授权商标使用。2005年，贵州省多彩贵州文化产业发展中心成立后，立即组织协调商标授权企业通过赞助公益活动、产品广告和商贸活动进行“多彩贵州”文化品牌销售传播。为了进一步延伸和拓展“多彩贵州”文化品牌，通过对“多彩贵州”商标的商业性使用，提升“多彩贵州”品牌形象和品牌资产价值，贵州省多彩贵州文化产业发展中心特面向社会进行“多彩贵州”商标使用许可的招商。2010

① 王钧、刘琴：《文化品牌传播》，北京大学出版社2010年版，第112页。

年11月30日，在“多彩贵州”商标全面注册暨品牌招商新闻发布会上，通告了“多彩贵州”商标涵盖的45个类别，共460个项目，明确了“多彩贵州”商标的使用方式和范围。这样以整个省的名义对文化品牌进行商标全面注册，在国内尚属首例，不仅形成了“多彩贵州”品牌商标授权体系，同时这般大规模、全方位的商标注册也开国内文化品牌之先河。“随着‘多彩贵州’商标的全面注册和推广使用，‘多彩贵州’品牌呈现出巨大的商业价值，‘多彩贵州’商标已使用在贵州省网站、金融、地产、白酒、茶叶、饮料、演出、会展、民族工艺品等行业中，拉动投资40亿元以上，已初步形成产业集群。[①] 尤其是2012年以来，贵州省多彩贵州文化产业发展中心具体承办中国（深圳）国际文化产业博览交易会“多彩贵州馆”和北京国际文化创意产业博览会“多彩贵州馆”，整体展示推介“多彩贵州”文化品牌及授权企业的服务和产品，既丰富了“多彩贵州”品牌的文化内涵，又打造出“多彩贵州”品牌的国际效应，[②] 增扩了“多彩贵州”文化品牌营销传播的机会和范围。

4. 形象代言人传播

品牌形象代言人，也称“品牌形象大使”“品牌推广大使”，是指某组织或企业以契约的形式指定一个或几个能够代表企业品牌或产品形象并展示、宣传企业品牌或产品形象的公众人物。形象代言人主要有影视明星、歌星、体育明星、政界名流、科教专家等类型，他们的职能包括各种媒介宣传，传播品牌信息，扩大知名度、认知度，参与公关与促销，与受众近距离的信息沟通，并促成购买行为的发生，树品牌的美誉

① 杜再江：《“多彩贵州”品牌拉动投资40亿元》，《贵州民族报》2011年6月29日。

② 黄蔚：《“多彩贵州”领跑区域文化品牌新时代》，《贵州日报》2010年12月24日。

与忠诚。在广告活动中，品牌形象代言人策略，被称为“名人代言策略”或“名人广告策略”。形象代言人充当传播者的角色，它传达的信息是为了证明产品信息的可靠性和可信性，通过展现形象本身，让观众产生对品牌形象的联想，形成品牌识别。①

“贵州八大名酒”之一的安酒集团，2010 年成为“多彩贵州”品牌战略合作伙伴，出品“多彩贵州酒”，为“多彩贵州”这张代表贵州省的名片增添靓丽的一笔。同时，被誉为“省酒”的“多彩贵州酒”是贵州优质白酒的典型代表，肩负着贵州形象大使的使命。双方的合作，既是对“多彩贵州”文化品牌的联动传播，又开创了文化品牌和实体产业融合发展的新模式。在广告策略中，以多彩贵州旅游形象大使选拔赛获奖者作为形象代言人，传达出“多彩贵州”及“多彩贵州酒”相关信息，在广大受众中形成联想，促成达到品牌识别的目的（如图 10 所示）。

图 10 “多彩贵州”文化品牌的形象代言人传播

① 段淳林、戴世富：《品牌传播学》，华南理工大学出版社 2009 年版，第 142 页。

2011 年 11 月 12 日，在台北世贸中心举行的“走遍大地神州，醉美多彩贵州”旅游产品说明会上，[①] 贵州代表特邀中国国民党荣誉主席连战、吴伯雄出席并致辞，并请台湾省知名旅游主持人李秀媛女士和民俗专家黄英峰先生作主讲嘉宾，他们以在贵州旅游的切身感受告诉观众：“大山大水，好人好景，这就是可爱的贵州。”[②] 李秀媛穿着在贵州旅游时购买的布依族服装，向大家介绍了她 3 次到贵州走过的景点，看到的文化。黄英峰则向观众演示了他 20 年来 50 多次到贵州拍摄的一些珍贵图片，与大家分享贵州文化的魅力。[③] 朴实精彩的演讲赢得观众的阵阵掌声。当黄英峰问大家“想不想去贵州”时，台下观众都大声说：“想。”离开会场时，许多观众还意犹未尽，纷纷与身着民族服饰的姑娘小伙合影，并进一步了解贵州的风土人情。[④] 这里就是充分运用形象代言人的知名度、权威性、可信度、亲和力、说服力，来促成人们对文化品牌的强烈关注和深度认知。

结　论

“多彩贵州”文化品牌，是由贵州省委、省政府主导，整合宣传、文化、旅游、体育、农业等部门的资源，按照“党政推动、三级联动、社会参与”的原则，群策群力倾力打造的一个省级层面的、独特的地域文化品牌，它与楚湘文化、巴蜀文化、岭南文化等其他地域文化的一个

---

① 向永东：《贵州多元民族文化惊艳国际展会》，《贵州日报》2011 年 11 月 23 日。
② 同上。
③ 同上。
④ 同上。

显著区别，是它不仅具有文化的涵聚性，还兼具经济的引领性。因此，本文研究的着力点突出了以下四个方面。

第一，对“多彩贵州”文化内涵进行全面梳理，并对“多彩贵州”文化品牌进行内容上的界定。品牌的背后是文化，文化是品牌的灵魂，因此文化品牌的形成首先需要文化做支撑。“多彩贵州”文化的内涵在哪里呢？本文的第二部分则探讨了这个问题。笔者认为，“多彩贵州”是一个以贵州原生态文化为主体的多元文化关系、多样文化生态、多种文化现象、多类产业样态涵聚的地域文化概念，有其独特、丰富的文化内涵。概括起来包括历史文化、民族文化、红色文化、生态文化，并由这四大文化衍生出来的史前文明、夜郎文化、屯堡文化、阳明文化、沙滩文化、长征文化、民俗文化、歌舞文化、节日文化、酒文化、喀斯特文化、景观文化、民间工艺文化等，被世界友人盛赞为“文化之州、生态之州、歌舞之州、美酒之州”。这些文化提炼出来就是“多元、和谐、原生态”。而“多元、和谐、原生态”正是“多彩贵州”文化品牌构建的重要依据和文化支撑。

第二，对“多彩贵州”文化品牌的载体与构建方式进行了仔细分析和概括。文化品牌的构建需要合适的载体和恰当的构建方式，本文的第三部分则深入分析了“多彩贵州”文化品牌的载体与构建方式。笔者认为，进入21世纪以来，“多彩贵州”以贵州多姿多彩的历史文化、民族文化、红色文化、生态文化作为基本元素，以多彩贵州歌唱大赛为起点，发展成为现在具有以《多彩贵州风》大型民族歌舞诗、多彩贵州旅游商品“两赛一会”、多彩贵州舞蹈大赛、多彩贵州小品大赛、多彩贵州原生态国际摄影赛、多彩贵州旅游形象大使选拔赛等多种文化展示平台以及多彩贵州酒、多彩贵州城、多彩贵州生态旅游、多彩贵州印象网等多类产业样态聚合的“多彩贵州”文化品牌，成为贵州省委、省政府为推动贵州经济发展，拉动贵州旅游业兴起，集全省之力打造的一张贵州文化名片。尤其是《多彩贵州风》，已经与《印象·刘三姐》《云南映象》并称为“西南三部曲”，成为展示贵州形象的一个重要文化符号。因此“多彩贵州”文化品牌的载体有四种类型，一是“艺术综合体”，二是“公益服务体”，三是“产业集成体”，四是“协同创新体”；而“多彩贵州”文化品牌的构建方式，也是按照这四种载体形式来构建的，具体操作上采取“党政推动、三级联动、社会参与”的方式，整合全省各级宣传、文化、旅游、体育等部门资源，构建全方位、多层次、宽领域的对外宣传格局，大力推动多彩贵州文化“走出去、请进来”，从而塑造“多彩贵州”这个文化品牌的形象与魅力。

第三，对“多彩贵州”文化品牌的传播策略进行了深入探讨。要让“多彩贵州”文化品牌被外界知晓和认可，并不断提升其影响力和品牌价值，则需要采取有效的品牌传播策略。本文第四部分则探讨了“多彩贵州”文化品牌的传播策略问题。笔者认为，“多彩贵州”作为我国首个省级区域性文化品牌，既带有明显的公益性，又涵盖广泛的商业性。因此，“多彩贵州”文化品牌的传播，采用“党政传播、媒体传播、机构传播、企业传播”相结合的特殊传播策略，其传播目的是要将一个“宜游、宜居、宜业”的多彩贵州新形象深入人心，其传播路径是采取新闻传播、经贸传播、文化传播、体育传播、旅游传播等；其传播手段主要采取广告传播、公关传播、营销传播、形象代言人传播等形式。另外，“多彩贵州”文化品牌需要通过一系列识别系统的建立来呈现自己的个性特征，实现其传播目的。因此本文还论述了“多彩贵州”品牌的理念识别（MI）、行为识别（BI）、视觉识别（VI）等有关问题。笔者认为，通过理念识别，凸显品牌核心价值、经营方式，以及生产经营的战略、宗旨、精神；通过行为识别，“体现品牌经营管理行为、公共关系、广告、促销方式与手段”；[①] 通过视觉识别，“将文化品牌的一切可视事物进行统一的视觉识别表现和标准化、专有化，将品牌形象传达给社会公众”。[②] 总体来说，“多彩贵州”文化品牌的传播必须抓住三个关键，一是文化品牌的核心价值定位，这是文化品牌构建与传播的核心；二是文化品牌的物化要素和物质载体，这是文化品牌传播的重点；三是文化品牌传播的目标与手段，这是文化品牌构建的关键。

第四，对“多彩贵州”文化品牌研究的理论工具运用进行了探索。“多彩贵州”是一个综合性的区域文化品牌，既是文化的、艺术的，又是产业的，因此适合运用文化地理学、审美人类学、文化产业学、品牌传播学作为理论工具进行综合研究。本文在第一部分深入分析了“多彩贵州”文化品牌的理论工具运用问题。笔者认为，运用文化地理学，可以解读“多彩贵州”多重文化内涵，揭示“多彩贵州”诸文化要素的形成、发展与地理环境的关系，概括“多彩贵州”各种文化现象的区域特征，寻找“多彩贵州”文化的奇异性对文化品牌构建的作用；运用审美人类学，可以揭示“多彩贵州”这一特定区域、特定群体审美实践和审美文化的创造性成果，揭示“多彩贵州”文化的复杂现象、深层内核、生成规律和美学特征；运用文化产业学理论，可以总结“多彩贵州”文化产业的经验、规律、不足和发展路径，指导实施“多彩贵州”文化产业“走出去”战略、竞争力战略、集聚集群战略、区域发展战略、跨界并购战略、可持续发展战略，提升“多彩贵州”文化产品的生产与营销效益；运用品牌传播学理论，可以分

① 严艳萍：《CI 在企业发展中的现状与思考》，《学习与实践》2007 年第 6 期。
② 同上。

析“多彩贵州”文化品牌的运作机理，概括“多彩贵州”文化品牌的塑造能力和营销传播方式，引导其进一步提高资源利用率和品牌开发能力，壮大“多彩贵州”品牌的实力。总之，运用这些理论工具，能使研究视野更开阔，内容更详尽，方法更恰当，目标具有针对性，成果具有创新性。

尽管笔者对“多彩贵州”文化品牌的研究，与过去仅限于一个个活动述评相比，在理论的深广性和系统性上有所突破，但是仍然存在不少缺陷。有待解决的问题有以下几个方面。

一是“多彩贵州”的文化内涵还有待进一步挖掘和提炼，使之成为鲜明独特的、文化内涵更为丰富的、能完整表征贵州文化身份的、能构建贵州“精神高地”和传播贵州精神，并具有涵聚、介化和产业化功能的文化符号。

二是“多彩贵州”文化的延展性和纵深度还需进一步拓展与深化，要围绕“多元、和谐、原生态”核心价值，对贵州各种文化事项、文化现象、文化形态进行再聚合再挖掘，要从深层次上解决“原生态”核心价值在与现代都市文化、后现代消费语境对接中的矛盾冲突、文化转向和文化资源转化的问题。

三是“多彩贵州”文化品牌构建研究还需要进一步深入和系统，要进一步强化“多彩贵州”品牌塑造战略，在品牌价值定位上更准确，在品牌标识建设上更系统，并要有理论与学术的支撑，使“多彩贵州”文化品牌真正成为具有贵州认同、贵州召唤力的高端区域文化符号。

四是“多彩贵州”文化品牌与产业化关联度研究还需大力加强，有关区域文化资源挖掘利用问题、文化资本扭矩力问题、文化资源与品牌终端有效整合问题，文化品牌产业化过程中法律政策保障机制问题等，均有待进一步研究，以促进“多彩贵州”文化品牌可持续发展。

五是“多彩贵州”文化形态和传播范式的研究仍然有待拓宽和提升，要解决在文化品牌传播中宣传方式陈旧单一的问题，改变单纯展示资源过多、产品创意不足、市场对接不密、人文内核缺少等突出问题，使其文化价值、社会效益和当代意义能够得到充分、紧密的体现。

参考文献：

一　著作类

[1] 陈建宪：《文化学教程》（第二版），华中师范大学出版社 2011 年版。

[2] 陈建宪：《民俗文化与创意产业》，华中师范大学出版社 2012 年版。

[3] 黄永林：《从资源到产业的文化创意——中国文化产业发展现状评述》，华中师范大学出版社 2012 年版。

[4] 黄永林：《文化传承与文化创新探析——黄永林自选集》，华中师范大学出版社 2012 年版。

[5] 谈国新、钟正：《民族文化资源数字化与产业化开发》，华中师范大学出版社 2012 年版。

[6] 朱自强：《中国文化产业》，中国海洋大学出版社 2008 年版。

[7] 夏日云、张二勋：《文化地理学》，北京出版社 1991 年版。

[8] 凯·安德森等：《文化地理学手册》，李蕾蕾、张景秋译，商务印书馆 2009 年版。

[9] 钱今昔：《文化地理与现代化建设·人文地理学论丛》，人民教

育出版社 1984 年版。

［10］张文奎：《人文地理学概论》（修订本），东北师范大学出版社 1989 年版。

［11］王煦柽：《中国大百科全书·地理学》，中国大百科全书出版社 1984 年版。

［12］胡惠林：《文化产业发展与国家文化安全——全球化背景下中国文化产业发展问题思考》，《文化产业的发展和管理》，学林出版社 2001 年版。

［13］叶朗：《中国文化产业年度发展报告（2003）》，湖南人民出版社 2003 年版。

［14］卫军英：《整合营销传播理论与实务》（修订二版），首都经济贸易大学出版社 2009 年版。

［15］王钧、刘琴：《文化品牌传播》，北京大学出版社 2010 年版。

［16］何仁仲：《贵州通史》第 1 卷，当代中国出版社 2003 年版。

［17］贵州省旅游局：《多彩贵州·醉美之旅》，中国旅游出版社 2010 年版。

［18］何光渝：《贵州：移民之州》，外文出版社 2006 年版。

［19］陈念萱：《神妙贵州》，贵州教育出版社 2013 年版。

［20］贵州省多彩贵州文化产业发展中心：《西部地区文化品牌建设可以实现跨越发展——以多彩贵州品牌模式的有益探索为例》，中共贵州省宣传部《文化改革发展案例精选》，贵州人民出版社 2013 年版。

［21］段淳林、戴世富：《品牌传播学》，华南理工大学出版社 2009 年版。

二　论文类

［1］欧阳友权：《我国文化品牌发展现状、问题及对策》，《黑龙江社会科学》2009 年第 5 期。

［2］肖玮：《论我国文化品牌的创意实现》，《河南工业大学学报》2013 年第 2 期。

［3］陈燕：《原生态文化的品牌定位研究》，硕士学位论文，山东师范大学，2010 年

［4］张二勋：《文化地理学初探》，《聊城师院学报》（自然科学版）1995 年第 3 期。

［5］冯宪光、傅其林：《审美人类学的形成及其在中国的现状与出路》，《广西民族学院学报》（哲学社会科学版）2004 年第 5 期。

［6］向丽：《审美人类学的兴起和发展》，《光明日报》2008 年 5 月 13 日。

［7］王杰、覃德清、海力波：《审美人类学的学理基础与实践精神》，《文学评论》2002 年第 4 期。

［8］王杰、海力波：《审美人类学：研究方法与学科意义》，《民族艺术》2000 年第 3 期。

［9］覃德清：《审美人类学：价值取向与方法抉择》，《民族艺术》1999 年第 3 期。

［10］高洁：《系统性理论模型下的品牌传播学》，《天津市经理学院学报》2010 年第 6 期。

［11］颜勇、雷秀武：《贵州民族文化传统节日综论》，《贵州民族研究》2007 年第 6 期。

［12］李渌：《民族歌舞：贵州文化旅游的生力军》，《贵州大学学报》（艺术版）2007 年第 3 期。

［13］陈政：《〈多彩贵州风〉的文化产业效应》，《贵州日报》2006年5月11日第7版。

［14］李波：《〈多彩贵州风〉与“多彩贵州”文化品牌塑造》，《原生态民族文化学刊》2011年第2期。

三　政策法规、项目方案与新闻报道类

［1］贵州省人大：《贵州省国民经济和社会发展第十二个五年规划纲要》，贵州省第十一届人民代表大会第五次会议通过，2011年1月22日。

［2］中共贵州省委：《关于贯彻党的十七届六中全会精神推动多民族文化大发展大繁荣的意见》，中共贵州省委十届十二次全会通过，2011年10月28日。

［3］国务院：《关于进一步促进贵州经济社会又好又快发展的若干意见》，国发〔2012〕2号文件，2012年1月12日。

［4］多彩贵州品牌价值研究与品牌“十二五”发展规划课题组：《多彩贵州品牌价值研究与品牌“十二五”发展规划报告》，贵州省多彩贵州文化产业发展中心，2011年8月30日。

［5］贵州省多彩贵州文化产业发展中心：《2011—2012年度多彩贵州品牌产业化发展报告》，贵州省多彩贵州文化产业发展中心，2013年12月3日。

［6］贵州民族大学：《多彩贵州文化协同创新中心实施方案》，贵州民族大学，2013年8月28日。

［7］柳路、林茂申：《多彩贵州：民族文化多元一体》，《光明日报》2012年11月10日。

［8］肖菡：《贵州省共有红军长征文化遗址900多处为全国之最》，《贵州日报》2011年6月25日。

［9］王小梅等：《追寻红军在贵州的足迹　构筑红色文化“精神高地”》，《贵州日报》2012年7月13日。

［10］戴永明、王文慧、朱韬：《贵州：移民之州六百年》，《贵州民族报》2010年4月7日。

［11］刘琼：《一台多彩贵州风　盘活千年古资源》，《人民日报》2006年4月21日第14版。

［12］黄德泉：《天籁之音响彻贵州，各地歌手演绎黔岭风情》，《音乐时空》2013年第7期。

［13］刘学洙：《“多彩贵州”三年三大赛　为开创性之盛举》，《贵州日报》2007年7月26日。

［14］明江：《全民舞动“多彩贵州”》，《文艺报》2007年7月5日第B1版。

［15］周静：《“原生态舞蹈是国宝”》，《贵州日报》2007年8月2日第6版。

［16］景伯平：《以原生态摄影话贵州看世界》，《对外传播》2010年第12期。

［17］黄晓青：《国际水准视觉盛宴　“多彩贵州”又一大手笔》，《当代贵州》2008年第15期。

［18］干江东：《多彩贵州旅游商品“两赛一会”　六年历程不寻常》，《贵州日报》2012年2月20日第2版。

［19］张兴、苏丹、沈彬：《多彩贵州旅游形象大使选拔大赛电视电话会召开》，《贵州日报》2006年1月13日第1期。

［20］本报评论员：《选拔形象大使不是简单的“选美”》，《贵州日报》2006年3月14日第1版。

［21］覃敏笑：《“多彩贵州”旅游形象大使选拔大赛启动》，《贵州

民族报》2006 年 1 月 16 日第 1 版。

[22] 刘立辉、方辉国：《2006 多彩贵州旅游形象大使选拔大赛的影响力》，《当代贵州》2006 年第 18 期。

[23] 钱外轩：《走遍大地神州，醉美多彩贵州，在科学发展后发赶超中塑造贵州新形象》，《贵州日报》2013 年 12 月 23 日。

[24] 李卫红：《多彩贵州：派给世界一张“烫金”的名片》，《贵州日报》2011 年 10 月 28 日。

[25] 黄蔚：《“多彩贵州”领跑区域文化品牌新时代》，《贵州日报》2010 年 12 月 24 日。

四　网络文献

[1] 石新荣：《一位外国人的“贵州情缘”》，新华网贵州频道，2002 年 9 月 28 日，http：//www. xinhuanet. com/chinanews/2011 －09/28/content_ 23799552. htm。

[2] 萧洪、谢磊：《2013 多彩贵州旅游商品“两赛一会”周五开幕》，黔龙网，http://www. qlong. com. cn/2013/11/12/17/98872/。

[3] 陈盛康：《“走遍大地神州，醉美多彩贵州”——“贵州”形象标识系统下月正式启用》，金黔在线，http：//www. gog. com. cn，2011 年 7 月 26 日。

[4] 贵州省多彩贵州文化产业发展中心：《2013 多彩贵州品牌研讨会》，贵州省多彩贵州文化产业发展中心，http：//www. dcgz. cc/zhuanti2013. asp。

五　英文文献

[1] Walker Chip，“The perils of popularity”，*Marketing Tools*，

1997 (6).

[2] M. Robert, M. Glendinning & Clifford H. Macfadden Kendall, *Introduction to Physical Geography*, Harcourt, Brace and Co. , 1976.

[3] Yack, B. , *The Problems of a Political Animal: Community, Justice and Conflict in Aristotelian Political Thought*, Berkeley: University of California Press, 1993.

举办少数民族传统体育运动会的时代意义考察

——以贵州省第八届少数民族传统体育运动会为例

刘吉昌　宋　冰*

摘　要：本文以学习2014年中央民族工作会议精神为契机，以贵州省第八届少数民族传统体育运动会为例，对举办少数民族传统体育运动会的现实意义和发展途径展开分析与思考。

关键词：少数民族传统体育运动会；时代意义

贵州是一个多民族的省份，各民族在长期历史发展中，在不断挖掘、传承和弘扬少数民族传统体育文化的基础上，创造出了丰富多彩的体育文化。举办少数民族体育运动会是增强民族健康素质，展示民族精神面貌，增进民族之间相互交流，提高人民群众幸福指数的有效形式，是推动民族团结进步事业健康发展的有效抓手。2014年举办的贵州省第

---

* 刘吉昌，苗族，贵州民族大学教授，硕士生导师，研究方向：马克思主义民族理论与党的民族政策、邓小平理论、当代世界政治与经济领域的教学与研究；宋冰，彝族，贵州民族大学马克思主义学院2014级硕士研究生。

八届少数民族传统体育运动会，是继 2011 年贵州省承办第九届全国少数民族传统体育运动会后的又一次民族体育盛会，也是贵州省深入学习贯彻中央民族工作会议精神的一次民族文化交流和民族团结盛会。贵州省第八届少数民族传统体育运动会的成功举办，进一步推动了贵州少数民族传统体育事业和民族团结进步事业的发展；同时，对宣传贵州、展示贵州，树立贵州新形象、新风貌，促进贵州“民族团结进步繁荣发展示范区”建设都具有现实意义。本文对此展开思考与分析。

一 贵州省第八届少数民族传统体育运动会的基本情况

（一）开、闭幕式时间、地点

2014 年 10 月 18 日，贵州省第八届少数民族传统体育运动会（以下简称“民运会”）在贵州民族大学举行了开幕式，中共贵州省委书记、省人大常委会主任赵克志及省四大班子领导出席开幕式，省长陈敏尔宣布开幕，国家民委致信祝贺。来自贵州省 9 个市州和 9 所高校 18 个代表团的 2000 多名各族运动员参加了开幕式。10 月 23 日，在贵州大学举行了闭幕式。

（二）民运会主题、主题歌

本届民运会，紧扣各民族“共同团结奋斗、共同繁荣发展”这一民族工作的时代主题，以“团结开放和谐，进步繁荣发展”作为开幕式的主题，突出“平等、团结、拼搏、奋进”的运动会主题。沿用了 2011 年贵州省承办的全国第九届民族运动会上由张擎、阿幼朵合唱的融入了贵州侗族大歌音乐素材的主题曲《手牵着，心连着》，作为运动会主题歌，也是贵州省第一次确定会歌，其歌词突出了民族运动会的主题和宗旨。

（三）民运会项目内容及特点

本届民运会，设有11个竞赛项目和25个表演项目。其中，遵义市代表团的“耍连盖”、安顺市代表团的“仡佬族推铁环”、贵州师范学院代表团的“花样跳绳”等多个项目首次参赛。就开幕式的表演项目而言，告别了以往阵容庞大的文体表演，取而代之的是经过挖掘、整理的具有贵州民族文化元素的民族舞蹈和民族健身操，突出了民族性、传统性、传承性和群众性。如贵阳市代表团的《舞龙》，贵州民族大学1000名女大学生展示的是由22个少数民族（17个贵州世居少数民族）的典型舞蹈语言组合的民族健身操，具有很强的民族性、历史性和传统性，既展现了民族传统文化与现代健身完美结合，又呈现了贵州省多彩的民族文化及其交流交融。本届赛会，由于考虑季节因素，龙舟、独竹漂、射弩、蹴球、押加5个运动项目于开幕式之前在清镇、安顺等地举行，其余的项目在贵阳各高校举行。

（四）领导讲话

国家民委文化宣传司司长武翠英在宣读国家民委贺信时指出：“少数民族传统体育运动会的开展，为各民族搭建了相互交流、相互了解的桥梁，促进了各民族的团结。举办少数民族传统体育运动会，不仅推动了少数民族体育事业的发展，推广了全民健身活动，更为贵州省民族团结进步事业增加了亮点。”① 中共贵州省副省长蒙启良在开幕式致辞中指出：“少数民族传统体育运动与我省各族人民的生产生活紧密相连，凝聚着各族人民的聪明才智，有较高的文化和艺术价值，在我省有着悠久

---

① 许邵庭：《贵州省第八届少数民族传统体育运动会开幕式致辞》，《贵州日报》2014年10月19日第1版。

的历史和广泛的群众基础。随着各族群众精神文化需求的快速增长，四年一届的全省少数民族传统体育运动会已成为增进贵州省民族团结、促进各民族共同繁荣发展的一项重要文化和体育活动，更是全省各族群众共叙友情，交流情感，切磋技艺，促进和谐的重要平台。”①

二　举办少数民族传统体育运动会的现实意义

（一）是贯彻党和国家民族政策的具体体现

少数民族传统体育运动会是展示民族平等和民族团结政策的重要平台。通过少数民族传统体育运动会的举办，向各族人民宣传党和国家民族平等和民族团结的政策，向社会大众彰显了贵州省民族体育工作取得的成就。

1. 体现了国家对民族体育工作的高度重视

少数民族传统体育，不仅是民族传统体育事业的重要组成部分，而且是民族工作的重要内容。中共贵州省委书记赵克志及省四大班子领导出席开幕式，省长陈敏尔宣布开幕，国家民委致信祝贺，展示了国家民委和贵州省委、省政府对民族团结进步事业和民族体育事业发展的高度重视，对举办民族运动会的大力支持。通过举办少数民族传统体育运动会，进一步推进贵州省各民族“共同团结奋斗、共同繁荣发展”民族工作的深入开展，进一步推动各项民族政策的贯彻执行，进一步激发各民族热爱家乡、建设家乡和传承民族文化的内在动力，有利于促进少数民族和民族地区经济社会又好又快地发展。

---

① 许邵庭：《贵州省第八届少数民族传统体育运动会开幕式致辞》，《贵州日报》2014 年 10 月 19 日第 1 版。

2. 展示了贵州省民族体育工作取得的成就

举办第八届贵州省少数民族传统体育运动会，不仅是为了检验自2011年以来贵州省少数民族传统体育事业的发展情况，也是为了贯彻落实《民族区域自治法》和《全民健身计划纲要》。同时，通过民运会推广民族健身操（第十届全国民族运动会新增的竞赛项目），推进民族地区的全民健身活动，也可以为2015年在内蒙古鄂尔多斯举办的第十届全国少数民族传统体育运动会做准备。在此次民运会中，贵州民族大学以苗族舞蹈元素改编的民族健身操在11支民族健身操代表队中脱颖而出，荣获第一名，以板鞋竞速项目两个单项打破第九届全国少数民族传统体育运动会纪录。而且本届赛会没有专门的安检，是一次“不安检”的运动会，折射出了贵州各民族团结、和谐的氛围，展示了贵州省民族体育文化的魅力，展示了贵州省少数民族传统体育事业的成就。

3. 彰显了多彩贵州的民族体育文化的特色

贵州是一个有着17个世居少数民族的多民族聚居省份。本届民运会中，龙舟、独竹漂就是具有贵州民族特色和地方特色的传统体育项目。其中，独竹漂是贵州在全国少数民族传统体育运动会上的一大亮点，陀螺和珍珠球也具有一定优势。而册亨县布依族的“布依山龙”、雷山县的铜鼓舞《驹马嬉迭》、三都自治县水族的《骑草马》和《几杩疋》、贵阳市代表团的《竹竿走蛋》和《梦苗乡》、遵义仁怀市苗族的《滚牛皮》、麻江县瑶族的《尥当》、铜仁代表团的《苗族八面鼓》和遵义市仡佬族的《打鸡蛋——换窝》成为本届民族运动会表演项目场上的亮点，展现了贵州原生态艺术魅力和非物质文化遗产，彰显了多彩贵州的民族体育和民族文化特色。

4. 增进了贵州省各民族之间的交流与友谊

习近平总书记在中央民族工作会议上的重要讲话中明确指出：“加

强中华民族大团结，长远和根本的是增强文化认同，建设各民族共有精神家园，积极培养中华民族共同体意识。”① 为举办好第八届少数民族传统体育运动会，贵州省各民族高举民族团结大旗，手足相亲、守望相助。其中9个州市和9所高校充分发挥自己的优势、调动各种资源、协调各种力量，为提高运动会整体水平奠定了基础。在各项赛场上，各民族共享体育、共享文化；在各民族运动项目中，各民族共同参与、共同进步；各民族运动员相互交流、相互学习。赛后，各民族相互切磋交流，增进友情，为下一届民运会做好准备。正如毕节市代表团的表演节目《阿西里西》所诠释的，我们都是朋友。在民运会期间，各民族都融入民族体育文化、民族团结的氛围中，共享民族体育的健康快乐，共系民族文化的永续传承，形成了文化观念、文化心理的相近和共容，展示了贵州省各民族和睦相处、和衷共济、和谐发展的风貌。

（二）是推动贵州省创建“民族团结进步繁荣发展示范区”的有效抓手

《国务院关于进一步促进贵州经济社会又好又快发展的若干意见》（国发〔2012〕2号）中，明确提出要把贵州省建设成为“民族团结进步繁荣发展示范区”的目标。② 因此，举办少数民族传统体育运动会，是促进社会主义精神文明建设，推动经济社会又好又快发展，实现各民族共同团结进步、共同繁荣发展，推进全面建成小康社会的有效抓手。

1. 有利于传承和弘扬民族优秀文化

习近平总书记强调：“中华优秀文化是中华民族的突出优势，中华

① 《中央民族工作会议暨国务院第六次全国民族团结进步表彰大会在北京举行》，《人民日报》2014年9月30日第1版。

② 《国务院关于进一步促进贵州经济社会又好又快发展的若干意见》，《贵州日报》2012年1月16日第1版。

民族伟大复兴需要以中华文化发展繁荣为条件，必须大力弘扬中华优秀传统文化。”① 中国少数民族是中华文化大家庭中的一个重要组成部分，而少数民族传统体育具有少数民族传统文化的丰富内涵。它是积淀深厚、多姿多彩的民族传统文化的一个外在表现形式，它从一个侧面集中反映了少数民族的生产生活方式、服装服饰、节庆娱乐等方面的内容。通过少数民族传统体育运动会的举办，不断挖掘、传承和传播各少数民族优秀体育文化的内涵，升华为今天各民族强身健体的娱乐活动，使少数民族传统体育文化从农村、山区逐渐走上赛场、广场，走进校园、社区，走入媒体荧屏，走向社会大众；同时，为不断传承和弘扬民族传统体育文化打下更扎实的群众基础。

2. 有利于推动全民健身活动的广泛开展

丰富多彩的民族体育文化是贵州各民族的一大特色，也是贵州经济社会发展的一大优势。随着贵州省《“十二五”少数民族和民族地区经济社会事业发展规划》的有效实施和完成，少数民族传统体育文化也将出现大发展、大繁荣的新景象。

四年一届的少数民族传统体育运动会的举办，其特殊功能和作用越来越广泛，已超出了单纯体育赛事的本身。随着少数民族传统体育项目的挖掘、整理、创新，通过民运会制定出竞赛规则，不断推动体育项目的推广和体育理论的发展，为全民健身活动的开展注入了新的血液，丰富了全民健身活动的内容和形式。如黔东南苗族侗族自治州代表团带来的，由侗乡黎平县新挖掘整理出来的侗族武术《猛拳》，它是本届民运会表演项目中唯一的一个武术节目。少数民族传统体育运动会，是展现

① 中共中央宣传部：《习近平总书记系列重要讲话读本》，学习出版社、人民出版社 2014 年版，第 99 页。

民族体育、民族文化的舞台。很多少数民族传统体育项目，历经民运会后，有的家喻户晓，有的为打造“多彩贵州”文化品牌提供了素材，有的成了体育健身项目，走进学校、走向社会、走向世界。如贵州师范学院星动花样跳绳队，参加了在香港举行的2014年世界跳绳锦标赛，获得3银、3铜的好成绩。举办少数民族传统体育运动会，焕发了贵州省少数民族传统体育的审美活力。同时，贵州省各地以《国家全民健身计划纲要》的实施为契机，不断扩大、丰富少数民族传统体育文化的内容，使全民健身活动在贵州大地蓬勃开展。

3. 有利于推动贵州省“民族团结进步繁荣发展示范区”的建设

在贵州大地上，各民族在迁徙、流动中，逐渐形成大杂居小聚居、既杂居又聚居的分布状况，形成一个你来我往、我来你往、你中有我、我中有你，且各具个性，谁也离不开谁的多元一体格局。不同经济文化类型的民族，在贵州高原都找到了各自的生态区位和发展空间，并长期传承各具特色的民族文化，形成了优势互补、和睦相处、和谐共生的奇异景象。

四年一届的少数民族传统体育运动会的举办，成为各民族代表欢聚一堂、切磋技艺、共叙友情、展示文化的机会，是展示各地区经济社会发展、各民族良好精神面貌，增强各民族自豪感与自信心的具体体现，是各民族群众交往、交流、交融的有效形式。运动会营造“以赛会友、以情交友、以心结友”的良好氛围，使“两个共同”“三个离不开”“四个认同”的思想内化于心、外化于行，使各族群众切身感受到我国民族政策的正确性，为贵州省“创建民族团结进步繁荣发展示范区”的深入实践，寻找到了正确的路径与载体。尤其是本届民运会在贵州民族大学和贵州大学举办，更是对当代大学生进行马克思主义民族观和党的民族政策宣传教育的大好时机，为各民族大学生相互交流、相互了解、相互信任、增进友谊提供了平台。此外，“体育搭台、经济唱戏”也成了各地招商引资的平台和契机。

三　推动少数民族传统体育运动会健康发展的途径

（一）凸显高校传承民族体育文化的重要阵地作用

高校聚集着一大批朝气蓬勃的时代青年，此时段是他们长身体、学知识、强素质的最佳时机。贵州省第八届少数民族传统体育运动会，首次将开、闭幕式安排在高校举行，既吸引了毕业生返校观看比赛，又体现了高校传承少数民族传统体育文化的重要性。进一步发挥高校优势，是传承少数民族传统体育的有效途径。一是将内容丰富、形式多样的民族传统体育项目安排到大学生体育课程内容中，从而有效地促进传统体育和现代体育的接轨、结合，给高校体育课程增添新的文化元素，丰富学校体育教学内容，提升学校的人文精神。二是把某些具有传承性、趣味性和参与性的民族传统体育项目引入学校活动中，通过丰富多彩的各种文化娱乐活动，让更多大学生感受到少数民族传统体育的精彩与魅力，增强各民族大学生主动传承少数民族传统体育的自觉性。三是高校体育专业，要把民族传统体育课程作为必修课，加强体育专业大学生的理论学习与实践训练，使他们成为传承少数民族传统体育的排头兵。

（二）拓展少数民族传统体育运动会项目的新内容

贵州省第八届少数民族传统体育运动会，设有 11 个竞赛项目和 25 个表演项目。如首次参赛的推铁环、花样跳绳、民族健身操等多个表演项目，不仅都是经过挖掘、整理和创新的项目，而且都是民族体育工作者共同努力的结果。与此同时，我们还要不断挖掘、整理、传承和弘扬少数民族传统体育。一是各级政府及有关部门，如文体局、民宗局和旅游局等，要高度重视，要集中力量，深入民族地区把各民族人民群众生活中喜闻乐见、有益于强身健体的体育文化元素提炼并加以指导和训练，使之成为被大众接受、认可的体育项目，不断推广；二是相关民族体育工作者要积极把某些较为成熟的大众项目，规范出竞赛标准和规则，在适合健身的大众人群中宣传、推广、指导、普及；三是通过大众广播、新闻媒体积极宣传，让更多喜闻乐见、娱乐身心的体育文化项目能够被大众所了解、接受，让某些体育爱好者去实践、去感受、去推动，营造出人人参与的良好氛围，为进一步拓展民族传统体育项目打下坚实的群众基础。

（三）推动少数民族传统体育运动会向全民性、健康性、娱乐性、特色化发展

少数民族传统体育运动会具有运动项目的民族代表性、运动员的民族群众性和运动内容的民族文化性这三大特点。举办少数民族传统体育运动会，是保护、传承、弘扬少数民族传统体育文化的有效载体。贵州是个多民族省区，传承好、发展好少数民族传统体育，有利于增强各族人民身体素质，有利于传承民族文化，有利于丰富各民族精神文化生活，有利于促进各民族交往、交流与交融。结合贵州省情，推动少数民族传统体育运动会向全民性、健康性、娱乐性与特色化方面发展，需要作出更大努力。

一是要形成有利于民族传统体育发展的体制机制，推进政府牵头、部门负责、协会协作、公众参与、社会推动的格局。二是各级政府定期举办少数民族传统体育会和民族团结进步创建活动，力求以赛事促传承，以项目提高水平，以活动训练人才，以宣传提升知晓度。三是以各

民族传统节日为契机，组织好、开展好少数民族传统体育活动，吸引社会大众的眼球。四是在有条件的中、小学里，增加具有地方特色和民族特色的少数民族传统体育活动，让中、小学生参与少数民族传统体育活动，培养他们对民族体育的兴趣与爱好。五是充分发挥贵州省少数民族传统体育基地（如麻江县下司龙舟训练基地、荔波瑶山陀螺基地、普定仙马射弩基地等）在民族体育事业中的支撑作用，注重贵州高校（贵州民族大学、黔南民族师范学院、兴义民族师范学院等）作为少数民族传统体育文化研究基地的建设，以基地化促特色化，让“贵州经验”成为“全国样本”。六是以本届民运会为契机，大力推广民族健身操，推进民族地区的全民健身活动，构建具有贵州省特色的多元化全民健身体系。

四　结语

少数民族传统体育是中华传统文化的重要组成部分，是中华文明的重要内容。全国少数民族传统体育运动会，作为民族的“奥运会”，是检验民族传统体育事业发展的最高形式。在推进中华民族伟大复兴的“中国梦”的新征程中，我们要以举办少数民族传统体育运动会为契机，保护好、传承好各民族传统体育文化，不断提高少数民族传统体育的竞技水平；推进好、协调好全民健身活动的广泛开展，不断增强各族人民的健康素质，使少数民族传统体育不断焕发出“力的刚毅”“气的豪迈”“技的雄姿”“美的韵味”。

参考文献：

［1］张选慧：《民族传统体育概论》，人民体育出版社2005年版。

［2］中央宣传部：《习近平总书记系列重要讲话读本》，学习出版社、人民出版社2014年版。

[3]《国务院关于进一步促进贵州经济社会又好又快发展的若干意见》，《贵州日报》2012 年 1 月 16 日。

[4]《中央民族工作会议暨国务院第六次全国民族团结进步表彰大会在北京举行》，《人民日报》2014 年 9 月 30 日。

[5]《国务院关于进一步促进贵州经济社会又好又快发展的若干意见》，《贵州日报》2012 年 1 月 16 日。

[6] 许邵庭：《贵州省第八届少数民族传统体育运动会开幕》，《贵州日报》2014 年 10 月 19 日。

[7] 胡小燕：《加强社会主义文化建设，提升中华民族凝聚力》，《湖北省社会主义学院学报》2013 年。

[8] 金炳镐、熊坤新：《推进民族平等和谐、团结进步事业是构建和谐社会的重要保证》，《西南民族大学学报》（人文社会科学版）2005 年。

[9] 李晋有：《大力加强少数民族传统体育运动会的继承、创新和发展——在全国少数民族传统体育运动会研讨会上的讲话（摘要）》，民族出版社 2000 年版。

机遇与嬗变：文化与科技融合视阈下的贵州文化产业发展战略研究

王燕妮　王伟杰*

摘　要： 随着“大数据时代”“高铁时代”“轻轨时代”的来临，贵州省文化产业的发展有着巨大的历史发展机遇，也将经历一场旷日持久的发展变革。近年来，贵州省以政府为主导，大数据产业、会展业、大健康产业、文化创意旅游产业等新兴产业发展迅猛。本报告详细分析了贵州在发展文化产业等方面的诸多优势，并结合“智慧旅游云”的案例，提出了围绕大数据发展贵州文化旅游产业、会展业、演艺业等的具体对策。

关键词： 贵州；贵阳；文化产业；科技

近年来，在贵州省委、省政府的关注指导下，贵州省利用自身丰富的文化资源，借“大数据时代”“高铁时代”和“轻轨时代”即将来临

---

* 基金项目：贵州民族大学科研院（所）、基地（中心）基金资助项目“文化与科技融合视阈下的贵州文化产业发展战略研究”（项目编号：校科 KYJG[2014]32 号）的阶段性研究成果。

作者简介：王燕妮，土家族，贵州民族大学南方少数民族非物质文化遗产研究基地副教授，研究方向：民俗学；王伟杰，贵州民族大学民族文化产业发展研究中心副教授，研究方向：文化资源与文化产业。

的重大机遇，系统深入地贯彻落实科学发展观，以改革创新为动力，以满足人民群众精神文化需求为出发点和落脚点，纵深推进文化大发展大繁荣的建设，文化产业取得了突飞猛进的发展。尤其是在大数据思维下，贵州以大数据产业为优势力量，不断发展新型文化业态，创新文化产业发展方式，使自身文化产业在历史机遇面前稳步发展，并逐步向繁荣新兴文化产业的发展道路上迈进。

一　文化与科技新视阈下贵州省文化产业发展基本情况

随着众多数据中心落户贵阳市贵安新区，贵阳市已经进入“大数据时代”和“高铁时代”，即将进入“大健康时代”和“轻轨时代”，这为贵阳市文化产业的发展提供了极大的便利，更为其发展增添了新的活力。

（一）近年来贵阳市文化产业发展基本情况

国家统计局2015年1月20日发布的数据显示，2014年全年国内生产总值636463亿元，经济增长7.4%。“贵州经济增长10.8%，高出全国增长水平3.4个百分点，经济增速居全国第2位，连续4年居全国前3位，这是贵州历史上所没有的”，贵州省经济进入科学、持续、稳定的加速发展期的标志性特征十分显著。从贵阳市来看，2014年贵阳市生产总值为2497.27亿元，增长率为13.9%，远远高于全国7.4%和全省10.8%的水平。[①] 贵阳市下辖的修文县，2014年地区生产总值达119.78亿元，同比增长17.5%，在贵州省31个经济强县（市、区）中排名榜

① 刘鹏：《2014年贵州GDP破9000亿，增速全国第二》，中国新闻网，2015年1月21日，http://finance.chinanews.com/cj/2015/01-21/6992286.shtml。

首。贵州省贵阳市经济的快速发展，为贵州省文化产业的发展奠定了坚实的基础，也取得了一些骄人的成绩。

1. 文化产业发展迅猛，各项指标稳步增长

据初步统计，2014 年贵州省文化产业增加值为 296.85 亿元，比上年增加 87.13 亿元，增速达 41.55%，从业人员 36.48 万人。从 2011 年至 2014 年，贵州文化产业增加值年均增幅 30% 以上，文化产业在西部地区由偏后上升到居中位置。截至 2014 年年底，在全省 12911 个文化产业单位中，有 8506 家民营文化企业，从业人员近 13 万人；文化产业个体工商户有 5 万余户，从业人员 15 万余人。2014 年，贵阳、遵义、六盘水和黔东南，文化产业增加值排在全省前四位。在 2014 年的文化产业增加值中，民营文化企业和个体工商户占比接近 90%。[①]

2013 年，在各个地市州中，贵州省文化产业增加值居前四位的分别是贵阳市、遵义市、六盘水市、黔东南苗族侗族自治州。其中，贵阳市 61.92 亿元、遵义市 40.38 亿元、六盘水市 23.76 亿元、黔东南苗族侗族自治州 21.15 亿元。

表 1　　贵州省 2010—2014 年文化产业发展数据统计

年　份	2012	2013	2014
文化产业增加值（亿元）	152.03	209.72	296.85
比上年增加（亿元）	40.85	57.69	87.13
占 GDP 比重（%）	2.22	2.62	3.20
增长率（%）	36.7	37.95	41.55

资料来源：贵州省统计局网站及《贵州日报》发布相关数据。

① 刘辉：《去年贵州省文化产业增加值近 300 亿元》，《贵州日报》2015 年 7 月 16 日。

2010 年，贵阳市文化产业完成总产出 74.09 亿元，实现产业增加值 34.21 亿元，比上年增长 22.4%，文化产业增加值占全市 GDP 比重的 3.05%（全省文化产业增加值占 GDP 比重的 2.44%），对全市 GDP 增长的贡献率为 2.86%，贵阳市文化产业发展速度领跑全省。到 2013 年，贵阳市文化单位已经达到 3071 家，从业人员达 58907 人，文化产业增加值达 54.49 亿元，占生产总值比重为 3.2%。①

再者，居民收入的不断增加为文化消费的增加提供了财力支撑。2014 年贵州居民收入继续增加，根据城乡一体化住户调查，贵州省全体居民人均可支配收入 12371 元，比上年名义增长 11.6%。其中，城镇居民人均可支配收入 22548 元，比上年名义增长 9.6%；农村居民人均可支配收入 6671 元，比上年名义增长 13.1%。2014 年贵阳市全年城镇常住居民人均可支配收入 24961 元，比上年增长 9.4%；农村常住居民人均可支配收入 10826 元，比上年增长 12.7%。

2. 各类文化行业发展较快，会展业、大数据等新兴产业亮点频多

产业布局除贵阳相对集中综合性文化业态之外，初步形成了遵义红色文化与旅游融合、安顺屯堡文化与旅游融合、毕节古彝文化与旅游融合、黔东南苗侗文化与旅游融合、黔南布依文化与旅游融合的发展格局。

近年来，贵阳市各类文化行业发展迅猛，尤其是旅游业、影视业、会展业和大数据产业，取得了突飞猛进的发展。2014 年，贵州省服务业平稳发展，共接待游客 3.21 亿人次，比上年增长 20.1%，实现旅游总收入 2895.98 亿元，增长 22.2%（具体见表 2）。贵阳市作为贵

① 贵阳市文广局：《贵阳市文广局 2013 年工作总结》，贵阳市人民政府网站，2014 年 3 月 28 日，http://www.gygov.gov.cn/art/2014/3/28/art_10786_566194.html。

州省旅游的主要交通枢纽和旅游承接点，占据了贵州省旅游业的重要份额。

表 2　　贵州省 2008—2014 年旅游业发展数据统计

项目＼年份	2008	2009	2010	2011	2012	2013	2014
每一来黔境外旅游者消费支出（美元/人·天）	169.30	169.12	171.76	168.68	167.13	181.05	—
入境旅游人数（万人次）	39.54	39.95	50.01	58.51	70.50	77.70	—
国际旅游外汇收入（万美元）	11697	11044	12958	13507	16894	20143	—
旅游总人数（亿人次）	0.819023	1.043995	1.291302	1.701936	2.140118	2.676128	3.21
旅游总收入（亿元）	653.13	805.23	1061.23	1429.48	1860.16	2370.65	2895.98

资料来源：贵阳市统计局网站。

电影产业发展前景乐观，院线票房取得新突破。从 2012 年至 2014 年，贵阳市电影总票房从 1.07 亿元上升到 2013 年的 1.37 亿元，2014 年又上升到 1.92 亿元，两年的增长率分别为 27.8% 和 39.8%；电影院也从 12 家增长至 20 家以上。2014 年贵州省电影院线总票房达到了 2.83 亿元，占到了总份额的 67.8%；观众人数从 2012 年的 277.92 万人次上升到 2013 年的 351.6 万人次，再到 2014 年的 509 万人次，年均增长率达到了 42%。[①]（具体见图 1）

① 徐成：《体验消费大数据：贵阳人平均每天花 52 万元看电影》，赢商网贵州站，2015 年 3 月 14 日，http：//m. winshang. com/news455096. html。

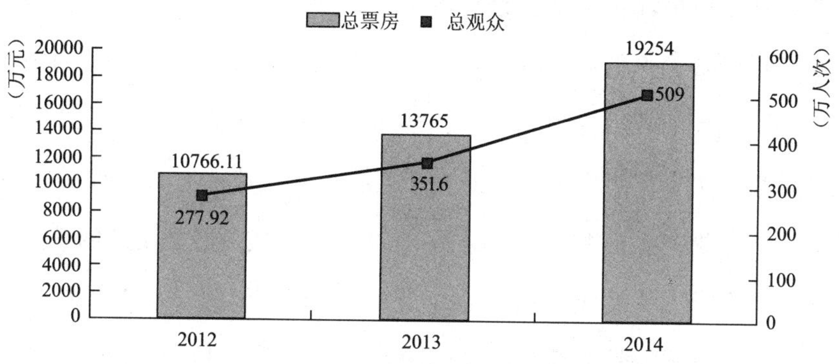

图 1　贵阳市 2012—2014 年电影总票房及总观众人次对比

会展业发展如火如荼。近年来，贵阳市借高铁开通及大数据落户所带来的重要机遇，举办了较多的博览会、展览、国际会议，一方面扩大了贵阳、贵安新区的知名度，另一方面为会展业的发展带来了便利。如举办了 2013 中国贵州生态产品博览会“生态文化·动感之旅”，参展企业达 69 个，共 100 个项目，交易额近 350 万元，达成项目意向性协议 400 万元；也举办了“2013 生态文明贵阳会议三场电视高峰会”（“从贵州到瑞士”“家乡情，中国梦”“重启改革”）和两场分论坛（“大数据时代的媒介与社会责任”“东西方智慧与生态文明”）等。2014 年，贵阳又成功举办第二十四届全国图书交易博览会。作为本次博览会的主会场，贵阳国际会展中心设 5 个展馆，2400 多个展位，展区面积达 4.3 万平方米，参展出版发行单位 800 多家。本次博览会共有 170 多项活动，涉及学术研讨、产业论坛、新书签售、名家讲坛、演讲大赛等。“读者大会”邀请了王蒙、吴敬琏、欧阳自远、阎崇年、曹文轩、汪洋等著名作家、学者，与读者交流读书的乐趣与心得。会展业的蓬勃发展推动了会展经济的提升。

随着三大通信运营商“云”集国家级新区贵安新区，贵阳市成为最大的受益者，贵阳市大数据产业的发展也渐渐起步。贵州省发展大数据产业主要依托贵阳市和贵安新区，形成以贵阳市和贵安新区带动其他州市的双核多翼的全省大数据产业布局。贵安新区则将成为国内乃至全球最大的数据聚集地之一，带动周边地区产业配套环境改善和人才集聚，为贵阳市发展大数据产业提供坚实的基础支撑。到 2016 年年底，大数据相关产业规模已达到 1300 亿元，成为经济发展的重要增长极。大数据龙头企业达到 30 家，上市公司 5 家以上，聚集 200 家大数据企业，引进和培养 5000 名以上的大数据研发与应用人才，形成完整的大数据产业体系。届时，大数据将成为贵阳产业创新升级的强劲发动机。

3. 加大文化基础设施建设力度，逐步完善公共文化服务体系

2013 年，贵阳农村直播卫星工程建设 154893 户，超额完成 54893 户；农村公益电影放映 20876 场，超额完成 876 场；完成了 2 个社区文化中心、43 个社区文化活动室、5 个乡镇综合文化站电子阅览室建设；完成了 2 个社区文化中心、31 个社区文化活动室设备配置建设。目前，全市文化信息资源共享工程基层点、乡镇（社区）公共电子阅览室建设实现 60% 覆盖。

2013 年，贵阳市扎实推进国家公共文化服务体系示范区创建工作，并已成功获得第二批国家公共文化体系示范区创建资格，继续推进全市“两馆一站”免费开放工作。2013 年贵阳市 6 个区图书馆、文化馆、乡镇文化站获得免费开放中央专项补助，同时，申报电子阅览室项目社区活动中心 9 个，活动室 33 个，乡镇文化站 10 个，乡镇文化站设备配置项目 2 个。贵阳积极开展国家文化部第五次图书馆评估定级参评工作，已建成并开放的 8 个公共图书馆有 6 个达到了三级以上标准，其中，贵阳市图书馆、乌当区图书馆、白云区图书馆、开阳县图书馆为国家一级馆，息烽县图书馆为国家二级馆，修文县图书馆

为国家三级馆。①

同时，各项惠民工程不断展开。在倡导厉行节约的同时，强调文化惠民，提升文艺创作力和影响力，为群众提供更多更好的精神食粮。2013年，贵阳市举办了各类低成本高质量的文化活动，既有中国国内旅游交易会开幕式文艺演出、生态文明贵阳国际论坛2013年年会开幕式文艺表演、道德模范事迹巡演、文化科技卫生“三下乡”集中示范活动等全市性的文化活动，又有“花溪之夏艺术节”“观山灯会庙市活动”、布依“三月三”、苗族“四月八”“六月六”等各区（市、县）特色文化活动；既有“我们的节日”主题文化活动，又有群众广泛参与的以筑城广场为代表的“百姓健康舞”广场文化活动，全市共举行各类文化活动1000场以上，极大地丰富了贵阳市人民群众的精神文化生活。

4. 开展文化遗产摸底清查，推动非遗保护又上新台阶

借第一次全国可移动文物普查工作开展之际，贵阳市各级国有单位也开展普查工作，对全市的文化遗产进行了一次彻底的摸底清查，了解了贵阳市文化资源的数量和质量，以及保护和利用的基本现状。据统计，贵阳市先后调查各级国有单位4020家，其中有文物收藏单位64家，收藏文物70余万件。

与此同时，加强非物质文化遗产传承保护工作也逐步展开。一是完善省级非遗代表性项目督查工作；督促指导各区（市、县）开展省级非物质文化遗产生产性保护基地建设工作和第三批市级非物质文化遗产项目申报工作。二是开展了非遗项目《四印苗古歌》研究和调查，并做好了音频、视频、文字资料的收集整理工作。先后整理、翻译出“开天辟

---

① 贵阳市文广局：《2013年贵阳市文广局工作总结》，中国·贵阳政务站，2014年3月28日，http://www.gygov.gov.cn/art/2014/3/28/art_10786_566194.html。

地”“兄妹开亲”“出嫁歌”“建房歌”“丧葬礼仪”等古歌片段，约2000行；已搜集大量音频、视频，音频长达10多个小时，视频约50个小时。三是，多形式开展文化遗产保护宣传工作。国际博物馆日期间，组织开展了形式多样的“5·18国际博物馆日”宣传活动。贵阳市组织各区（市、县）参加第九届深圳文博会，博览会期间，积极布展和展览，宣传了贵阳市非物质文化遗产的保护工作。

5. 各类文化产业项目不断启动，优秀项目不断出现

按照《贵阳市十二五文化产业规划纲要》，贵阳市相继启动了多彩贵州城、乌当水田文化创意产业园、阳明文化产业园、东山贵阳古玩城等重大文化产业项目建设，并逐步成为贵阳市文化产业发展的重要集聚区。除此之外，贵阳市狠抓文化产业项目，加大文化产业扶持力度，积极推选优秀文化产业项目，其中，白云区牛场布依族乡蓬莱村被评为贵州省文化产业示范村，开阳兴玉影艺演出有限公司被评为贵州省优秀演出团。

6. 文化市场管理秩序井然，文化精品不断呈现

良好的文化市场秩序是文化产业发展的必要条件。为实现贵阳文化市场的繁荣稳定，贵阳市各级文化管理单位加大执法力度，塑造了健康有序的文化市场，为文化企业自身的发展和文化产品的创造提供了良好的外部条件。

首先，人力监管与技术防范相结合，加强文化市场监管。加大文化市场违法违规查处打击力度，把网吧违规接纳未成年人；歌舞娱乐场所不重视安全管理、不按规定申报演出、私自接入违禁歌曲等违规行为；游艺娱乐场所非法定节假日接纳未成年人、超限设置机型机种等作为监管执法工作的重点，有针对性地开展专项整治行动。在技术防范方面，完善网吧经营管理技术措施，全市网吧计算机实名登记系统启用，有效

杜绝了网吧违规接纳未成年人的现象。

其次，周密部署“扫黄打非”行动，组织开展了整治互联网和手机媒体传播淫秽色情及低俗信息专项行动、春节出版物市场专项整治行动、学校及周边治安综合治理专项行动等，查获“5·24”“6·25”等“扫黄打非”案件，为全市营造了良好的社会文化环境；开展网络淫秽色情视听节目专项治理“净网”行动，对贵阳市的222个视听网站，270657个视听节目行了监测，发现疑似违规节目5974个，确认违规节目12个，并对违法违规的节目、网站报送相关部门处理。

再次，加强创作引导，推动艺术创作生产迈上新台阶。随着贵阳市文化市场管理的不断加强，为文化产业的发展创造了良好的外部环境，更为贵阳市精品力作的出现奠定了基础。2013年，贵阳市完成了该市文广系统有史以来的第一部影视作品《嗨起打他个鬼子》的拍摄制作，该影片自2013年7月1日上映以来一直位居全国农村数字电影流动放映系统交易平台故事片场次订购排行榜榜首，截至2013年年底共计发行75498场。同时，应新疆、广西、云南、甘肃等地院线的要求，拟向上级申请将该片译制成相应的少数民族语言进行播放。同时，在“文华奖”“荷花奖”、贵州省专业文艺奖等平台上，艺术佳作百花齐放。大型民族歌舞诗《黔林·溪水》在全省少数民族文艺会演中获得创作金奖、最佳导演奖、最佳演员奖，舞蹈《苗女银绣》获得第九届中国舞蹈“荷花奖”民族民间舞大赛作品银奖，舞蹈《山·灵》获得表演铜奖，舞蹈《苗山情怨》获得十佳作品奖；贵州京剧院院长侯丹梅凭借精湛的表演实力获得中国文化艺术政府奖——文华表演奖，云岩区贵州严小妮木人有限公司“小妮手工贵州傩神娃娃”被命名为贵州特色文化产品。

最后，加强文化交流，促进文化产品走出去。贵阳市积极开展对外文化交流活动，组织了贵州京剧院赴澳大利亚参加“墨尔本中国戏剧节”文化交流演出并获得成功。

（二）文化产业发展转型前的问题及不足

虽然贵阳文化产业在近年来取得了极大发展，但由于起点低、内需小等诸多原因，贵阳文化产业的发展还存在着一些不足。

1. 文化产业增加值占地区生产总值比重较低，各辖区文化产业发展极不均衡

从比重上看，2013 年我国文化产业增加值占 GDP 的比值为 3.63%，[①] 贵阳市实现文化产业增加值 54.49 亿元，文化产业增加值占生产总值比重仅为 3.2%，[②] 不但没有达到全国的平均水平，更没有达到支柱产业的基本要求。2013 年，文化产业增加值、文化企业收入和单位数最高的区县是贵阳市的云岩区，增加值达 180714.04 万元，收入为 628728.10 万元，共有文化产业单位 1229 个；文化产业增加值占 GDP 比重最高的是黔东南苗族侗族自治州的雷山县，占比达 7.14%；文化从业人员数最高的区县是贵阳市的南明区，共有文化从业人员 19443 人；文化个体户最多的区县是遵义市的遵义县，共有文化个体经营户 3057 户。从 88 个县（市、区）来看，2013 年文化产业增加值占 GDP 比重达到全面小康统计监测目标值 4% 的有 13 个，3%（含 3%）—4% 的有 22 个，2%（含 2%）—3% 的有 17 个，1%（含 1%）—2% 的有 28 个，1% 以下的有 8 个。目前，文化产业增加值占 GDP 的比重达到目标值的县（市、区）比例只有 14.77%，离全面小康统计监测目标还有较大差距。

---

① 张翼、李慧：《2013 年我国文化产业增加值超 2 万亿》，《光明日报》2015 年 1 月 24 日第 4 版。

② 贵阳市文广局：《贵阳市文广局 2013 年工作总结》，贵阳市人民政府网站，2014 年 3 月 28 日，http：//www.gygov.gov.cn/art/2014/3/28/art_10786_566194.html。

横向比较来看，贵阳市与周围省份相比也处于下风。2013 年重庆市预计实现文化产业增加值 460 亿元，同比增长 25.7%，在全市生产总值中占比升至 3.6%，[①] 预计 2014 年文化产业增加值要超 500 亿元。[②] 2012 年成都市文化产业法人单位增加值达 403.95 亿元，占全市地区生产总值的 4.96%，[③] 预计 2015 年文化产业增加值超 700 亿元，占全市地区生产总值比重超过 6%。长沙文化产业增加值则由 2011 年的 488.92 亿元增加到 2013 年的 635 亿元，年均增长 17.7%，占地区生产总值的比重由 2011 年的 8.7% 增加到 2013 年的 8.88%，文化产业税收贡献率达 9.3%。[④] 与南宁和昆明相比，贵阳的文化产业增加值及其占地区生产总值比重也较低。（具体见表 3）

表 3　贵阳市与周边省份省会文化产业增加值及比重对比

城市	年份	文化产业增加值（亿元）	占 GDP 比重（%）
贵阳	2013	54.49	3.2
重庆	2013	460	3.6
昆明	2010	180.87	8.53
南宁	2011	75.16	3.4
成都	2012	403.95	4.96
长沙	2013	635	8.88

① 《重庆市文化产业增加值首次赶上全国平均水平》，时代·中国文化创意产业网，2014 年 5 月 29 日，http://ccitimes.com/yejie/caijing/2014-05-29/104595104595.html。

② 《重庆文化产业平稳增长，预计 2014 年文化产业增加值超 500 亿元》，《重庆日报》2015 年 1 月 9 日。

③ 《成都文化产业“提档加速”》，《成都日报》2014 年 9 月 28 日。

④ 李倩：《深圳文博会长沙 5 个文化产业项目引资 135 亿》，《长沙晚报》2014 年 5 月 17 日。

贵阳市下辖6区、3县、1市，分别为南明区、云岩区、花溪区、乌当区、白云区、观山湖区、开阳县、息烽县、修文县和清镇市。从贵阳市各区文化产业发展具体情况来看，发展也极不均衡，两极分化的现象比较明显。修文县抢抓京筑战略合作机遇，狠抓以中关村科技园为核心的园区建设，全力改善投资环境，不断引进优质项目。截至目前，该县共引进黔中中小企业创业示范园、数字印刷包装产业园等各类项目50个。同时，修文县狠抓“百千万”工程服务企业工作，对企业、项目实行“一对一”帮扶，“一企一策”帮企业解决生产中的困难，在自身经济取得突飞猛进的同时，也开创了文化产业发展的新局面。据统计，2014年修文县地区生产总值达119.78亿元，同比增长17.5%，在贵州省31个经济强县（市、区）中排名榜首，[①] 其文化产业发展也较为迅猛。与之相比，其他区县的文化产业发展相对缓慢。

2. 人才严重不足，急需高层次人才落户贵阳

贵阳市由于长期以来处于我国经济欠发达地区，很难吸引到相关高层次人才扎根于此。然而，在贵阳市的四所较为有名的高校中，本科阶段，贵州师范大学国际旅游文化学院、贵州大学旅游与文化产业学院、贵州民族大学民族学与社会学学院都开设了文化产业管理专业；硕士研究生培养阶段，贵州民族大学民族学与社会学学院的民族学专业设有文化产业管理方向；贵州大学旅游与文化产业学院在硕士研究生培养阶段的旅游管理专业设有旅游文化产业方向；贵州财经大学文化传播学院在中国少数民族经济专业下设置了少数

---

① 贾过之：《修文县2014年GDP增速排名全省经济强县第一》，贵阳网，2015年1月7日，http：//www.gywb.cn/content/2015－01/07/content_ 2193094.htm。

民族文化产业研究方向。由此可以看出，文化产业人才的培养还处于探索阶段，尤其是文化产业专业的高层次人才更是供不应求。硕士研究生培养较少，博士研究生阶段培养尚处于空白状态。在全国仅有的几所开设文化产业博士阶段相关专业的高校，毕业生大多考取公务员或者被内部消化吸收，很少有人愿意扎根贵州。然而看贵阳当地，这些文化产业相关专业本科生和硕士研究生的培养也与市场需求基本脱节，使目前贵阳市发展大数据产业相关的创意人才、技术人才较为缺乏。这些文化产业专业人才的培养存在着实践能力差、懂技术的不懂文化、懂文化的不懂技术等问题，与各文化行业要求的复合型、技能型人才不符。

例如，贵阳的文化系统中，高层次的经营管理人才和科技人才数量远远满足不了文化产业领域高科技迅猛发展和现代化管理的基本要求。文化产业发展中的创新能力不强，技术水平比较低，高新技术和先进装备引入文化产业十分有限，从而导致文化产品质量档次较低，科技含量不高，经济效益不明显，缺乏市场竞争力。同时，文化产业准入制度、投资渠道、财政税收政策还有待建立和健全，一定程度上还存在着名显的政府主导的印迹，凸显出文化创意人才、文化科技人才、文化管理人才的严重匮乏，导致文化产业发展后劲不足。

3. 文化资源缺乏有效整合，文化与科技缺乏深度融合

文化资源是文化产业发展的内容基础，文化科技是文化产业发展的强大动力，文化创意则是文化产业发展的关键。一个好的文化产品的面世，实质是在优秀文化资源的基础之上，融入设计者与制作者天才般的灵感和创意，再用现代化的先进科学技术将以上内容和创意呈现出来。虽然贵阳是我国通信业三大运营商的数据中心的落户城市，为其文化与

科技的融合创新发展提供了有利条件，然而目前来看，其文化与科技的融合程度还远远不够。

第一，文化资源素材的挖掘、整合和开发需要深度合作。贵州省有较多的山水文化资源、民族文化资源、历史文化资源和非物质文化遗产资源。然而，在大数据产业等发展成为万众瞩目的焦点时，一些以文化资源的开发和利用为基础的文化产业发展尚处于从属地位，从而导致一些文化资源的开发利用处于“散、乱、小”等状态。企业间缺乏有效的沟通与合作，造成文化资源的重复开发和浪费，导致部分民族文化题材的创意产品制作效率低下。在民族文化创意产品制作过程中，由于前期缺乏优秀的剧本、创意设计素材，后期缺乏音乐、特效等必要的资源，导致小型企业无法快速、便捷地获取所需的各类素材，从而严重影响了产品制作的进度和质量，致使现在的动漫产品在低水平位置徘徊不前。

第二，大数据等现代技术没有很好地应用到文化产品的设计、生产和销售中去，使部分文化产品出现重复建设现象。由于现代化的科技需要价格高昂的高端设备作为硬件基础，部分中小企业无法支付高昂的设备费用，造成部分民族文化创意产品质量低下。

4. 文化消费总量不足，人均文化消费水平整体不高

在文化消费方面，贵阳市文化教育消费总量从2005年的22.79亿元，上升到了2012年的43.06亿元，在2008年经济危机时达到最低点19.41亿元，基本上呈现曲折中前进的态势。然而，贵阳市文化教育消费总量占全国城镇的份额基本呈现下降趋势，从2005年的0.3759%跌至2012年的0.3062%，在2008年的时候达到最低，为0.2381%，最高的时候为2006年的0.4103%。（具体如图2所示）这说明贵阳市的文化消费并没有随着全国文化消费总量猛增的

趋势而大幅度增加，相反，其增加的势头远远没有跟上全国的步伐。①

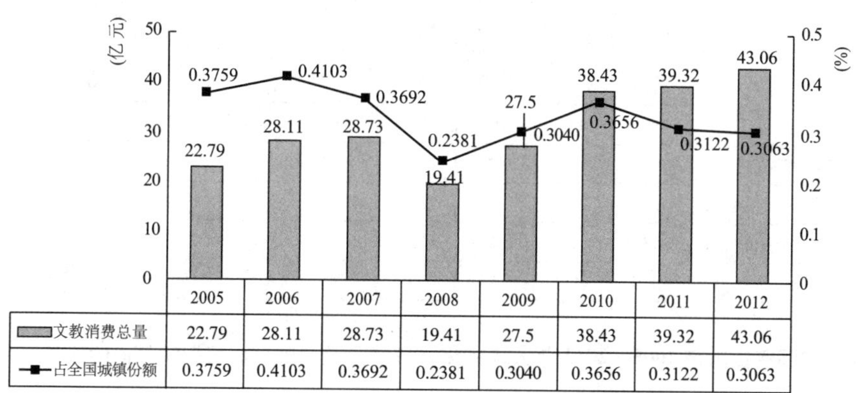

	2005	2006	2007	2008	2009	2010	2011	2012
文教消费总量	22.79	28.11	28.73	19.41	27.5	38.43	39.32	43.06
占全国城镇份额	0.3759	0.4103	0.3692	0.2381	0.3040	0.3656	0.3122	0.3063

图 2　贵阳市 2005—2012 年文化教育消费总量及占全国城镇份额

在人均文化教育消费方面，从 2005 年的 1112.61 元上升到 2012 年的 1905.33 元，基本呈现上升势头。然而，从文化教育消费占收入、总体消费和产值比来看，基本上都处于“M”走势，即所占比重先上升后下降，然后又上升再下降。如人均文化教育消费占总体收入的比重，由 2005 年的 11.2068% 上升至 2003 年的 12.0420%，下降至 2008 年的 8.7294%，又上升至 2009 年的 11.1997%，再下降至 2012 年的 8.7731%。② 这说明虽然贵阳市人均文化消费量在增加，但是其在居民收入中的比重却没有随之增加，说明文化消费增加的速度赶不上收入增加、整体消费增加及产值增加的速度。（具体如图 3 所示）

① 王亚南、高书生：《中国中心城市文化消费需求景气评价报告》，社会科学文献出版社 2013 年版，第 338 页。

② 同上书，第 338—339 页。

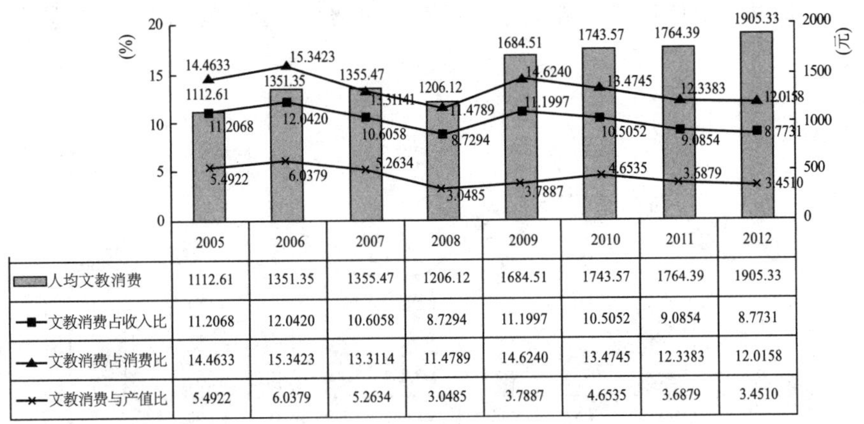

	2005	2006	2007	2008	2009	2010	2011	2012
人均文教消费	1112.61	1351.35	1355.47	1206.12	1684.51	1743.57	1764.39	1905.33
文教消费占收入比	11.2068	12.0420	10.6058	8.7294	11.1997	10.5052	9.0854	8.7731
文教消费占消费比	14.4633	15.3423	13.3114	11.4789	14.6240	13.4745	12.3383	12.0158
文教消费与产值比	5.4922	6.0379	5.2634	3.0485	3.7887	4.6535	3.6879	3.4510

图 3　贵阳市 2005—2012 年人均文化教育消费及占收入、消费和产值的比重

从横向上来比较，贵阳人均文化消费在周围各省省会城市的对比中也处于下风。贵州紧邻四川、重庆、湖南、广西、云南等省份，与这些省份的省会城市的人均文化消费尚存在差距。成都人均文教消费由 2005 年的 1228.04 元上升到 2012 年的 2256.47 元；[①] 重庆人均文教消费由 2005 年的 1391.11 元上升到 2012 年的 1754.02 元；[②] 长沙人均文教消费由 2005 年的 1685.70 元上升到 2012 年的 2465.43 元；[③] 南宁人均文教消费由 2005 年的 1160.45 元上升到 2012 年的 2117.41 元；[④] 昆明人均文教消费由 2005 年的 755.08 元上升到 2012 年的 2174.68 元。[⑤] 2005 年，贵阳市人均文化消费仅比昆明市高；2012 年，也仅比重庆市高。（具体如图 4 所示）

① 王亚南、高书生：《中国中心城市文化消费需求景气评价报告》，社会科学文献出版社 2013 年版，第 329 页。

② 同上书，第 320 页。

③ 同上书，第 257 页。

④ 同上书，第 347 页。

⑤ 同上书，第 356 页。

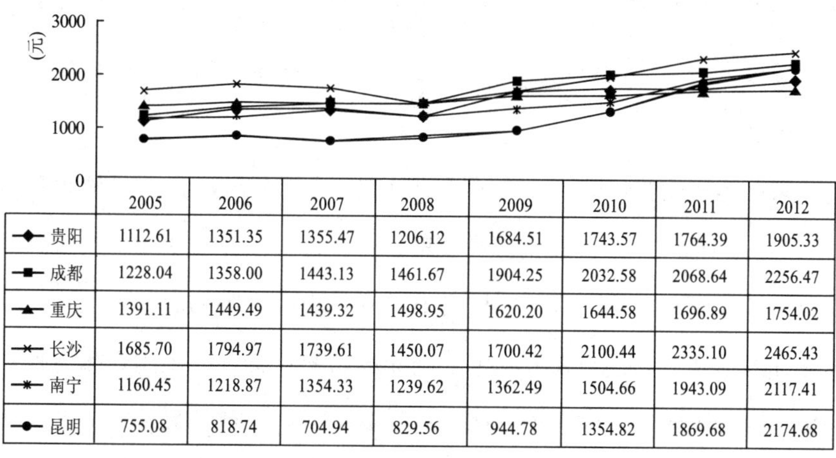

	2005	2006	2007	2008	2009	2010	2011	2012
贵阳	1112.61	1351.35	1355.47	1206.12	1684.51	1743.57	1764.39	1905.33
成都	1228.04	1358.00	1443.13	1461.67	1904.25	2032.58	2068.64	2256.47
重庆	1391.11	1449.49	1439.32	1498.95	1620.20	1644.58	1696.89	1754.02
长沙	1685.70	1794.97	1739.61	1450.07	1700.42	2100.44	2335.10	2465.43
南宁	1160.45	1218.87	1354.33	1239.62	1362.49	1504.66	1943.09	2117.41
昆明	755.08	818.74	704.94	829.56	944.78	1354.82	1869.68	2174.68

图 4　贵阳市同周边五省份省会城市 2005—2012 年人均文化教育消费对比

二　新时期贵州省文化产业发展的态势分析及战略选取

高铁时代、大数据时代等的到来，为贵州省文化产业的发展提供了前所未有的机遇。面对这些机遇，贵州省文化产业的发展应立足自身的发展需要，凭借自身的优势，做好定位，选取合适的战略，也必须在之前做好内部的优劣势分析。

（一）新时期贵州省文化产业发展的态势分析

1. 优势

一是丰富独特的民族文化旅游资源。贵州有在喀斯特岩溶地貌基础上形成的奇特山水，如黄果树、龙宫、织金洞等自然奇观，也有苗、侗、布依、土家、彝等少数民族传统文化。

在贵州这块富饶而神奇的土地上，有着丰富的文化资源。文化资源有很多分类，其中可分为历史文化资源和红色文化资源，历史文化资源包括一些古色古香的历史文化建筑和一些历史文人；红色文化不言而喻，则是在革命战争年代，由中国共产党人、先进分子和人民群众共同创造的极具中国特色的先进文化，蕴含着丰富的革命精神和厚重的历史文化内涵。

贵州历史文化悠久，在春秋时期以前，大部分地区属于“荆楚”或“南蛮”。目前，贵州文化资源有夜郎古城遗址，但存在很大的争议，在桐梓、赫章尚未定论，这两地均出土了有关夜郎古国的文物。其中，国家级非物质遗产名录（民间文学）有苗族古歌、刻道，民间音乐有侗族大歌、侗族琵琶歌、铜鼓十二调，民间舞蹈有苗族芦笙舞和木鼓舞。传统戏曲为人熟知的有安顺地戏、侗戏、布依戏等。省重点文物保护单位有33处，遵义会议会址、杨粲墓、大屯土司庄园、增冲鼓楼、青龙洞、息烽集中营旧址、穿洞遗址、奢香墓、大洞遗址、黔西观音洞遗址、可乐遗址、天台山伍龙寺、石阡万寿宫、云山屯古建筑群、福泉城墙、郎德上寨古建筑群、海龙屯、地坪风雨桥、宁谷遗址、万山汞矿遗址、交乐墓群、织金古建筑群、马头寨古建筑群、东山古建筑群、阳明洞和阳明祠、寨英村古建筑群、思唐古建筑群、云崖古建筑群、旧州古建筑群、文昌阁和甲秀楼、葛镜桥。

历史名人有号称“铁嘴”的革命先烈王若飞，著名维新派大臣李瑞棻，清朝洋务派代表人物之一张之洞，共产党创始人之一邓恩铭，清朝官至宾部尚书的李世杰，这些人都为中国的发展奉献过，即使他们生于不同的年代。

贵州在抗战时期，起到了战略大转移的重要作用，遵义会议会址、黔东特区革命委员会旧址、黎平会议会址、红军四渡赤水战役旧址、川滇黔省革命委员会旧址、“二十四道拐”抗战公路、湄潭浙江大学旧址、和平村旧址，这些更体现了贵州在抗战时期的举足轻重。

二是有一定的发展基础，初步树立了良好的民族文化旅游品牌形象。

2. 劣势

一是经济发展水平较低，旅游基础设施滞后。第一，民族地区经济水平整体落后，造成对这些相关性、支持性产业投资不足；第二，当地政府对旅游发展的投入不足，旅游交通等基础设施不完善；第三，已开发的旅游景区、景点配套设施标准较低。二是交通区位条件优势不足，旅游可进入性差。第一，贵州处于西部内陆，距离主要客源地（东部沿海）较远；第二，贵州不同民族文化所在的景点之间跨距较大，昂贵的交通费用和过多的时间占用都会让旅游者望而却步；三是对民族文化资源宣传多，而对民族文化旅游产品营销少；四是资金缺乏；五是暂时的人才不足；六是民族文化旅游品牌较少。

3. 机遇

一是民族文化旅游面临更加有利的发展环境。第一，世界多极化、经济全球化和区域一体化的格局更加明显，为世界旅游经济提供了稳定的外部环境；第二，我国实施的西部大开发等战略为民族文化旅游发展提供了良好的国内环境；第三，贵州的高铁等配套支撑体系不断完善，将提供更加稳固的发展基础；第四，以大数据为代表的科技进步以及现代商业模式的创新，将推动旅游业的转型升级。

二是文化旅游需求快速增长。随着我国经济的发展，人民生活水平不断提高，人们的旅游消费需求潜力巨大。

4. 威胁

一是民族文化旅游产品同质化发展，竞争激烈。如贵州毕节、贵州盘县、四川凉山、云南楚雄都会举行一年一度的“彝族火把节”。二是主流文化对少数民族传统文化不断进行冲击。

（二）新时期贵州省文化产业发展的战略选取

表 4　贵州省文化产业发展战略选取态势分析

外部 内部	优势(S)	劣势(W)
机会(O)	SO:发挥优势,利用机会 增长型战略	WO:利用机会,克服弱势 扭转型战略
威胁(T)	ST:利用优势,回避威胁 多元化战略	WT:减少弱势,回避威胁 防御战略

综合以上分析，贵州省文化产业的发展应该采取机会 + 劣势的 WO 战略，即扭转型战略。

一是利用西部大开发等战略的发展机遇，争取资金，发展经济，完善旅游基础设施，提高旅游景区景点配套设施标准，促进民族文化旅游产业的大发展。二是利用贵州高铁时代到来和现在文化旅游需求快速增长的机遇，克服交通区位优势不足，吸引更多全国各地游客。三是利用现代科技，大力发展少数民族文化创意旅游产业，运用差异化战略、多元化战略，避免同质化。充分利用现代声光技术，策划、制作一些精品演出节目。如贵州首部大型山水实景剧目《阿依朵》。四是培育一批品牌化的民族文化旅游企业。五是精心打造知名的少数民族文化旅游品牌。六是加强对民族文化旅游产品的营销。七是加强民族文化旅游产业发展的人才队伍建设。

三　大数据时代给贵州文化产业发展带来的诸多机遇与变革

2013 年 10 月 21 日，中国电信云计算贵州信息园项目在贵安新区破土动工；同年 12 月 16 日，中国移动（贵州）数据中心、中国联通（贵安）云计算基地也相继开工。随着富士康第四代产业园落户贵安新区，我国三大电信运营商的数据中心“云”集贵州，为贵阳市高新技术产业与文化产业相结合，推动文化与科技融合创新发展提供了难得的历史机遇。

（一）贵阳发展大数据产业的基础和优势

借大数据“云”集贵州的东风，贵阳大力发展大数据产业有着多重优势和基础，有望成为全国最大的云计算大数据中心，贵阳正积极取经于印度“软件之都”班加罗尔，全利争取复制“班加罗尔奇迹”。①

一是贵阳的生态条件优越。贵阳的经济社会发展具有明显的生态示范城市效应，贵安生态条件也很优越。贵阳市气候凉爽，周边年平均气温15.1℃，夏无酷暑，冬无严寒。空气清新，达到世界卫生组织设立的清新空气负氧离子标准的上限。纬度合适，处于北纬26°，与埃及的开罗、印度的新德里、美国的夏威夷大体相当。海拔适中，在1000米左右，紫外线辐射为全国乃至全球最少的地区之一，非常适合人居住。灾害罕见，没有发生过地震、台风等。坚持建设生态文明城市和地区，贵阳市周边环境质量持续提升，有利于高新技术产业特别是软件产业的发展，能有效提升信息网络设备的“安全系数”，对世界上高智商、高知识、高投资、高收入的人有很强的吸引力。

二是产业要素保障能力强。贵州省电力充沛，能源富足，是“西电东送”的起源。贵州省水资源丰富，电力水火并济，稳定可靠。随着高铁时代的到来，贵州省物流逐步通畅，交通日益便捷。生活生产配套环境相对优越。贵阳市拥有较好的生产、生活和产业配套环境，电子商

① 中国日报贵州记者站：《贵阳有望成为全国最大的大数据中心》，中国外包网，2014年3月1日，http：//www. chnsourcing. com. cn/outsourcing - news/article/75966. html。

务、金融、保险、法律、物流、会展等生产性服务业发展在全省处于领先水平。

三是大数据产业支撑基础好。运营商大数据中心奠定产业发展基础。三大运营商数据中心在贵安新区相继开工建设，其中，中国电信云计算中心用地 500 亩，总投资 70 亿元；中国移动（贵州）数据中心项目用地 275 亩，总投资 20 亿元；中国联通（贵安）云计算基地用地 500 亩，总投资 50 亿元。三大运营商数据中心在贵安新区相继建成后，将使贵阳周边特定区域集聚 20 万—30 万元的机架、上百万台的服务器，数据存储规模可达 PB 以上，成为国内乃至全球最大的数据聚集地之一，这必将在贵州形成以云为基础、辐射周边的产业园区集群，带动战略性新兴产业全面、系统、有序发展。

表 5　国家级新区贵安新区三大电信运营商投资基本情况

运营商	数据中心名称	投资额(亿元)	占地(亩)
中国电信	中国电信云计算中心	70	500
中国移动	中国移动(贵州)数据中心	20	275
中国联通	中国联通(贵安)云计算基地	50	500

四是产业配套支撑能力不断提升。第一，富士康第四代产业园已落户贵安新区，贵州富士康示范工厂在贵阳高新区已建成投产，电子信息产业链不断完善，配套支撑能力不断提升。第二，以“011”“061”“083”三大军工基地为核心的航空航天电子装备行业快速发展，大幅提升了产业自主创新能力。第三，电子材料配套能力逐步提升。在锂离子电池正极材料，银粉浆料、钯粉等电子浆料和电子级磷化工产品，金属镓等半导体材料和稀土磁性材料方面已具备很好的基础。

五是中关村要素协调好。中关村贵阳科技园作为统筹全市产业和园区发展的重要平台，为贵阳市发展新一代信息技术产业提供了重要支撑。对外以首都科技条件平台贵阳合作站、北京技术市场贵阳服务平台等为载体，形成了先进科技资源引入的有效机制。对内以设立贵阳高校科研院所科技创新联盟、建立贵州大学科技园等为抓手，激发科技创新的内生动力。

六是政策扶持支撑到位。贵州省委、省政府出台《关于加快信息产业跨越发展的意见》（黔党发〔2012〕27 号），加快推进贵州省信息产业跨越发展。贵阳市明确了大力发展高新技术产业和现代制造业的总体思路，出台了《关于加快发展高新技术产业和现代制造业的意见》《关于支持中关村贵阳科技园发展的意见》《贵阳市产业发展指导目录》《贵阳市产业布局规划》等 6 个配套文件，提出打造千亿级信息产业集群。贵阳保税区的建设，将利用其独特的体制机制和政策优势，为大数据产业的发展提供强大动力。贵州省、贵阳市大数据产业发展意见、规划（行动计划）和优惠政策已经出台，政策环境进一步完善。①

贵州拥有得天独厚的生态环境，良好的地理条件，这些无不为贵州的发展奠定了坚实的基础。秦如培补充道："随着国际生态文明贵阳的国际论坛的举办，贵阳综合保税新区和国家级贵安新区的建立，为贵州的发展搭建了很好的平台，也提供了非常有力的支持。"

（二）大数据的"云"上馈赠：贵州"智慧旅游云"朵朵飘

"智慧旅游云"是贵州省为推动大数据产业发展，着力建设的"七朵云"之一，主要利用云计算、物联网等高新科技，借助便携终端等上网设备，让人们及时安排和调整旅行计划，从而达到对各类旅游信息的

---

① 《贵阳市发展大数据产业的优势是什么》，贵阳网，2014 年 3 月 1 日，http://www.gywb.cn/content/2014－03/01/content_ 436430.htm。

智能感知和方便利用。[①] 2014 年 8 月 5 日，贵州大数据旅游产业股份有限公司牵头成功编制出的《“云上贵州·智慧旅游云”工程总体设计方案》，接受了相关领域专家的评审并顺利通过。8 月 16 日，贵州大数据旅游产业股份有限公司举办旅发大会专场签约仪式，先后同百里杜鹃、深大智能等多家景区和旅游服务商达成合作意向。就在当天，大数据旅游公司就签订了将近两亿元的协议。作为“智慧旅游云”平台的主力建设者，大数据旅游公司计划在5 年内完成投资10 亿元，并计划与国内知名电商联手打造全省 150 个 A 级以上景点。

1. 典型案例——“智慧旅游云”案例介绍

2014 年 10 月 27 日，贵阳市青岩景区利用“智慧旅游云”改变了传统的旅游方式，开启了该景区“智慧旅游云”的新篇章。游客们用手机扫二维码，就能快速入园。免费的 Wi-Fi 可在景区各个角落发微信、微博，与大家分享旅行的快乐；通过大门入口的电子探头，景区可以自动统计人流，通过票务系统精确管理景区门票营销。

青岩智慧旅游云平台涵盖四大系统，包括票务及门禁系统，可使整个青岩景区实现售票电脑化、验票自动化、数据网络化、管理信息化的高科技管理体制；停车场系统，将便于统计进出车辆数据、车位情况，同时通过网络将信息发布到景区交通要道的 LED 大屏幕，方便游客提前作出停车目的地选择；Wi-Fi 系统，在青岩景区所需的热点及游客聚集区域等实现免费 Wi-Fi 全覆盖，为智慧旅游 APP 等各类手机应用提供便捷的网络条件，打造良好的自助旅游网络环境；视频监控系统，将在景区游人集散中心、主要交通要道、出入口、自然遗产重点保护区域、事

---

① 潘姝：《贵州大数据旅游公司签约三处景区，含百里杜鹃等》，《贵阳晚报》2014 年 8 月 17 日。

故高发地带、停车场等地建设数字监控系统，营造安全、舒适的旅游目的地。“当前，青岩古镇已经建设了一张稳定、可靠的景区传输内网，四大系统在方便游客的同时，也将源源不断地采集旅游数据，并通过统一的端口汇入内网。”青岩古镇相关负责人说。

以内网为依托，青岩古镇还将推出“玩转花溪”APP。准备去青岩古镇的游客出门前就可以通过APP，查看景区3D实景，实时了解景区交通、天气、游客量、住宿、美食、娱乐相关信息；并可在景区提供的免费Wi-Fi下实现自助导览定位、自助导游讲解、紧急救援呼叫、旅游服务寻呼等。①

2. 案例分析

“智慧旅游云”的建设和利用，为贵阳乃至贵州地区的旅游发展提供了技术支撑。随着我国民众智能手机等手持终端设备的普及，“智慧旅游云”将在未来旅游市场中大有可为，从而实现贵州“传统文化旅游”向“文化创意旅游”乃至“智慧旅游”的转变。这不仅能进一步拓宽外来市场，带来众多的外地游客，更能激活贵阳市的本地文化旅游消费，实现内需与外需“双向拉动”的旅游经济发展。综合来看，贵阳市大数据时代的来临及自身的优势，为青岩古镇等一大批贵阳市的旅游景点提供了发展的机遇。

第一，大数据本身为贵阳旅游的发展带来了诸多益处。首先，大数据带来了电子信息产业的发展，为智慧旅游的升级提供了信息产业基础。2015年两会上，贵州省委副书记、省长陈敏尔就指出了大数据为贵州带来的诸多利处：一个是以大数据为引领的电子信息产业规模增长

① 张齐：《贵州旅游“智慧旅游云”示范景区落地贵阳青岩》，《贵州日报》2014年11月3日。

62%；另外一个则是以大数据为特色的电子信息产业的市场主体同比增长31%。[①]“智慧旅游云”的快速建立和投入使用，与电子信息产业的快速发展关系密切。其次，大数据为贵阳旅游带来了巨大的商业价值，比如较多的投资，如万达集团就表示将投资600亿元，在贵州的贵阳市或者其他地市建设1个万达文化旅游项目和10个以上的万达广场。[②]大数据为贵阳带来了新的巨大的商业价值，吸引了更多的文化企业扎根贵州。最后，大数据为贵阳市旅游提供了准确的客源信息与产品定位。大数据处理中心精确高效的运算能力，能详细明确地了解到全国各地的游客信息，为提高景区工作效率，改善基础设施状况提供了帮助，更为贵阳市建造和开发合适的旅游产品提供了依据。

第二，其他方面的机遇也为贵阳旅游大发展大繁荣提供了帮助。其一，大健康的生态优势。贵阳有着得天独厚的地理条件和气候条件，动植物资源丰富的资源条件，少数民族众多的文化条件，为大健康产业的发展奠定了良好的基础。随着“绿色医疗，返璞归真”等口号的呼声越来越高，以绿色治疗、日常养生、康体保健、养生旅游、药膳饮食等为主体的贵州大健康产业将大有可为。其二，大高铁的区位优势。随着贵广高铁的开通，贵州旅游业的原生态优势、后发优势和比较优势逐步显示出来，并成为“大高铁时代”来临后贵州旅游产业发展的喜事，也为贵州文化创意旅游产业的蓬勃发展提供了机遇。2015年6月底，贵阳至长沙段高铁即将开通，将为贵州文化产业的发展带来广阔的市场。

---

① 陈敏尔：《贵州大数据风生水起，大健康好戏开场》，《贵州都市报》2015年3月6日。

② 《万达集团600亿投资贵州，将建文化旅游项目》，黔东南新闻网，2015年3月13日，http：//www. qdnrbs. cn/lykx/79646. htm。

四 文化科技融合视阈下贵阳文化产业发展的经验总结及未来展望

大数据为贵州文化产业和传统旅游产业的发展提供了重要的信息技术和信息咨询服务。虽然大数据的时代刚刚开始，但作为我国大数据的前沿阵地，贵阳市在相关产业发展方面有着较多的经验，更有着较多的期望。

（一）大数据时代下贵阳文化产业发展的经验总结

1. 加快推动文化体制改革，优惠政策护航文化产业发展

首先，贵阳市抓住全面深化改革的有利契机，进一步加大行政审批制度改革。2013 年下放行政审批项目 8 项，取消 2 项，促进了文化广行政管理工作的进一步优化，逐步实现由办文化向管文化，由管文化向管宏观转变，圆满完成了贵阳大剧院的整体托管工作。其次，通过政策制定、项目引导、业务指导、投资导向等各种法律和经济手段，建立健全文化产业发展的激励机制。如第七届亚洲青年动漫与数字艺术大赛中国（贵阳）数字产业项目推介与投资洽谈会上，高新区招商局宣布，正式推出扶持政策，促进贵阳动漫与数字文化产业基地的发展。据介绍，此次推出的扶持政策涉及人才支持、注册奖励、产权保护、融资支持、展会支持、房租补贴、作品奖励、资助扶持、奖励扶持九方面。再次，引导其他有实力的民营企业直接组建文化经营实体或与国有文化企业合股经营，通过兼并重组，打破行业界限，优化存量，进一步壮大贵阳市文化实力，增强文化竞争力。最后，积极争取省、市文化产业发展专项资金和服务业引导资金对文化产业项目的扶持。

2. 结合贵阳地方发展实际，创新文化产业发展方式

贵阳地处西南腹地，经济发展相对落后，交通等基础设施相对不完善，因此区域内市场购买力相对薄弱，市场较为狭窄，只能借助于省外消费者提升文化产业发展的质量。为此，贵阳市结合当地文化资源丰富的实际，创新了文化产业发展方式。

其一，抓住创办中关村贵阳科技产业园的机遇，充分发挥“文化+科技”创意产业的拉动作用，通过对文化创意产业、创意设计的大力支持，将第二产业通过创意提升、设计改造，加入高科技的内涵，实现产业升级和产品更新，促进第二产业向第三产业的加速转型。

其二，创新“文化+旅游发展模式”。贵阳市把繁荣先进文化与发展现代经济结合起来，把弘扬具有地域特点的优秀文化与加快旅游产业发展结合起来，把推动文化创新与产业转型结合起来，强化政策引导、载体支撑和人才保障，着力破除体制机制制约，着力整合文化旅游资源，打造文化旅游品牌，努力形成以文化丰富旅游内涵、提升旅游层次，以旅游带动文化消费、促进文化繁荣的良好格局，不断增强全市文化软实力。

3. 坚持以政府为主导，大思路绘制大蓝图

近年来，贵阳市文化产业发展相对迅猛，其发展的印记有强烈的政府驱动型的色彩。在贵州相对欠发达地区，以政府为主导的文化产业发展模式起到了良好的效果。政府驱动型的措施包括：第一，紧密结合大数据、大健康、大高铁等贵阳市的先天优势，仔细定位文化产业发展各个行业。如高新区招商局就明确提出政策支持的文化行业，范围包括文化软件、广告会展、艺术品交易、设计服务、动漫游戏业、现代传媒业及文化会展业、文化艺术、网络及计算机服务、旅游休闲娱乐及其他文

化辅助服务等九大产业群。第二，充实完善文化产业项目库的建设，并积极指导区（市、县）做好文化产业项目建设。第三，按照贵州省文化厅的具体安排，倾力申报和打造“一个文化产业示范村、一个优秀演出团、一个特色文化产品”“三个一工程”，把文化产业向美丽乡村建设延伸。

4. 积极靠拢发达地区，实现文化产业互动式发展

为实现自身产业经济的“蛙跳式”发展，贵阳市借历史发展机遇，积极向发达城市靠拢，实现产业经济联姻，利用大数据的地缘优势和旅游资源优势，借鉴我国发达城市的发展经验，吸引相关产业的投资，在2014年取得了重大进展。

2014年3月1日，贵州·北京大数据产业发展推介会上，现场共集中签约基础设施及数据中心类、应用与服务类、云端产品制造类及关联带动类等项目35个，投资总额为560余亿元。[①] 2014年3月21日，贵阳·深圳大数据和文化旅游产业发展推介会也如期举行，贵阳市精心筛选、准备了36个项目，总投资额超过375亿元，拟与华为、宝能、华侨城等多家知名企业开展合作。其中市政府层面签约项目5个，总投资额超过110亿元；大数据产业类项目22个，总投资额189.2亿元；文化旅游产业类项目9个，总投资额75亿元[②]（具体见表5）。贵阳与北京市和深圳市在大数据产业等层面的强势联姻，不仅实现了自身招商引资的愿望，更实现了大数据产业的跨越式发展，使与之联姻的城市也取得了良好效益。

① 《贵州·北京大数据产业发展推介会昨日在京举行》，《贵阳日报》2014年3月2日。

② 刘磊：《贵阳深圳大数据和文化旅游产业发展推介会项目》，《贵阳日报》2014年3月21日。

表6　　贵州·北京大数据产业发展推介会上签约的项目　　单位:亿元

序号	项 目 名 称	投资额
1	阅山湖文化交流中心建设项目	6
2	贵州电气、电力设备生产基地建设项目	1.2
3	鑫达绿能的节能电池模组、LED灯、防尘黑板建设项目	1.5
4	贵阳华侨城文化旅游综合建设项目	—
5	奥特莱斯展示及购物中心建设项目	20
6	东源旅游度假基地建设项目	12
7	罗庄盘龙林溪建设项目	10
8	新领地文化旅游展示中心建设项目	8
9	观山湖文体游乐基地建设项目	6
10	花溪湿地旅游休闲配套建设项目	5
11	“深圳印象”文化旅游城一期建设项目	4
12	黔晋夏都国际旅游度假酒店建设项目	4
13	金融板块、贵阳智慧城市建设项目	—
14	华为西南物流中心及配套产业园建设项目	—
15	宝能大数据及电子信息产业园、前海人寿国际金融科技中心建设项目	80
16	贵阳华强北电子信息产业园建设项目	30
17	多媒体产业综合体及物联网智能科技产业园(一期)	30

续　表

序号	项 目 名 称	投资额
18	大数据及信息产业投资(产业)基金项目	30
19	公共物流信息平台及全产业链科技创新物流园区建设项目	30
20	中国国学数字文化产业园建设项目	20
21	智慧城市贵阳建设项目	15
22	城市智能出租车、候车站台、道路指示牌改造项目	1
23	贵州民族风旅游网络平台	1
24	云计算光电传输信息产业园	15
25	贵州海辰工业园建设项目	10
26	乌当区教育、医疗智慧城市信息化建设项目	6
27	中电数码显示设备产业园建设项目	6
28	中航电子信息产业总部建设项目	4
29	贵州乾朗大宗商品交易中心建设项目	3
30	贵阳智慧城市云数据中心项目	3
31	金证智慧城市研发应用中心建设项目	3
32	手机充电器、移动电源等零配件生产建设项目	2
33	贵州商贸物流港全球供应链运营及技术中心建设项目	2
34	名贵药材生产加工基地及财务结算中心建设项目	2
35	新建移动互联网终端媒体平台及创意文化产业链建设项目	2
36	数字印刷包装产业园建设项目	1.5

注："—"表示投资额不详。

5. 将大数据应用到多个方面，“七朵云”推动大数据产业“落地”

国家三大电信运营商数据中心、富士康第四代绿色产业园和中关村贵阳科技园已落户贵州。在大数据产业发展方面，贵州具有生态条件、产业要素保障能力、产业支撑基础、配套支撑能力等多项优势，将继续加大招商力度，发展电子信息产业，推动大数据企业云集贵州，搞好大数据应用示范工作。贵阳计划用5年时间建成全国领先的大数据资源中心和大数据应用服务示范基地的贵州省，年内将启动电子政务、智能交通、智慧物流、智慧旅游、工业、电子商务、食品安全“七朵云”工程。贵州省将围绕大数据产业的发展搭建相关的科技创新和成果转化应用和服务平台，聚集一批人才、项目和经费，在大数据产业链的关键环节开展科技攻关和科技成果转化，推动大数据在相关产业的运用；引导科技中介机构为大数据产业发展提供信息咨询等服务。贵州大数据“七朵云”工程将实行“云长”负责制，由相关单位主要负责人担任“云长”。

（二）大数据时代贵阳文化产业发展的未来展望

大数据时代的来临为贵州文化产业发展的转型及变革提供了外在条件，而贵安新区大数据中心的落成也成为贵阳文化产业发展繁荣的内在动力。为了加速推动贵阳市大数据产业和智慧旅游产业等高新技术产业，促进文化产业的快速融合发展，贵阳市还有很长的路要走。

1. 以政府为主导，制定大数据背景下的贵阳文化产业发展的具体规划

大数据为贵阳市文化产业的发展提供了千载难逢的机遇：不仅为文化产业的发展提供了技术支撑、数据支撑，而且大数据产业本身也有较多属于文化产业的范畴，必定带动贵阳市文化产业的快速发展。为此，应当制定未来10年乃至20年的可操作性较强的“贵阳市文化产业发展

规划”，将文化产业发展同“黔中城市群”发展、城乡文化一体化建设、非物质文化遗产保护与传承、生态环境保护等结合起来，实现多项建设目标的“共赢”。

2. 加大文化产业人才引进、培养和培训力度，推动贵阳文化与大数据融合创新发展

加大文化产业专业人才的引进力度，吸引高层次人才来贵州扎根；同时要加大相关专业培养和培训力度，提升本地人才的能力和技术。一是借助国内外高精尖的文化企业入驻大数据产业园的机遇，将省外甚至国外的优秀人才吸引至贵州安家落户。尤其是国内一些大数据的收集、分类、分析、管理人才，应该作为特殊人才予以大力引进。二是加大相关专业的培养力度，扩大相关专业的招生规模，并努力建设从学士、硕士、博士乃至博士后的人才培养体系，并在省内设立相关专业实践基地，为贵州文化产业的发展提供能力型、技术型、复合型人才。三是鉴于文化行业工作人员大多“懂文化不懂技术、懂技术不懂文化”的实际情况，加大文化科技人才的培训工作，努力提高文化产业相关领域工作人员的文化内涵和文化技能，使文化与科技能深度融合，进而推动文化产业的发展。

3. 推动传统旅游向智慧旅游升级，构建新兴文化产业新格局

在贵州省启动电子政务、智能交通、智慧物流、智慧旅游、工业、电子商务、食品安全“七朵云”工程之际，贵阳文化产业应以文化旅游业为发展龙头，极力推动传统旅游业向“智慧旅游”和“创意旅游”转变，结合大数据、大健康和大高铁带来的巨大优势，大力发展新兴文化业态，如大数据相关产业、大健康相关产业、文化创意设计业等，并为这些新兴文化行业的发展提供强有力的政策支持，从而构建新兴文化产业发展新格局。鉴于贵阳文化资源丰富多样、文化科技优势明显、地理

位置优越的实际情况，应积极引导产业聚集发展，形成多民族文化与丰富的历史文化、生态文化相结合的文化产业布局，将贵阳建设成为全省以生态文化、阳明文化为特色，以会展、休闲旅游等为重点，集多类文化产业于一体的聚合、辐射、带动能力强的文化产业核心区。尤其是要以文化旅游产业为龙头，继续将其做大做强，进一步建设乡村旅游、名镇名村旅游、特色主题旅游等项目集群，加快文化产业园区和区域性特色文化产业集群建设，立足内容，做出特色，促进贵阳市文化产业的大繁荣大发展。

4. 促进文化产业研究成果积极转化，加快文化产业“政产学研”一体化进程

构建多方协作的政、产、学、研一体化的文化产业研究平台，有利于形成文化产业发展的集聚优势，从而形成文化内容研究、文化技术研发、文化产品生产以及文化企业孵化的文化产业链。目前，贵阳文化产业研究与文化企业合作尚不紧密，应继续加强文化产业多方之间的联系，尤其是政府应加强与文化产业学术界的联系与沟通，文化产业学术界也应当适时转换研究思路与研究方式。例如，贵州省的民族文化研究不能只重视文化内容的研究，应当加强文化资源开发相关研究，重视研究成果的社会性转化，真正能带动贵州社会效益和经济效益的发展，并能有利于贵州省建立优秀传统民族文化的传承体系，促进贵州民族文化产业的大繁荣大发展。

5. 提升文化产业发展的内驱动力，实现区域内外文化消费双向拉动

目前，贵阳市文化产业增加值较低，不仅表现为整体总量较低，而且占地区生产总值的比重也较低。在与周围省份的比较中，处于中下游位置。究其原因，文化消费疲软，不能形成文化产业飞速发展的增长点。在即将到来的大数据时代，贵阳一方面需要域外消费者来到贵阳进

行本地化消费，推动新兴文化行业的快速增长；另一方面，贵阳市当地居民的文化内需也亟须拉动，才能实现文化产业的快速稳定健康增长。提升文化产业发展的内驱动力，提升贵阳居民的文化消费水平，实现文化产业发展由外力驱动逐步向“内外力双向驱动”的转变，是新时期贵阳文化与科技融合创新发展的必然。再者，文化消费的提升需要更大规模和层面的文化宣传，同时应加强文化交流，利用贵阳原生态文化资源和信息产业的巨大优势，促进贵阳市的文化精品积极地“走出去”，从而打造贵阳市自身的文化产业品牌。

6. 加快文化基础设施建设步伐，完善城市公共文化服务体系

与如火如荼的文化产业发展相比，贵阳的基础设施建设虽然取得了十足的进步，但公共文化服务体系建设相对滞后，远远不能满足未来贵阳文化大发展大繁荣的需要。整体来看，贵阳市的整体城市建设似乎与丰富多彩的文化资源格格不入，甚至与先进的大数据技术无缘。目前，贵阳市居民收入差距较大，交通设施不完善，城市面貌不佳等问题，都直接或间接地影响着相关文化产业的优化升级，更给外来文化消费者留下了较为落后的印象。以外来游客光顾较多的火车站、汽车站为例，卫生环境较差，交通秩序较为混乱，部分时段又过于拥堵，给外地游客的出行带来了极大的不便，急需改善硬件设施和优化服务管理。为此，加快贵阳市相关基础设施的建设步伐，提高文化旅游业等相关文化行业的接待能力，成为目前制约贵阳文化产业发展的瓶颈。面向未来，贵阳文化产业的发展仍有巨大的挖掘空间，但“大数据时代、大健康时代、大高铁时代”的到来将会为贵阳文化产业的发展带来千载难逢的机遇，推动贵阳文化事业与文化产业交互发展，力促大数据等高新技术与贵阳丰富多彩的文化相互融合创新，将会对实现贵阳文化产业“蛙跳式”发展有着重要意义。

文化遗产

水族银饰产品的创新设计研究

——以嫁妆为例

赵梓钧　赵丹丹　郭　琼*

摘　要： 传统文化随着时代的发展发生了创新与变革。这一方面促进了文化的发展与现代化；另一方面却又使传统文化受到现代经济发展的严重冲击。但这看似矛盾的两方面，在处理得当时会让人找到不一样的发展契机。深入探索与研究水族传统文化，在尽量保护其文化特征的前提下，对水族银饰产品进行再设计。本文通过实地采访调查，以水族银饰嫁妆为研究对象，从银饰嫁妆的发展现状以及创新发展趋势着手，通过对水族传统文化的了解进行银饰嫁妆再设计，让更多的人感受到艺术与设计带来的震撼。

关键词： 水族银饰；嫁妆；水书；产品设计

---

* 赵梓钧，贵州民族大学美术学院教授，研究方向：民族民间美术；赵丹丹，广西师范大学硕士研究生，研究方向：美术学、视觉传达理论与实践；郭琼，苗族，广西师范大学教授，研究方向：美术学、视觉传达理论与实践。

一　水族概况

水族，自称为“任睢”，他称水家、水家人、僚、水苗等，是一个神秘的少数民族，其目前主要聚居在贵州省黔南布依族苗族自治州的三都水族自治县，除此之外部分散居在荔波、独山、都匀、凯里、黎平、榕江、从江等县以及广西壮族自治区的西部。[①] 水族人民有专属于他们自己的语言，这种古老的文字被人们称为“水书”，水书现存的文字有400多个，造字方式以谐音、象形、会意和假借为主。虽然其民族文化博大精深，但是由于地理位置的偏远和交通的不便，这个少数民族依旧保持着它最原始的面貌。不过水族人性格乐观开朗，他们用“像凤凰羽毛一样美丽”这样的民歌歌词来表达自己对家乡的热爱。

（一）水族的发展与现状

水族聚集区域处于山路崎岖、森林密布的云贵高原，当地交通闭塞，经济相对欠发达。水族人民至今还延续着落后的传统生活方式。但是随着社会的发展，人们对水族有了进一步的接触和了解。三都水族自治县的县政府已经开始关注并对其民族传统文化进行保护，而今尤其重视少数民族传统文化中非物质文化遗产保护工作。虽然水族经济目前发展情况仍然滞后，但是部分水族人已经意识到社会的发展以及改变自身落后现状的重要性，他们开始传播民族文化，以期改善本民族人民的生活。

---

① 侯绍庄、冷天放：《论水族的族源、形成、发展及其社会变化》，《贵州文史丛刊》1986年第3期。

（二）水族银饰的传承与发展

银饰，不仅是水族人“佩戴在身上的图腾”，同时也是少数民族的重要民族符号。水族银饰艺术作为我国少数民族的非物质文化遗产，不仅传达给我们一种精神物化的艺术之美，而且对现在的人而言是一份珍贵的艺术宝藏。由此可见，银饰在水族衣着打扮中占着非常重要的位置，特别是对于水族女性盛装而言，银饰是不可或缺的装饰配件，它的造型与风格在我国少数民族中是特别的，其制作工艺在国内也是少有的。水族银饰带给人的是阴柔秀美的感觉，就如水一般的清澈透明、美妙绝伦。水族的风俗习惯、社会历史以及经济文化通过水族银饰的图案与工艺被记录了下来，被誉为“活的图腾”，也为我们充分展示了其民族丰富的文化及传统意识。水族银饰不仅展示了自然之美而且还蕴含着丰富的文化内涵。它为我们搭建起了解水族文化的桥梁，更使我们对于传统手工艺产生浓厚的兴趣，引发对其发展方向做进一步的思考。

（三）水族嫁妆的重要性及表现形式

嫁妆是我国从古代流传到现在的传统婚俗之一，是女儿出嫁时娘家为其准备的礼物。这不仅表现出家人对女儿的珍惜和爱护，而且也是为了提升女儿在男方家中的地位。所以一般的女孩都会特别珍惜家人赠予自己的嫁妆，因为它的价值不仅仅在于物质方面更是一种对情感的寄托。水族嫁妆包括银饰、马尾绣等，其中银饰是水族姑娘出阁时必备的嫁妆，包括银项圈、银手镯、银钗、银梳、银戒指、银耳环、银角、银簪等多种。虽然不同地域嫁妆的表现形式有所不同，但他们所要表达的情感是一样的，都是家人对孩子未来生活的美好希望。

二 “嫁妆”之银饰产品设计的定位与概念

（一）产品的设计定位

此次产品设计的定位就是将生活和文化与少数民族艺术相结合。通过之前对水族非物质文化遗产的传承和发展的了解与认知，捕捉水族民族银饰的古拙与巧美，发掘其民族语言的华丽与装饰风格的特色，强调民族本土文化的传播。而作为视觉特色最明显也是最敏感的产品设计尤其显得重要，我们中国作为拥有5000年悠久历史的文明国家，具有中国自身特色的民族元素可以说数不胜数。所以在中国融入世界的今天，这些民族元素也被国际社会普遍认可。

银饰在古代可能是有钱人家女子的日常装束，可是随着时代的更迭，现在人们也只有在盛大喜庆的节日里穿戴盛装时才佩戴。如果不是有特殊的需求，即便是在节日里，人们也未必会全套穿戴。银饰，除材质本身，即银的纯度随着人类加工工艺的提升有所变化外，其造型变化并不是很大，就比如我们在水族地区看到的百余年前的老银饰和现如今的银饰在造型、风格、纹样等各个方面并无太大变化。也许是因为水族闭塞的交通使人们与外界阻隔，常年生活在大山中使他们并不受到外界物质文明的影响，因此水族银饰才能以较为原始的状态保持下来。但是随着各民族文化的融合，少数民族传统文化进入人们的视野，其文化特色与传统手工艺品也受到人们的喜爱与追捧，为了满足市场的需求，需要在尽可能保存水族文化及民族特色不被侵蚀的条件下，对本民族的银饰品进行创新，从而适应更多人的需要。而“嫁妆”又是所有饰品中最庄重的表现。在水族女性的日常生活中，饰品一直占据着不可或缺的地位，特别是针对即将出嫁的女儿的“嫁妆”，每一位水族母亲都精心准备。我们现在以嫁妆为例，对水族银饰进行创新设计并进行产品开发。

（二）产品的设计概念

原生民族图案需要传承、创新和发展，而我们的产品设计也需要走一条独特的道路。“水书”是水族最古老的文字，水书从其形态上看虽然显得十分稚嫩，但却是我国传统文明中不可或缺的一部分，它以独特且古朴的表现方式向我们传达民族文化与民族精神。① 石榴代表多子多福，“千房同膜，千子如一”就是对石榴最好的解释，它在我国的传统文化中象征着吉祥。在民间婚嫁时，有习俗通常会把石榴果皮切开一部分，露出石榴籽并放在新房内。虽然水族地区现在在婚嫁风俗上并没有这种讲究，但是，石榴纹样在其蜡染、刺绣、剪纸中是不可或缺的图案。

笔者想把水书“吉”字和石榴通过变形与创新融入银饰品嫁妆之中。在镂空的石榴中挂着水书“吉”字，犹如铃铛一般，代表着吉祥如意。使银饰品更具本民族的文化特色并且更具内涵。水族文字作为一种视觉符号来说，为我们现在做产品设计提供了十分丰富的借鉴元素。

三　产品及包装设计与制作的过程

（一）前期资料的收集和整理

为了使收集的水族民族文化资料更加全面、客观、真实和准确，我们深入水族村寨多次走访水族村民、水族银匠等，和对水族银饰目前的状况以及市场需求等多方调研，已经完成了前期资料的收集和整理工

① 韦学纯：《水语描写研究》，博士学位论文，上海师范大学，2011 年。

作。我们对现有的水族银饰进行了收集与研究，更加充分地了解并且找到了水族银饰的精华所在，同时通过对市场银饰店面以及群众对不同种类银饰品的需求的考察，对未来市场的发展方向进行了明确的定位。

（二）草图设计过程

通过对前期资料的收集与整理，我们梳理出目前最受欢迎的银饰品种类，其中包括手镯、戒指、项链、耳环、发簪、镜子、梳子等。在草图设计的过程中我们遵循以民族元素为本，以设计面向市场为广大群众所接受为原则，对银饰进行了初步的草图绘制。

（三）银嫁妆的制作过程

在草图完成后，我们对几位身为少数民族非物质文化传承人的银匠进行了了解与观察，通过与银匠们的交流，最终确定由少数民族银匠李正云来制作并完成我们设计的作品。本套银饰品嫁妆完全由其纯手工打造，在打造过程中，虽然出现了一些工艺上的问题，但是经过不断与银匠沟通、完善我们的设计，最终成功打造出本作品。

（四）产品包装的设计与工艺

产品是设计的主体，但是包装的优劣直接影响到产品附加值的高低。因此，在做好产品设计的同时，一定要设计出外观有特色且能够提高商品档次的包装。因为此次产品我们是围绕着水族银饰嫁妆来做的，所以此包装要有水族的民族特色，在材质方面笔者选择用少数民族自家织的花椒布来做首饰盒，在盒子的表面用水家人所特有的马尾绣做石榴的装饰图案。这样的包装既符合产品主题，又显得高端大气，可以突出产品的贵重。同时，由于包装本身就是一件艺术品，因此可以重复利用。

结　　语

现今设计界已经逐渐认识到民族文化的重要性，但是水族银饰还停留在对传统图案与工艺的模仿上，缺少对原生民族图案进行重新排列组合的创新设计。这实际上就是一个少数民族文化如何传承与创新的问题。笔者觉得既然要继续传承发展水族银饰并要对其进行创新，那么只有把水族文化的精神元素和图案变形融入现代设计，才能使民族的文化精神成为世界共通的设计语言，共同融汇成现代设计艺术的主流。如何深入理解和应用传统文化元素为设计增加附加值，这是值得我们去深入研究的问题，在银饰设计中遵循“世界的眼光，民族的元素”的原则，必定会使其银饰产品设计更具文化性与社会性。

参考文献：

[1] 韦学纯：《水语描写研究》，博士学位论文，上海师范大学，2011 年。

[2] 纪炜：《榴开百子寓吉祥——陶瓷器中的石榴纹》，《紫荆城》2005 年第 4 期。

申遗成功后海龙囤的文化符号塑造与价值诉求博弈

王伟杰*

摘　要： 随着海龙囤遗址的申遗成功，其发展的脚步远远没有停歇。然而，塑造强势的海龙囤文化符号，追求一定的经济价值却面临着多重的发展威胁；而自身的多元价值诉求博弈，也将遭遇民族文化折扣带来的诸多影响。面向未来，坚持多元文化并存，加强海龙囤自身的文化定位，注重其精神层面文化的挖掘整理，并加快周边各类遗产等的申报步伐，只有坚持保护与利用、管理与开发并重来发展相关文化产业，才能使海龙囤在"大数据时代"和"高铁时代"获得重生。

关键词： 申遗；海龙囤；文化符号；价值

2015 年 7 月 4 日，在德国波恩举行的第 39 届世界遗产大会上，海龙囤作为中国三大土司遗址之一"申遗"成功（另两处为湖南永顺彭氏

＊ 基金项目：国家民委人文社科重点研究基地南方少数民族非物质文化遗产研究基地建设项目（民委发〔2014〕37 号）的阶段性研究成果。王伟杰，贵州民族大学民族文化产业发展研究中心副教授，研究方向：文化遗产与文化产业。

老司城遗址和湖北咸丰唐崖覃氏土司城址）。这是中国申报成功的第48处世界遗产。土司遗址的申遗成功，使海龙囤成了世界瞩目的焦点，而作为三大土司遗址中最为重要并最具代表性的海龙囤遗址，其发展的脚步远远没有随着申遗成功而停歇。如何塑造强势的海龙囤文化符号，处理好保护与利用、文化价值与经济价值等复杂棘手的问题，不仅是公众关注的重点，更是未来若干年内学术界讨论和研究的热点。

一　超脱于物质文化遗产的文化符号塑造

作为国内已发现的历史最久、规模最大、保存最完整的土司城堡，由于地处黔西北交通不便的绵延大山中，知道海龙囤的人并不多，不过这也使得它漫长的城墙、雄伟的关隘、古老的石道、倾圮的宫殿等都还保持着明代的样貌。申遗成功，将使这座矗立于群山之巅的神秘古堡要塞在废弃400年后迎来新生。遵义也因此成为拥有两个不同项目分别成为世界自然遗产（赤水丹霞地貌）和文化遗产的城市。海龙囤成为世界文化遗产，让人看到了其背后的多重价值，也理所当然地成为中国和中华民族的又一个文化符号。作为中国土司文化的一个典型代表，其文化内核究竟是什么？代表着何种文化精神？是保护和利用世界文化遗产的海龙囤应当首先考虑的问题。

部分学者预言海龙囤或将成为“中国的马丘比丘”，这一预言诚然在塑造海龙囤文化符号方面可谓用心良苦，但却缺少了应有的民族文化自信与文化自觉。印加帝国古城马丘比丘，与海龙囤一样建于高山之巅，都以石料为主要建材，都是某种已消失的特殊文化的见证，连废弃的时间也只相差几十年。海龙囤与马丘比丘相似的地方是其复杂的建造工艺和超乎想象的施工难度。海龙囤所有关隘、台基和踏道都是用加工规整的石块营建而成，有些巨石重达数吨。它们是怎么被运上山，又动用了多少人力垒砌起来的，至今仍是个谜。因此两者的确有相通之处。

然而，相比笼罩在马丘比丘上的强烈宗教祭祀氛围，海龙囤完备的军事防御体系更令人叹为观止。在海龙囤漫长的申遗过程中，民建遵义市委就强烈建议，应进一步加强对其政治、军事的历史价值和文化内涵的研究，丰富并传承遵义的历史文化遗产。因为海龙囤遗址除了其建筑艺术价值外，还以实物形式集中体现了杨应龙杨氏土司政治、军事活动的文化特征，实质上是播州土司制度发展变化的一个缩影。它见证了播州几百年土司统治的历史文明；它的命运变化又勾画了播州土司与朝廷政权相互关系发展变化的轨迹，记录了杨氏土司统治兴亡的历史过程。①从这个角度看，相比巍峨的物质外壳和骨架，马丘比丘的宗教文化耐人寻味，而海龙囤所承载的少数民族的播州土司文明则更加厚重，两者在文化方面的象征大不相同。

因此，海龙囤是遵义的海龙囤、贵州的海龙囤、中国的海龙囤是我国西南少数民族中的苗族、白族、仡佬族②等民族的勤劳智慧的象征，也是我国西南地区广大人民追求统一、和平与稳定的象征。海龙囤背后蕴含的文化价值和文化精神，应该内化为中华民族的精神价值，像长江、长城、黄山、黄河一样，不断在国人精神层面中深化为中国的另一个文化符号。在“申遗”成功后，应当借助新媒体等优势加大宣传，而不能假借外来文化来达到自身膨胀的目的。况且，两者之间也同样有着重要的差别。在未来海龙囤的发展中，应强化其作为民族的、国家的等

① 旺国兴：《民建遵义市委建言“海龙囤遗址”申遗》，《人民政协报》2013年8月5日。

② 明初“开国第一文臣”宋濂所撰《杨氏家传》，甚至将播州杨氏与大名鼎鼎的杨家将联系起来，说从杨贵迁一代起，“守播者皆（杨）业之子孙也”。不过在20世纪40年代，著名历史地理学家谭其骧对其族别提出异议，后来出现了苗族、白族、仡佬族三说，认为其汉族族源以及与杨家将的关系是后世的攀附。

层面的文化表征，由文化遗产资源成为一个文化品牌，最后成为一个真正的强有力的文化符号。

二 经济价值索取中的文化符号拓展之困

随着遵义海龙囤申遗成功，很多的人看到了其背后的巨大文化价值，但是更多的人看到的是短期内能带来的经济价值。经济利益的获取本是无可厚非的，因为文化遗产的申报都耗费了政府巨额的财政资金，所以利用文化遗产来谋取经济利益，进而填充前期申遗及改造遗址的巨额债务变得天经地义，自然地文化资源等也就被绑上了地方经济发展的战车。

据了解，从2013年9月起，遵义地方政府正式对海龙囤景区进行封闭改造，并投入资金数亿元，对景区公路、步道、水库、泊车场等进行了全面修缮并辅以绿化，打造了占地面积3000亩的海龙囤休闲森林运动公园，并修建了面积达4000平方米的海龙囤土司博物馆。另据报道，申遗刚刚成功，海龙囤景区的配套设施建设也近尾声，2015年9月正式对外开放。针对景区门票价格问题，遵义汇川区发改局有关负责人表示，海龙囤景区的门票为每人120元。

以文化遗产作为文化经济一体化发展所依赖的资源，已是箭在弦上。这也是世界范围内世界文化遗产管理与利用的必然趋势。世界上绝大多数的文化遗产和自然遗产，都在成为世界遗产之后被开发成为旅游景点，因为其本身的遗产规划远远超出了民族国家的范畴，而跃升为世界大家园的共同财产。作为世界自然与文化双重遗产，马丘比丘早已是南美最重要的考古发掘中心和秘鲁最受欢迎的旅游景点。随着申遗成功，海龙囤是否也会成为“中国的马丘比丘”？然而，无论是直接地还是间接地追求经济价值，其开发利用都必然面临着众多威胁。

一是容易陷入“文化内核定位不清”的旋涡。在“海龙囤遗址”申遗工作中，不少学者建议在研究其城堡建筑工艺价值之外，还应加强对城堡特点的综合性及其在政治、军事上的历史价值和文化内涵的挖掘与研究，以充分体现和展示海龙囤遗址的丰富内涵和播州几百年厚重的文明成果。作为我国西南少数民族土司制度典型象征的海龙囤，有着多方面的文化内涵，也涵盖着多方面的文化精神。杨氏统领的播州之地，自唐代至明代一直是中央王朝与“苗蛮”“倮夷”“僚人”交锋的最前沿，各族群其实早已是来源复杂的混合体。在海龙囤未来的利用中，如何定位其核心文化内涵和文化精神，并符合社会主义核心价值体系，显得尤为迫切。

二是应避免将其“单纯看作物质遗产而忽视其精神层面的扩充”。作为我国土司文化最具代表性的海龙囤，其世界文化遗产的光环体现在漫长的城墙、雄伟的关隘、古老的石道、倾圮的宫殿上，很容易让人联想到其物质层面的雄伟壮观、巧夺天工，从而产生海龙囤是一个纯粹的物质实体的错觉。实质上，任何一处文化遗产都是物质财富和精神财富的综合体。相比看得见、摸得着的物质文化，海龙囤内涵丰富的精神文化象征更耐人寻味，它是我国古代西南少数民族人民勤劳、智慧、和谐、富有、坚毅的象征。因此在对海龙囤的利用中，不能忽视对其精神层面的文化内涵的研究和宣扬。

三是容易产生“重申报轻管理”和“重开发轻保护”的思想。处理好开发、保护与利用等的关系对文化遗产的可持续发展有着重要作用。一味地开发，追求经济利益，容易使文化资源成为市场的奴隶，沾满铜臭气，而一旦文化遗产被破坏，将酿成不可估量的损失，因为就稀缺性和不可再生性而言，海龙囤等文化遗产与传统的化石资源煤、石油、天然气等无异；然而一味地保护，过分强调文化遗产的唯一性，则不利于文化资源本身的传承和发展，真正的资源应该为世人所瞻仰和欣赏，而不能在角落里腐化变质，从而使优秀的文化遗产资源“深锁深闺人未识”。“重申报轻管理”是“重开发轻保护”的延伸，妥善的保护和完善的管理是海龙囤获得新生的必要条件。在自然和人为的灾难中，因为管理不善而被破坏的世界遗产不胜枚举。长城在 1987 年被列入《世界遗产名录》，但没过多久，世界古迹基金会就把它列为 100 个最濒危的历史文化遗产之一。中国长城研究会的一项调查显示，目前长城的基本情况是：三分之一基本完好，三分之一残破不全，三分之一不复存在。[①] 另外，尼泊尔大地震中，在一区域内有七个被联合国教科文组织列为世界文化遗产的景点，其中四个严重受损。尼泊尔的佛像在地震中损毁，[②] 香格里拉、报京侗寨等也在大火中被烧得面目全非。

四是在操作过程中容易“假文化之名而行经济之实”。此种做法忽视了遗产自身的巨大文化价值，只是片面地发展与之相关的文化产业及相关产业，却没有提出具体的文化资源保护及发展的具体做法。文化遗产成为一个获取经济利益的幌子，世界文化遗产的“名牌效应”则成为其产业发展最好的广告宣传口号，成为其攫取经济利益的附庸和工具。如此做法虽然在短时间内能取得一定的经济效益，但从长远来看，其损害的不仅是地方的经济利益，更损害了文化遗产本身的文化价值。

五是社会效益与经济效益的获取不能统一。无论是经济效益还是社会效益，都应当是在开发利用文化遗产中追求的最终价值目标，而不论是单纯地追求社会效益还是单纯地追求经济效益，都不能走远。习总书记在文艺座谈会讲话上就谈道：“一部好的作品，应该是

---

① 陈宗立：《长城：三分之一完好，三分之一残破，三分之一湮灭》，《光明日报》2006 年 11 月 8 日。

② 王传军：《大地震致尼泊尔大量古迹被毁》，《光明日报》2015 年 4 月 27 日。

把社会效益放在首位，同时也应该是社会效益和经济效益相统一的作品。文艺不能当市场的奴隶，不要沾满了铜臭气。优秀的文艺作品，最好是既能在思想上、艺术上取得成功，又能在市场上受到欢迎。”[①] 那么，围绕文化遗产进行的一切经济活动和文化活动，同样是追求社会效益与经济效益双赢的文化活动，并且应当将社会效益放在首位。

六是“是否能够与其他文化相融相生”值得思考。海龙囤地处遵义，其名出自《尚书》“无偏无陂，遵王之义”，它不仅是首批国家历史文化名城，也是我国著名的酒文化名城。在红军长征的伟大征途上，因在此召开了成为党的生死攸关的转折点的遵义会议，而被称为“转折之城，会议之都”。由此看来，遵义至少汇集了历史文化、酒文化、红色文化和土司文化等多彩灿烂文化，从时间跨度上来讲，土司文化有着一定的优势，但就知名度来讲，土司文化可能处于不利地位。作为代表土司文化的海龙囤，应借助申遗成功之后的强势文化品牌效应，在多元文化中找准契合点并与其他文化和谐共生，不断提升自身的品牌知名度和美誉度，如此才能在多彩贵州文化中占据自身的一席之地。

三 民族文化折扣下文化符号的价值诉求博弈

在海龙囤成为世界文化遗产之后，围绕其自身的文化价值与经济价值诉求便萦绕其中。然在这文化符号多重的价值博弈中，应当看到不同利益群体的追求与价值诉求的不同。表面上看，海龙囤的文化价值的追寻与经济价值的索取似乎是分离的、独立的，也似乎是社会效

① 《中共中央总书记、国家主席、中央军委主席习近平在京主持召开的文艺工作座谈会上发表的重要讲话》，2014 年 10 月 15 日。

益和经济效益在资源层面的不同价值体现。然而，事实并非如此简单：海龙囤作为一种稀缺性的文化资源，其价值诉求必然面临着文化产品与服务的多样化开发利用，又由于其自身的土司文化是民族文化资源，那么其经济价值和文化价值的诉求便面临着民族文化折扣（Cultural Discount），[①] 即由于其文化价值的不认同而导致的经济价值的降低。因此，文化价值与经济价值的诉求是统一的、融合的。经济价值的提升有赖于其文化价值的提升，而文化价值则通常需要用经济价值才能体现出来。

文化折扣的现象十分普遍。由于文化信仰、生活方式、风俗习惯乃至区域方言的不同，一些民族文化产品得不到文化消费者的认同和理解，自然而然地其价值就会大打折扣。这就如同一国的文化产品初来乍到国际市场时的境遇，异国文化消费者是以一种奇特的眼光来看待民族文化事物，而并不能从民族文化审美情趣等方面阅读少数民族的深层次的文化内涵，由此带来了民族文化产业发展中的文化折扣，使民族文化产品的价值远远低于预期。类似的现象似乎在民族国家之间也同样存在。近代以来的中国，因整体经济的落后成为和“先进”“强大”等观念话语相对立的另一种文化存在，凡被冠以“中国制造”和“中国产品”标识的商品势必被看作是“土”“贫穷”和“落后”的。在不同文化系统的排斥和对立之下，中国众多极富文化意蕴和特点的文化产品，如少数民族手工纺织和蓝靛蜡染等往往代表的是“落后”的象征。以至于“洋纱取代土纱，洋布排挤土布”的现象，一直延续至20世纪70年代。然而到了20世纪80年代，中国以“现代化”

① 文化折扣也称“文化贴现”。指因文化背景差异，国际市场中的文化产品不被其他地区受众认同或理解而导致其价值的减低。霍斯金斯（Colin Hoskins）和米卢斯（R. Mirus）在1988年发表的论文《美国主导电视节目国际市场的原因》（“Reasons for the U. S. Dominance of the International Trade in Television Programmers”）中首次提出此概念。

的崭新姿态重新进入世界经济体系之后，蓝靛土布依凭的正是其“土得掉渣”的意味而获得了文化产品的资格，并在价格上远远超越了一般机制布的价格。[①] 民族文化产品在国内主要文化市场上的种种境遇，就是土纱在洋纱面前的处境的翻版。在强势的文化面前，民族文化产品的经济价值和文化价值都因为主导价值体系的不同而大大降低，远不如在少数民族内部的流行与兴盛。为改变在主流价值体系中的从属地位，海龙囤文化通过传输文化价值来建构自身的民族文化身份是一个极好的路径。

在以某民族内容的主导价值体系和文化标准没有得到较大层面的认同时，其所生产的文化产品虽冠之以民族文化产品之名却鲜有民族文化产品之实。近年来，我国民族文化产业的发展虽然日新月异，但并非人们想象中的那么完美无缺。很多人一听民族文化产业就想起民族地区的旅游、街边的手工艺品。[②] 如何提升土司文化甚至是海龙囤文化的文化内涵，扩大土司文化的认同感，是海龙囤文化价值提升的关键，更是其经济价值得以展现的关键。

四　面向未来的多赢文化符号拓展之路

在文化折扣的影响下，海龙囤文化符号的塑造需要文化价值与经济价值的双向提升，更需要其自身文化价值提高到较高的层面，这就必须做好海龙囤文化遗产资源的保护、管理、开发和利用等多个层面的工作，使海龙囤能在“大数据时代”和“高铁时代”获得重生，才能实现其文化价值和经济价值并成为中国的又一个文化符号。

---

① 陈庆德、孙信茹：《文化产业学科理论的民族学视野》，《思想战线》2013 年第 1 期。

② 明江：《民族文化产业化的思考与疑问》，《文艺报》2012 年 8 月 8 日。

其一，坚持多元文化并存，将海龙囤土司文化打造成为与红色文化、酒文化等文化齐名的文化代表。遵义城成了“多彩贵州文化”重要的汇集地之一，既有名垂千古的红色文化，又有源远流长的国酒文化，更有象征着贵州的夜郎文化，每一个都是声名远扬的城市文化名片——更是贵州的文化名片。在海龙囤申遗成功后，遵义和贵州又多了一张文化名片，象征着土司文化却又夹杂着民族文化的海龙囤文化。因而，在未来的城市文化建设中，借申遗成功的名牌效应，坚持多元文化并存，加强海龙囤文化的宣传和推介工作，将其打造成与众不同的文化名片将成为可能。

其二，加强海龙囤自身的文化定位，并提炼其核心文化精神。这就要求政府和学术界尽快讨论、分析海龙囤文化的源流与文化内涵及其代表的文化精神等多方面的内容。虽然目前较多学者都认同海龙囤是民族文化也是土司文化的一部分，但其真正的文化内涵尚不明晰，所代表的文化精神也不明朗。这种文化定位既要符合其历时性和共时性的历史源流，更要符合社会主义核心价值体系。总体来看，定位为“勤劳勇敢、智慧豁达、团结和谐、追求和平”是一个可以思考的方向。

其三，注重对其精神层面文化的挖掘整理，真正形成完备的海龙囤文化体系。目前，由于长时期内贵州交通不便，信息较为闭塞，海龙囤遗址在得以较为完好地保存的同时，也有鲜为人知的弊端，世人对其文化更是鲜有了解。申遗成功后，海龙囤的知名度大为提升，但公众对其了解也仅仅限于土司文化载体这个层面，而对其深厚的文化底蕴和丰富的文化内涵知之甚少。那么在今后的一段时期内，大力挖掘并整理海龙囤文化资源，尤其是其厚重的精神文化资源，从而构建海龙囤文化体系，对提升海龙囤知名度和美誉度有着重要作用。如海龙囤土司文化中的建筑文化、艺术文化、礼仪文化、民俗文化，都有着重要的文化价值和经济价值。通过拉网式的搜集整理，构建海龙囤地区包含非物质文化遗产、农业文化遗产、生态文化资源在内的海龙囤文化体系必将大有收获。

其四，加快海龙囤周边自然遗产、农业文化遗产、非物质文化遗产等的申报步伐，便于形成以海龙囤为中心的文化生态保护区。作为保护文化遗产的一种有效形式，整体性保护越来越成为一种维护区域文化多样性发展、保持区域文化本真性的保护方式。同样，海龙囤作为一个仍然存在的活态的文化空间，与周边生态环境、民风民俗、生活人群以及生产生活方式都构成了一个独特的文化系统。在保护和利用海龙囤遗产资源的同时，应加强周边自然遗产、农业文化遗产以及非物质文化遗产的申报步伐，加大申报力度，使海龙囤的生态区域成为汇集各类遗产的聚集地，从而便于政府进行整体性保护，并形成板块式的旅游资源优势，带动当地经济发展。

其五，坚持保护与利用并重，并加强后期管理开发，发展与之相关的文化产业。海龙囤已经成为世界文化遗产，保护遗址的完整和原生态面貌成为地方政府的重要职责；而作为当地文化建设的核心组成部分，对海龙囤的利用进程也将逐步加快。在利用开发过程中不免会出现“开发过快”“市场化程度过高”“超出旅游承载量”等问题，因而必须采取保护性开发等手段，一方面不能一味地保护，另一方面又不能开发过甚，因此要加强在申遗成功之后的管理工作，避免文化遗产列入濒危文化遗产现象的出现。

贵州传统技艺类非物质文化遗产发展现状与思考

李　任*

摘　要： 传统技艺作为一种生产力，作为人们生产生活的一种表现形式，自古以来与人们的日常生活密切相关。它随着人类文明的兴衰而起伏变化，见证着人类历史的风云变迁，传递着一代又一代的文化的基因和智慧的结晶，也蕴含着精益求精的工匠精神和生生不息的艺术生命力。步入近代，伴随着工业化、现代化和城镇化的脚步，传统技艺类非物质文化遗产的生存环境日益受到威胁，贵州省亦然。尽管贵州各级政府和人民群众都在为其传承和发展而不懈努力，并取得了不错的成就，但依然存在着重视程度不够，各项工作不够深入、完善，体制机制不够健全，传承人才匮乏，开发利用不科学等问题，贵州传统技艺类非遗的保护传承和发展工作依然任重道远。

---

* 基金项目：多彩贵州文化协同创新中心科研项目“贵州传统技艺类非物质文化遗产保护传承与开发利用”。李任，华中师范大学历史文化学院 2016 级博士研究生，研究方向：中国文化史、文化遗产与文化产业。

本文主要对贵州省省级以上传统技艺类非遗和传承人进行分析研究，文中所涉及的代表性非遗名录和代表性传承人原始数据根据官方历次公布文件整理而来。

关键词： 贵州；传统技艺；非物质文化遗产；现状；思考

贵州省民族成分复杂，全国各民族在贵州基本都有分布，各族人民大杂居、小聚居，形成了源远流长的民族文化，有着丰富的手工艺非物质文化遗产（以下简称“非遗”）资源。这些宝贵的文化遗产不仅很好地体现了贵州的文化精神内涵，是贵州各族人民生生不息、发展壮大的丰厚滋养，同时也是贵州富有个性魅力的文化标识。传承好贵州省优秀的民族传统文化，不仅能够将贵州各族人民紧紧凝聚在一起，还能创造更美好的精神文化家园。社会各方应在现有取得的工作成果基础上，进一步努力，运用科学合理的新方法、新手段，确保贵州传统技艺类“非遗”健康、可持续地传承和发展，为多彩贵州文化经济注入新的活力。

一　贵州传统技艺类非遗及其传承人概况

贵州省传统技艺类非遗代表性项目和传承人数量众多，分布广泛，涉及衣食住行等各个方面的制作工艺，尤以众多少数民族的传统手工技艺最为出彩。如苗族服饰、蜡染、银饰制作技艺，苗族酸汤鱼制作技艺，布依族糯食制作技艺，茅台酒传统酿造工艺，牙舟陶制作技艺，侗族木构建筑营造技艺，苗寨吊脚楼营造技艺，手工皮纸制作技艺等。这些传统技艺类非遗充分体现了民族特色和地域色彩，贵州省发展传统手工技艺类非遗有着天然的优势。但贵州传统技艺类非遗又具有各民族、各区域数量分布不均衡，项目和传承人日益减少，男女传承人比例失调等特点。

（一）贵州传统技艺类非遗名录数量及其分布情况

传统技艺类非遗可谓是贵州各项非遗名录中数量较多的，在我国公布的四批国家级非遗代表性名录中，传统技艺类正式名录有241项，扩展名录有84项。其中贵州省国家级传统技艺类非遗正式名录共有二批11项，在我国所有国家级传统技艺类非遗代表性名录总数中占比4.56%；贵州国家级传统技艺类非遗扩展名录共有三批8项，在我国所有国家级传统技艺类非遗扩展名录总数中占比9.52%。（详见表1、表2）。

表1　贵州省传统技艺类非遗国家级代表性名录及扩展名录

贵州省传统技艺类非遗国家级代表性名录及扩展名录		项目名称	分布地区
国家级代表性名录	第一批	苗族蜡染技艺	黔东南州丹寨县
		苗寨吊脚楼营造技艺	黔东南州雷山县
		苗族芦笙制作技艺	黔东南州雷山县
		玉屏箫笛制作技艺	铜仁市玉屏侗族自治县
		苗族银饰锻制技艺	黔东南州雷山县
		茅台酒酿制技艺	遵义市贵州茅台酒厂
		皮纸制作技艺	贵阳市乌当区、黔西南州贞丰县、黔东南州丹寨县
	第二批	牙舟陶器烧制技艺	黔南州平塘县
		苗族织锦技艺	黔东南州麻江县、雷山县
		枫香印染技艺	黔南州惠水县、黔东南州麻江县
		彝族漆器髹饰技艺	毕节市大方县

续 表

贵州省传统技艺类非遗国家级代表性名录及扩展名录		项目名称	分布地区
国家级代表性名录	第一批扩展项	蜡染技艺	安顺市
		苗族银饰制作技艺	黔东南州黄平县
		侗族木构建筑营造艺	黔东南州黎平县、从江县
	第二批扩展项	黄平蜡染技艺	黔东南州黄平县
		苗族银饰锻制技艺	黔东南州剑河县、台江县
		苗族织锦技艺	黔东南州台江县、凯里市
		苗族芦笙制作技艺	黔东南州凯里市
	第三批扩展项	都匀毛尖茶制作技艺	黔南州都匀市

表2　我国所有批次国家级传统技艺类非遗名录中贵州省所占比重

批　次	贵州省名录数量(项)	国家级名录数量(项)	占比(%)
第一批	7	89	7. 87
第二批	4	97	4. 12
第三批	0	26	0
第四批	0	29	0
第一批扩展项	3	24	12. 5
第二批扩展项	4	28	14. 29
第三批扩展项	1	32	3. 13

从数量来看，在国家公布的几个批次国家级传统技艺类非遗名录中，以内地31个省、自治区、直辖市的平均角度看，贵州省所占比例

不算低，但在第三批和第四批名录中，贵州省数量为0。从四批占的总比重来看，其不到全国的1/20，数量上并无太大优势，而贵州省是一个以多姿多彩的少数民族文化著称的省份。

从具体类别看，贵州省的国家级传统技艺类非遗代表名录中，织染类3项，乐器制作类2项，建筑技艺类1项，银饰锻制类1项，饮食制作类1项，造纸类1项，陶瓷烧制类1项，髹漆技艺类1项。国家级扩展项中，织染类3项，银饰锻制类2项，建筑技艺类1项，乐器制作类1项，饮食技艺类1项。织染技艺是贵州的强项。

贵州省省级传统技艺类非遗正式名录共有四批88项103处（因数量众多，不能一一列出，具体见贵州省人民政府所公布的四批省级非遗代表性名录）。从区域分布来看，贵阳市有8项8处，遵义市有12项12处（含茅台酒酿造技艺），安顺市有4项5处，六盘水市有3项3处，毕节市有9项9处，铜仁市有8项8处，黔南布依族苗族自治州有14项15处，黔西南布依族苗族自治州有9项10处，黔东南苗族侗族自治州有32项34处（因有的同一个名录是跨市州分布的，所以各市州的项目总数加起来会超过88项）。从图1我们可以看到黔东南州的省级非遗数量最多，数倍于其他地区；六盘水市的数量最少，只有3项；其他市、州的数量相差不是很大，分布相对均匀。而贵州国家级传统技艺类非遗项目大部分也分布在黔东南州。

从具体类别看，其中饮食制作类27项，织染与服饰制作类20项，雕刻类（含傩面具）6项，造纸5项，银饰锻制4项，乐器制作4项，陶瓷烧制（含泥哨）4项，建筑技艺类（含粮仓）4项，竹编技艺（含斗笠、鸟笼）类4项，香烛烟火类4项，纸扎类（含罗吏目布依族龙）2项，石砚类2项，髹漆类1项，造林1项。省级传统技艺类非遗中饮食类和织染服饰类最丰富。

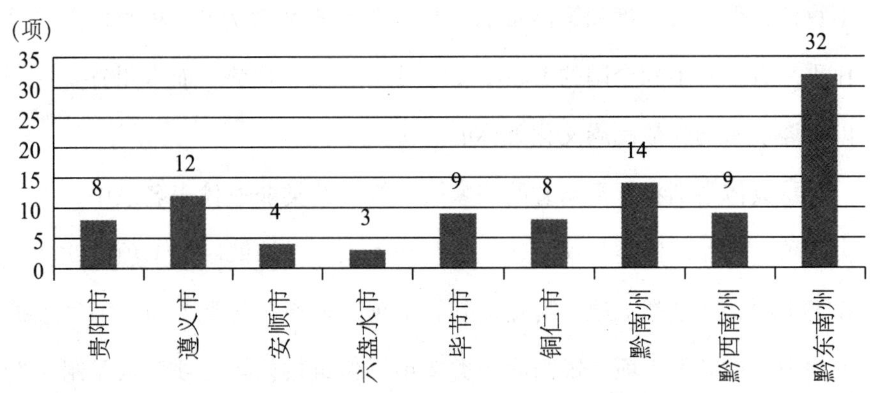

图1　贵州省各市州传统技艺类省级非遗项目数量

另外，还有三批贵州省省级传统技艺类非遗扩展项名录共20项25处。其中贵阳市有1项1处，遵义市有2项2处，六盘水市有1项1处，安顺市有3项3处，毕节市有1项2处，铜仁市有5项5处，黔南布依族苗族自治州有1项1处，黔西南布依族苗族自治州有4项5处，黔东南苗族侗族自治州有2项5处。这些扩展名录是前面已经出现过的正式名录的补充，而以不同市州的不同县区或者相同市州的不同县区再次申报。（见表3）

表3　贵州省传统技艺类非遗省级扩展名录数量

贵阳市	遵义市	六盘水市	安顺市	毕节市	铜仁市	黔南州	黔西南州	黔东南州
1	2	1	3	1	5	1	4	2
1	2	1	3	2	5	1	5	5

注：同一市州内不同县区的相同名称的扩展名录算作一项。

从省级扩展项中的具体类别分布来看，织染类6项，饮食制作类2项，陶瓷烧制类2项，银饰锻制类2项，竹编类2项，乐器制作类1项，雕刻类1项，造纸类1项。

（二）贵州传统技艺类非遗传承人数量及其分布情况

国家级代表性传承人方面，2007 年 6 月 5 日，我国文化部公布了第一批国家级非遗代表性传承人名单，其后又分别在 2008 年、2009 年、2012 年公布了第二、第三、第四批名单，第二批名单中没有评选传统技艺类传承人。

从名单中的传承人数量来看，我国国家级传统技艺类三批代表性传承人共 326 人，其中贵州省有 12 人，占比为 3.68%，数量并不突出。从传承人男女性别比例来看，贵州省 12 位国家级传统技艺类非遗传承人中男性有 11 人，女性仅有 1 人，男女所占性别比例严重失衡。

表 4　　国家级传统技艺类非遗代表性传承人数量与贵州省数量

单位：人

批　次	国家级传承人总数	贵州总传承人数	贵州男性传承人	贵州女性传承人
第一批	78	6	6	0
第二批	0	0	0	0
第三批	136	3	3	0
第四批	112	3	2	1
总　计	326	12	11	1

从民族分布来看，这些国家级传承人分布在苗、汉、布依、侗 4 个民族。其中苗族 5 人，汉族 4 人，布依族 2 人，侗族 1 人，苗族和汉族的相对较多。

从年龄来看，12 名国家级传承人中，年龄最大的是 1939 年出生的，

77 岁了；年龄最小的是 1966 年出生的；其他人基本是上 20 世纪四五十年代出生的，平均年龄 60 多岁，传承人偏老龄化。

表 5　贵州省省级传统技艺类非遗代表性传承人数量　单位：人

批　次	省级传承人总数	贵州男性传承人	贵州女性传承人
第一批	18	14	4
第二批	28	21	7
第三批	21	18	3
第四批	26	19	7
总　计	93	72	21

省级代表性传承人方面，贵州省共有传统技艺类非遗省级代表性传承人四批 93 人，其中男性代表性传承人共有 72 人，女性代表性传承人共有 21 人，男性人数是女性人数的 3 倍多，性别比例依然是严重不均衡（见表 5）。民族分布为苗族 31 人、汉族 26 人、侗族 11 人、布依族 11 人、土家族 5 人、水族 3 人、彝族 3 人、瑶族 2 人、蒙古族 1 人，以苗族和汉族最多。（见图 2）

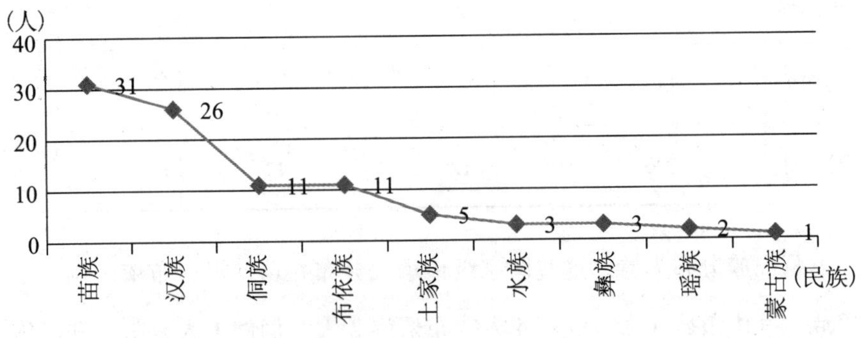

图 2　贵州省省级传统技艺类非遗代表性传承人民族分布

（三）贵州传统技艺类非遗保护传承和发展利用情况

自2005年国务院下发相关文件[①]开始，确定了我国非遗的普查、申报、评选和四级名录制度，正式拉开了我国全国范围内非遗保护工作的序幕。2006年6月始，我国开始了第一批国家级非物质文化遗产代表性名录的申报与评审工作，2006年5月20日正式公布第一批国家级非遗名录。此后，全国各地对非遗的普查、申报、评选和认定工作如火如荼地开展起来。贵州传统技艺类非遗的保护传承工作积极响应国家的政策，扎实推进。

一是普查、申报力度不断加强，各级名录体系确立。贵州传统技艺类非遗由于其鲜明的民族特色、地域特色，且本真性、完整性较好，在申报和评选时有着突出的优势。随着时间的推移，各项工作不断深入和完善，贵州传统技艺类非遗的普查、申报力度不断加强，国家、省、市（州）、县（区）四级名录体系较完整地确立起来。如贵州省雷山县就是一个很好的例子，目前该县国家级传统技艺类项目就有苗族吊脚楼营造技艺、苗族芦笙制作技艺、苗族银饰锻制技艺、苗族织锦技艺4项。

二是传承人地位有所提高，传习场所渐有建立。非遗传承的核心在人，主要体现在代表性传承人上。与非遗项目相对应的是非遗传承人，继各项非遗名录公布后，对应的各级非遗代表性传承人名单也先后确定。同时，还确定了对传承人的保护和扶持、资金补贴、授予荣誉、命名表彰等政策，贵州省传统技艺类非遗传承人开始受到重视，部分艺人的生活条件和社会地位有所提高。如艺人吴国祥在2012年被黔东南州政府授予“州级苗族银饰锻造技艺代表性传承人”称号，2013年贵州

---

① 国务院办公厅文件：《国务院办公厅关于加强我国非物质文化遗产保护工作的意见》（国办发〔2005〕18号），国务院办公厅，2005年3月26日。

省人力资源和社会保障厅授予他“高级工艺师”证书。[①]贵州省水城县人民政府2015年规定，县级及以上代表性传承人每年可享受5000元的扶持资金。[②] 2016年起各级传承人的补贴都相应地提高了。另外，部分地区还帮助传承人建立了传习场所或个人工作室，并公开授徒传艺，扩大了传习规模。

三是宣传保护力度逐步加大，知名度逐渐提高。各地区在确定传统技艺类非遗各级名录和相应传承人的同时，还通过各种场所、媒体平台加大对非遗的宣传、推介工作，并采取了财政支持、立法规范等保护措施。如早在2002年7月贵州省就通过了《贵州省民族民间文化保护条例》，并于2003年1月1日起施行；2012年3月贵州省公布《贵州省非物质文化遗产保护条例》；国家层面的总体性法规《中华人民共和国非物质文化遗产法》也已于2011年6月起实施，其中明确支持民族地区和边远地区的非遗保护、保存工作。[③] 传统技艺类非遗的知名度也在逐渐提高，如苗族蜡染、苗寨吊脚楼营造、苗族芦笙制作、苗族银饰锻制等技艺都频繁地进入人们的视野。

四是非遗产品陆续开发利用，产学研旅相互关联促进。随着贵州传统技艺类非遗保护工作的深入开展，在开发中保护、以生产促保护等措施也广泛得到了实践。传统技艺类非遗的体现离不开物质载体，物质载体是其外化的结晶。随着人们文化消费能力的提高和旅游业的发展，为具有特色的民族手工艺品的销路打开了一定市场，刺激了传统手工艺的

---

① 吴通银：《铮铮铁骨男子汉 铿锵柔情秀苗疆——记非物质文化遗产项目代表性传承吴国祥》，黔东南频道，http://www.chinamzw.cn/qdnpd/ShowArticle.asp? ArticleID = 12777，2014年8月21日。

② 水城县人民政府文件：《关于印发水城县非物质文化遗产项目代表性传承人扶持管理细则的通知》，水城县人民政府，2015年3月13日。

③ 国家法律文件：《中华人民共和国非物质文化遗产法》（中华人民共和国第四十二号主席令），中央人民政府，2011年2月25日。

生产和发展，并带动了对传统技艺的学习和研究工作。如贵州省榕江县借助当地民族服饰、苗族蜡染俏销海外市场的机遇，依托当地丰富的人力和传统工艺资源，大力引导当地少数民族妇女发展民族刺绣作坊，使很多人家实现了不错的收入；[①] 某些民族院校就设立了少数民族传统技艺类的特殊专业，建立了相关研究中心和团队，并设立了传承基地和民族民间文化产业园，开展了包括传统技艺在内的民族民间文化产品孵化项目。[②] 贵州传统技艺与文化旅游业、民族文化产业以及科学研究等方面开始紧密联系起来。

二 贵州传统技艺类非遗保护传承与发展利用中存在的问题

贵州省传统技艺类非遗保护、传承和发展虽然做了很多努力，也取得了不错的成绩，但依然存在着不少突出的问题，具体体现在以下几个方面。

（一）技艺和传承人仍在不断减少

受现代化、工业化进程和科技发展的冲击，很多传统的手工艺品逐渐被看似物美价廉的大规模机器批量制造所取代，而传统的手工艺品生产流程慢，生产力成本高，产品设计时尚性不强，一定程度上难以适应受众需求，出现市场萎缩、生产量下降的情况。如由于现代机器纺织业和服装业的发展，一些传统纺染织绣等少数民族传统技艺已经面临失传；由于现代建筑业的发展，一些传统的居住房屋正被钢筋水泥结构的

① 贵州省非遗保护中心：《苗族传统工艺走俏市场》，贵州非遗保护中心官网，http：//www. gzfwz. com/WebArticle/ShowContent? ID＝1575，2014 年 9 月 16 日。

② 贵州民族大学：《我校召开“贵州民族民间文化项目研发及产业孵化”系列项目电视片、工艺品成果验收评审会》，贵州民族大学官网，http：//www. gzmu. edu. cn/info/1002/3545. htm,，2015 年 12 月 15 日。

楼房所代替，贵州许多少数民族地区的居民建筑就是如此；随着现代交通工具的发展，传统的出行交通工具也在一步步消亡，基本已被汽车等所取代。市场的萎缩势必影响艺人的收入和生计。另外，传统技艺学习不易，手工艺艺人地位长期未得到应有的认可，许多地区年轻人外出打工挣钱，以致传统技艺类非遗的很多项目出现招徒难的现象，传承极度后继乏人。如今许多传承项目的传承人都年老体弱或已离世，甚至弟子们也已年事已高，或有的虽招到弟子但不久弟子就改行了。非物质文化遗产主要靠口传心授，许多传统技艺属于独门绝技，一旦传承人离开人世，就可能出现人亡艺绝的情况。如果没有新的传承人，这些技艺的传承就无从谈起，这是一个非常令人担忧的问题。

（二）重申报轻保护的现象普遍存在

传统技艺类非遗和其他类别非遗一样，相关个人、团体或文化职能部门存在着重申报轻保护、重申报轻管理的现象。相关单位由于利益的驱动或其他因素，在国家进行非遗项目普查时，往往费时费力地积极进行组织申报，然而一旦申报成功，除一些国家级的项目或较出名的项目受到重视外，其他很多项目则被置之不理，没有政策扶持，没有长远发展规划，没有资金补贴，传承人也得不到学习培训的机会。非遗项目的申报成了为申报而申报，违背了国家对非遗项目进行传承保护的初衷。这种现象在很多地区都存在。

（三）基层单位对非遗名录评选把关不够严格

某些县区等基层单位在对包括传统技艺类在内的非遗进行普查、评选中时有把关不够严格，不能完全按照国家对非遗政策的要求，而降低评选标准。非遗既要求与人们的日常生活密切相关，还要求是数代传承下来的传统文化表现形式，在实际认定工作中，则要求申报的项目传承时间超过100年，传承三代以上，有清楚明确的传承谱系。但在非遗传承的年限和传承代数上，县区级项目有时达不到要求，也被选入名录，不符合“遗产”的标准，成为凑数的“鸡肋”。同时，也占用了对真正需要传承保护的非遗项目的人力和经费等资源。

（四）盲目开发改造导致非遗项目失去本真

对非遗进行适度的开发利用某种程度上可以使一些无人问津的非遗项目重新得到人们的关注，甚至再度流行，也能够筹集到一些传承保护的经费。然而，如果盲目开发，过度开发就会破坏其原真性。特别是文化旅游的快速发展刺激了旅游工艺品的市场，许多地区尤其是旅游景区，大打手工艺术品这张牌。贵州传统技艺类非遗，一方面整体性开发不足，开发方式粗放，开发利用层次低；另一方面对某些手工技艺和手工艺品又盲目开发改造，把原有的手工技艺改为大规模机器批量生产，呈现生产方式工业化、手工技艺科技化的现象，导致某些非遗及其衍生品失去了原生态和原真性，使得艺术品位雷同化。颠覆了其原有的工艺流程和核心技艺，失去了原有的价值和文化内涵。如某些商家用机器模具模仿生产苗族银饰，这不但使类似苗族银饰的产品泛滥于市场，使人们难辨真假，也拉低了苗族银饰的品位和市场价格，对真正的苗族银饰手工艺人和其工艺品的生存空间造成了不小的威胁和冲击。

（五）区域性非遗法规制度不够健全

日、韩、法等国家早在20世纪中后期就针对非物质文化的保护制定了有关的政策和法规，世纪之交前后，联合国和我国也出台了针对非遗保护的文件和法规，如《保护非物质文化遗产公约》《国务院办公厅关于加强我国非物质文化遗产保护工作的意见》《中华人民共和国非物质文化遗产法》等。2006 年以来，我国先后推行了一些非遗保护措施，公布了四批各级非遗名录和非遗传承人，取得了一定的效果。但至今很多民族地区并未制定出具有针对性的非遗条例法规。许多政策措施还不够深入和细化，不够完善，对国家的有些法规和政策在执行中并不是很及时和到位，如对非遗传承人的扶持和补贴问题，对县区级文化遗产保护中心的建设和非遗管理研究人才的培养等。针对包括传统技艺类在内的非遗地方性法规制度不够健全。

（六）非遗管理、培训专业人才匮乏

虽然很多人对“非物质文化遗产”一词并不陌生，但其在我国还算一个新概念，真正了解非遗、懂非遗的人很少，即使是文化职能部门人员中很了解非遗的也不多。专业学习、研究非遗的人才基本都是一些专家学者，文化职能部门缺乏专业的非遗管理以及普及、培训非遗知识的专门人才，在非遗人才队伍建设、非遗研究和管理水平上有待提高。因此，在对非遗的普查、评选、保护、后期管理等一系列活动中往往显得力不从心，这对非遗的传承保护工作极其不利。如自 2015 年我国有关部委以传统工艺为切入点启动了“中国非物质文化遗产传承人群研修研习培训计划”后，数十所大专院校开展了非遗传承人的培训工作，并取得了一定的效果，但也出现了培训内容同质化、盲目化的问题，如把不同民族不同种类的染绣传承人集中在一起进行培训，有的内容还涉及具体技艺上的培训，甚至进行西方绘画、西方美学、设计的培训，长此以往怎能保证传统技艺的原真性和独特性、传统性。

三　贵州传统技艺类非遗保护传承与开发利用的对策

非物质文化遗产发展的理论和模式虽然不少，但不一定是“万能药”，也不一定全部切合实际。虽然贵州做了不少针对非遗保护发展的有益工作，但情况依然不容乐观。探索如何进一步保护传承与开发利用贵州省传统技艺类非物质文化遗产，提出真正适合其自身发展规律的对策和建议，有着十分积极的意义。我们认为不妨从以下几个方面着手。

（一）规范基层文化部门对非遗名录的准入机制

各地区的基层文化职能部门在对传统技艺类非遗进行普查、评选时要严格把关，严格按照非遗法规要求执行。对于目前不符合要求的申报项目，可先备案保留资料，暂不收为非遗名录，以免浑水摸鱼，鱼目混珠。遵循“保护为主，抢救第一，合理利用，继承发展”的工作方针和“政府主导，社会参与；长远规划，分步实施”的原则，对濒危、衰退的项目要优先录入和抢救、保护，对目前发展良好、暂无失传可能的项目可循序录入，对价值不高、现实社会意义不大，甚至具有负面影响的项目可次要录入或暂缓录入。针对贵州省传统技艺类非遗实际数量众多但申报的名录数量并不占优势、各地区非遗数量分布不均衡的现象，要有意识地加大这些地区或民族的普查力度和范围，积极申报，真正做到既不放宽标准，又无所遗漏。

（二）加强对传统技艺类非遗传承人的培养和扶持力度

第一，传统技艺类非遗艺人和政府部门要相互协作，解决收徒问题。非遗传承人的人是非遗项目传承的核心，传承人缺失和断层直接影响到非遗的传承。

（1）要心甘情愿地把身负的“绝活”传授出去。传统技艺类非遗艺人要从大局出发，不要把手艺当成秘不外传的独门绝活，或者说传内不传外、传男不传女，这样的狭隘观念不利于技艺的传承。

（2）要设法造势、想方设法招收徒弟。相关部门也要大力进行支持，给予授徒学艺者以资助和奖励，条件允许的可以提供传习场所，给予自愿学习和传承传统技艺类非遗者以生活补贴，并可与学校合作，开设传统技艺类课程，培养青少年人才和专业型人才。文化职能部门还可采用培训班等形式加强对传承人的理论培训，如文化修养、非遗理论、非遗文化内涵、保护开发手段、市场意识、政策法规等方面，更新理念和思路。但要注意的是培训要有针对性，对症下药，不能千篇一律的盲目培训。

（3）要加大培养女传承人的比例。多招女弟子，女性细心又心灵手巧，对某些手工艺的传承更加有利。

第二，相关部门要加强对传统技艺类传承人的关怀和保护，加大扶持力度，制定相关政策措施，提高手工艺艺人们的收入，拓展产品销售渠道，提高艺人们的社会声誉和地位，继续对有贡献的传承人和传承团体进行扶持、表彰、奖励，并提高补贴标准，扩大补贴范围，确保补贴及时、完整到位。

（三）建立传统技艺类非遗的数字化保护体系

数字化是非遗保护的一种新方式，也是一种很现代化且有效的方式。所谓非物质文化遗产数字化就是“采用数字采集、数字储存、数字处理、数字展示、数字传播等技术，将非物质文化遗产转换、再现、复原成可共享、可再生的数字形态，并以新的视角加以解读，以新的方式加以保存，以新的需求加以利用。”[①] 就是说利用数字化技术我们除了可以对非遗进行录音、摄影、录像等传统媒体手段外，还可以进行包括以上方式在内的现代数字化、科技化技术手段对非遗进行保护，通过网络、数字电视、手持设备等新媒体以及虚拟现实技术进行资源共享，从而实现跨时间和空间的信息资源利用和宣传教育，如微信公众号就是很好的平台之一。数字化保护技术在各公共文化类展馆等都可进行推广、普及。同样，我们可以利用数字化技术对传统技艺类非遗进行保护。如建立“贵州传统技艺类非遗数据库”，记录、保存传统技艺影音资料和文本，录制传统技艺学习视频或图文教程，利用触摸媒体、感应媒体、虚拟现实技术等进行数字化模拟互动体验。另外，我们还可利用“互联网＋非遗传承发展”模式和“大数据”模式，助力贵州传统技艺类非遗的保护和发展。

（四）建立非遗文化生态保护区

文化生态保护区是“指以保护非物质文化遗产为核心，对历史积淀丰厚、存续状态良好，具有重要价值和鲜明特色的文化形态进行整体性保护而批准设立的特定区域”。[②] 保护非遗的表现形式就必须维护非遗的生存空间和生态环境，二者不仅是非遗表现形式的集中展示场所，更是非遗经久传承的依托。[③] 近年来，贵州省尤其是少数民族地区的文化生态变异很大，文化遗产及其生存环境受到很大的威胁和挑战，这种情况对非遗来说尤为严重。民族地区进行文化生态保护区建设，能够促进贵州省非遗保护工作的良性发展。在某些非遗集中的区域内，建立文化生

① 王耀希：《民族文化遗产数字化》，人民出版社2009年版，第8页。

② 文化部办公厅：《文化部关于加强国家级文化生态保护区建设的指导意见》（文非遗发〔2010〕7号），中华人民共和国文化部，2010年2月10日。

③ 蔡靖泉：《文化遗产学》，华中师范大学出版社2014年版，第253—254页。

态保护区（村），并采取一些行之有效的保护措施，对这些区域内的非遗及与其互相依存的物质文化遗产和自然遗产进行整体性的保护、修复，促进贵州各地区的整体、可持续发展。日本政府在战后为了抢救民族民间文化，曾进行了“一村一品”的文化遗产保护形式，并建立起许多乡间传习场所。贵州的少数民族地区有许多保存完好的村寨，可以在这些地方建立一批文化生态保护村，对原有的传统技艺类非遗进行保护、修复和传习，营造一个健康、和谐的文化生态环境。

（五）进行传统技艺类非遗的生产性保护

所谓生产性保护是指在具有生产性质的实践过程中，以保持非物质文化遗产的真实性、整体性和传承性为核心，以有效传承非遗技艺为前提，借助生产、流通、销售等手段，将非遗及其资源转化为文化产品的保护方式。此保护方式主要用于传统技艺、传统美术和传统医药炮制类非遗项目。因此，可以说传统技艺类非遗的传承和发展措施中，生产性保护是必不可少的，也是很有针对性的一项措施，既能做到“保护为主”的原则，又能兼顾“合理利用”的原则。科学合理的生产、开发利用某种程度上可以促进保护和发展，我们可以在不破坏原有工艺流程和核心技艺的情况下，凭借贵州省的传统技艺进行生产并加以创新和利用。贵州省传统技艺类非遗也有着丰富的资源，这些是手工艺品、旅游产品等产业发展的文化源泉。对那些能彰显民族文化特色又有经济开发价值的非遗技艺，要加强文化与科技创新、融合，进行生产性保护，适度发展文化产业。如开发手工艺品、旅游产品、日常用品等，结合传习基地、个人工作室、民俗节庆活动、非遗产品博览会、文化旅游景区和网上交易平台等开展生产性保护，并要突出互动性和体验性等特点，要注意培育优势非遗文化品牌，不仅使当地成为民族技艺的生产、传习中心，也成为展示民族风情的亮点所在。政府部门要申请或规划建立非物质文化遗产生产性保护基地，也要帮助拓宽相关产品销售渠道。如条件允许可拓展国外销售渠道，走进国际市场，针对旅居或移民国外的少数民族群体进行产品生产，像老挝的苗族就针对美国苗胞的订单进行手工产品的生产。但不能过度产业化、过度开发、胡乱开发，以免破坏传统技艺类非遗的真实性、整体性和传承性。

（六）与时俱进、适度创新

非遗有与群众生活密切联系、活态流变的特点，我们更应该注重其在民众生活中的生命力和在现实中的实际功能。“传统只有在对当今社会生活发挥积极作用时，才能体现其自身的价值。”① 正所谓“穷则变，变则通，通则久”，② 所以我们就要对相关非遗进行合理的变革和创新，这样才能与时俱进。“鼓励和支持传承人在传承传统技艺、坚守传统工艺流程和核心技艺的基础上对技艺有所创新和发展；鼓励和支持传承人在制作传统题材作品的同时创作适应当代社会需求的作品，推动传统产品功能转型和审美价值提升。”③ 对于传统技艺类非遗工艺品中那些已经不符合现代审美标准并且没有实用价值，缺乏受众和市场的，相关艺人和传承人要结合现实需求，进行创新。对于那些陈旧过时，不利于艺术发展的元素，或舍弃或改良，真正创作出既保留有传统文化元素又适合时代发展需要的作品。当然舍弃也好，改良也好，创新也罢，都是从产品层面来讲的，其前提是不改变工艺流程和核心技艺，即工艺不变，某些产品外观和样式可创新变化，融入现代时尚元素，与现代生活接轨。

---

① 刘魁立：《保护好我国非物质文化遗产》，《中国人大》2012 年第 11 期。

② 黄寿祺、张善文译注：《周易・系辞下》，上海古籍出版社 2004 年版，第 533 页。

③ 文化部文件：《文化部关于加强非物质文化遗产生产性保护的指导意见》（文非遗发〔2012〕4 号），文化部非遗司，2012 年 2 月 2 日。

（七）建立政府主导、民众参与的非遗保护长效机制

贵州各地区各级政府应充分重视非遗的保护和传承工作，建立起政府主导、民众参与的非遗保护长效机制。

一是加强保护宣传力度。相关职能部门应加大对包括传统技艺在内的非遗项目的扶持力度、经费投入，加强宣传展示工作，为传统技艺类非遗的发展营造氛围，创造条件，提供服务。如规划建立民俗文化园（街）、手工艺产品一条街或其他集中保护区，把传统技艺类非遗保护传承、开发等活动置于其中，并可结合“文化遗产保护日”、节庆民俗活动等开展一些具有民族特色和吸引力的非遗展示和推介活动。

二是健全非遗法规和制度。相关职能部门应结合本地区实际情况和实际需要，制定出相应的非遗保护和发展规划，尽快出台或完善《非物质文化遗产保护条例》，建立起完善的非遗知识产权制度、保护扶持等工作的监督机制，建立和完善非遗保护的绩效评估机制。

三是开展民族文化进校园活动。把非物质文化引进学校教育编入教材中，学校可以开设传统技艺类非遗传习或研究的课程，鼓励在学校建立“非遗社团”。省内某些地方在这些方面做得比较好，如黎平、雷山、从江等县都有这样的活动，可以借鉴推广。

四是充分发动人民群众对非遗传承和保护的积极性。人民群众是非遗保护和传承的主体，要增强群众的民族自信心和自豪感，提高群众对民族文化的重视和非遗保护意识，并且群众自身也要发挥主观能动性，不能只一味依靠政府。鼓励群众、企事业单位、文化教育科研机构和其他社会组织积极参与贵州传统技艺类非遗的保护工作。①

① 吴新春：《搞好试验区建设促进多民族文化繁荣发展》，《贵州民族报》2012 年 11 月 19 日第 C2 版。

五是培养非遗管理与开发利用的专业型人才，促进贵州各地区各民族传统技艺在内的非遗保护、传承、开发利用工作的开展。

小　结

非遗保护和传承的目的是发展利用，如果只对其一味保护而不去发展利用，就不能体现和发挥其价值，那么保护和传承就失去了意义，人们就会失去保护传承的动力。所以对贵州传统技艺类非遗进行开发利用是十分必要的，只要把握好度就可。贵州传统技艺类非遗发展自身有着有利的条件，其数量多、资源丰富，地方特色和民族特色明显且许多传统技艺类的非遗发展势头相对较好、知名度较高，也有着一批研究贵族地方文化和少数民族文化的专家学者，国家层面、贵州省政府层面都比较重视民族民间文化，目前其面临着良好的发展机遇和政策环境。因此，各方应携起手来一起努力，共同致力于这项文化遗产的传承和弘扬。

民间传统手艺糖画发展面临的困境与对策

邓 娟 马 帅*

摘 要：民间传统手艺不仅代表着民族传统的生活方式，而且蕴含着民族的文化精神。糖画作为中国非物质文化遗产的一部分，是中国民间艺术传承和发展的载体之一。随着时代的发展，民间传统手艺的生存空间逐渐被挤压，传统手艺也逐渐消失。文章将以糖画作为民间的传统手艺，阐述其发展的优势，并进一步分析糖画发展过程中所面临的困境及应采取的对策。

关键词：民间传统手艺；糖画；优势；困境；对策

一 引言

民间传统手艺是中国非物质文化遗产的一部分，具有非物质文化遗产的普遍特征。联合国教科文组织在《人类口头及非物质遗产代表作宣言》（*Proclamation of Masterpieces of the Oral and Intangible Heritage of Humanity*）

---

* 邓娟，贵州民族大学人文科技学院讲师，研究方向：中国民间文学；马帅，贵州民族大学人文科技学院讲师，研究方向：中国民间文学。

中明确指出："根据《保护民间创作建议案》，'口头及非物质遗产'一词的定义是指来自某一文化社区的全部创作，这些创作以传统为依据、由某一群体或一些个体所表达并被认为是符合社区期望的，作为其文化和社会认同感的表达形式；其准则和价值通过模仿或其他方式口头相传，它的形式包括：语言、文学、音乐、舞蹈、游戏、神话、礼仪、习惯、手工艺、建筑艺术及其他艺术。"

传统民俗文化根植于广大人民群众，是在特定社会历史条件下产生，并凝聚人民集体智慧结晶长期演化而形成的。对于民间传统手工技艺的定义，有的则认为："传统民间手工艺品是指某一群体或群体中的个体创造并得到认同，体现群体共同期望、情感、信仰、利益，并在一定区域内代代流传，不断发展的一种有形的文学艺术表达。[①] 综合学界的说法，"民间传统手工技艺是指由某一群体或群体中的个体在长期的生活生产过程中为适应生活或审美需要，以传统为依据，而创作产生的，并在一定区域内通过模范或其他方式代代相传的手工技艺。"[②]

何为糖画？顾名思义就是以糖做成的画，民间俗称"倒糖人儿""倒糖饼儿"或"糖灯影儿"。糖画，既是糖，也是画；既可以观赏，也可以食用，故称为"观之若画，食之有味"。糖画是小吃中的艺术品，它熬制的不仅仅是糖，而且是一种传承；品味到的也不仅仅是甜，更是一段回忆。

糖画发展至今，作为一种民间传统手艺在制作工艺和题材上都不断地推陈出新。"在历史传承过程中，糖画不断从其他民间艺术品类中汲取养分，如皮影、剪纸、民间雕塑等，使糖画的造型方式与工艺手段日

---

① 张国祥：《传统民间手工艺品著作权保护分析——对上海、南京、武汉等地传统民间手工艺品市场的调查与思考》，《法制与社会》2008 年第 15 期。

② 安柳洁：《论四川省民间传统手工技艺的知识产权保护》，《文史杂志》2015 年第 4 期。

渐丰富。”① 但唯一不变的是都是以糖作为原材料，糖料一般是红糖、白糖加上少许饴糖。其制作工艺过程：首先，将糖放在锅里，在炉子上用温火慢慢熔化；待糖慢慢熔解，熬到可以牵丝时即可；其次，在大理石板上涂抹一层油，防止糖粘黏在上面，用小勺舀起糖汁，在大理石板上作画；最后，造型完成后，粘上竹签，将糖画铲起，凝结即可。整个制作过程看似简单，实际上需要考验民间艺人娴熟的艺术功底，需要长期的练习，不断积累经验并从中有所感悟。在整个制作过程中，讲究造型要生动形象；线条要错落有致；作画速度要快，要一气呵成；要学会创新和发展。

二　糖画发展的优势——生存之本

（一）糖画是文化上的传承

糖画作为一种民间手工艺术品，分为平面糖画和立体糖画两种。在过去，糖画一般都是平面糖画居多，主要以人物和动物的造型为主，早期的题材不能自由发挥，往往拘泥于各种人物形象、花鸟虫鱼和飞禽走兽等内容。在不断的技艺改进中，题材的选择就比较广泛了，逐渐扩展为人们喜闻乐见的吉祥图案：十二生肖、龙凤鱼鹤；寓意美好的植物花卉、瓜桃果蔬、菊花牡丹；还有神话传说人物、民俗场景等内容，这些造型都栩栩如生。在糖画艺术的发展过程中，糖画不断尝试以各种技巧、方法来丰富自己独特的艺术风格，增加了立体糖画这一新的样式。相比平面糖画，立体糖画是在平面糖画的基础上进行创新的结果，是平面糖画的拼接，也就是将平面上各

---

① 董飞飞、谢朝：《浅析糖画的制作工艺》，《艺术与设计》（理论版）2010 年第 4 期。

个部件拼接组合出各式各样的立体画来，显得更为传奇生动。在糖画造型设计上，以平面糖画为主，立体糖画为辅。平面糖画采用“滴糖为画”的手法，而立体糖画采用“铸糖成型，滴糖补型”相结合的手法。

糖画这一传统艺术蕴含了老百姓最质朴、最美好的情怀。糖画是文化上的传承，甜甜的口感，寓意人们生活“甜甜美美”“岁岁平安”。“糖画艺术是喜庆文化的代表，不仅深受孩童喜爱，对成年人而言更是一种祈福纳祥的精神寄托，在传统节日里更能增添喜庆气氛，体现了中国广大老百姓对喜庆、吉祥、富足和平安生活的憧憬与期待。因此，糖画艺术是中国传统艺术的精神和淳朴民俗生活的巧妙融合，对传统民俗文化的绵延传递有着深远的意义。”①

（二）糖画的嬗变发展

糖画作为中国非物质文化遗产之一，对促进中国传统文化的传承和发展有着重要的作用。糖画的发展历经了萌芽期、兴盛期、衰退期和复兴期四个阶段，而每个阶段其具有不同的特点。糖画起源于明朝，快速发展则是在清朝，之后一直持续到鸦片战争时期，因受战乱的影响，糖画的发展受到重创。直到改革开放后，在国家政策的改变下，糖画凭借拥有广泛的群众基础，迎来了短暂的快速发展期，消失的糖画又重新回归，但这一过程只维持了几年，赖以存在和发展的基础慢慢消失，糖画又渐渐淡出了人们的视野。2008 年 2 月，糖画这一民间传统手艺被列入中国第二批国家非物质文化遗产名录，受到了社会的重视和国家的保护。在国家政策的扶持下，糖画作为民间传统手艺重新迎来了新的机

---

① 仓诗建、姜语锐、靳桂芳：《浅淡民间糖画的艺术特征》，《兰台世界》2015 年第 25 期。

遇，行将消失的民间传统手艺又重新回归人们的视野，走向全国各地的大街小巷，唤起人们儿时的记忆。

三 糖画发展的困境——后继之忧

在物资匮乏的年代，糖画这种民间艺术较容易存在，有相对稳定的生存空间。现今，随着物质生活水平的提高，对生活标准的要求也相应提高，再加之受到新兴文化的冲击，糖画的发展面临诸多的困境，由此导致糖画的发展逐渐萎缩，甚至消亡。

（一）糖画卫生安全问题堪忧，导致消费者群体的消失

随着物质生活水平的提高，对生活质量的要求和标准也随之提高。糖画这一民间手艺多是以走街串巷的方式在街头叫卖，没有固定的摊位。在制作过程中，设备简陋，不免会与手有所接触，难免会滋生细菌，让人对糖画这一食玩艺术品的卫生和安全等问题产生担忧。而消费者群体作为糖画发展的主力军，在其高质量、高标准的生活条件下，不免会逐渐消失，消失的后果将是糖画的生存寸步难行。

（二）糖分摄取途径的多样化，致使消费者群体的减少

甜味是大多数人都情有独钟的，对糖的喜爱程度更是毋庸置疑的，深受广大民众的欢迎，但由于物质生活水平已大不同于往日，人们越来越重视饮食的合理搭配，对糖的喜好也有所改变，过多糖分的摄入不利于健康，且对糖的摄取途径也不再局限于此，摄取糖分的途径广泛，样式繁多，所以人们不再只依赖于糖画这一单一食物。糖分的摄入越来越多样化，这样一来致使消费群体逐渐减少。

（三）社会认可度低，师承的状况堪忧

传统手工艺者由于家境清贫而不得不从事手工艺行业，但如今，由于收入低、产出慢，社会地位低下，很多人对此不予重视。即使国家给予一定的扶持，但毕竟扶持力度不够，也只能是步履维艰，治标不治本。再加之许多精湛的手工艺者不愿意将这种低廉收入的技艺传授给自己的子女，也无法招收更多的学徒，最终导致这一民间传统手艺逐渐失传。

（四）国家对非物质文化遗产保护和传承不够重视

我国处于一个快速发展的阶段，只注意强调物质文明的发展，而往往忽视了对传统民俗文化的保护和传承。一是缺少传统民间艺术的保护和传承的政策；二是民间传统手艺的传承者产权保护意识淡薄；三是缺乏长远的目光，没有看到民间传统艺术所蕴含的文化价值、经济价值和艺术价值等；四是国家缺少对传统文化产业的扶持政策。

除此之外，糖画这一民间传统手艺本身是一个现产现销的产品，易碎怕潮，不易长期保存，加之这一传统手艺所处的生存环境狭小，所经营的空间受到限制且经营所获的利润微薄。面对这些困难，糖画艺人所面临的生存状况也不容乐观。面临这样的处境，他们往往就只能选择作为露天流动商贩，获取微薄的收入，甚至有些技艺精湛的艺人只能放弃糖画这一民间技艺而转向其他行业。

四　糖画发展的对策——继往开来

民间传统手艺历经上百年，甚至上千年的锤炼，是几代或几十代人集体智慧的结晶。面对行将消失的糖画技艺，我们应当重视这些民间传

统手艺的未来，不能仅仅满足于当下的景象，而应采取一些应对措施来保护和传承，让其得以延续发展，让这种民间传统艺术更加深入人心，广为人知。

（一）糖画是中国民间文化传承的载体

中国民间文化传承的载体多种多样，主要包括民间文学、民间表演艺术、民俗文化等，而糖画则是中国民间文化传承的载体之一，在发展过程中，巧妙地借鉴了民间皮影、剪纸艺术、雕刻等其他民间技艺手法和创作思路，将民间艺术形象和民俗场景融合在一起展现出来。一方面将民俗文化和民间艺术借助糖画进一步发扬光大；另一方面糖画可通过民俗文化题材的创作而得以更好地发展。除此，通过糖画题材多样性的展现，可以感受到民间艺人的智慧和强大，体会到人们对当下生活的热爱以及对未来美好生活的憧憬和向往。

（二）实行技艺改革，内外交流，兼收并蓄

面对现代化的冲击，首先要实行技艺改革。要从传统文化和现代社会中汲取灵感，学会内外交流，兼收并蓄，在将民间传统手艺贴近生活的同时，又要适应社会发展的需要。只有不断地创新突破，始终与时代保持一致，才不会被时代所淘汰。

（三）转变传承方式，开设兴趣培训班

在民间传统手艺的传承中，要转变传承方式。过去一般都是师徒相传的方式，这不仅使得传统手工艺的发展缓慢，而且也会面临招收徒弟难的困境，这就需要转变以往的传承模式，扩大传统手工艺所面对的人群，开设相关的兴趣培训班，让更多的人群可以接触并了解这一技艺，

为传承培养更多的人力资源。

（四）以市场为导向，自由灵活创作

目前，糖画虽然已经被列入中国非物质文化遗产名录，受到国家的保护，但其保护力度还远远不够，重视程度也不够。虽然已经制定出台了一些非物质文化遗产保护政策，但还不能有效地对这些传统技艺进行传承和发展。非物质文化遗产是人类的一大财富，而糖画带有很浓的市井气息，受广大老百姓喜爱，是一种喜闻乐见的艺术形态，市场化突围是其最好的手段。糖画的发展要以市场为导向，紧跟时尚，突出特色，随着时代的发展，大胆创新，不断创造出新的样式和新的作品，如在繁华的商业街设立民俗技艺的窗口，展示这一民间的传统技艺，用传统的形式来演绎现代流行时尚，别有一番情趣。

要想使糖画的发展道路越走越远，除了上述提到的内容以外，还应积极寻找适合糖画发展的方向，因糖画拥有广泛的群众基础且深深扎根于传统文化，所以应整合现有的零散资源，改变糖画即产、即销、即食的消费方式，延长可保存的时间；避免其难以量化生产的弊端，创造为批量化的生产，努力创建自己的品牌，增强市场竞争力。

五　结语

随着社会的发展和不断进步，一些民间传统手艺渐渐失去它赖以生存的环境，行将消失在民间，而糖画作为中国非物质文化遗产的一部分，我们应当结合实际，认识到非物质文化遗产对中国传统文化的传承和发扬的重要性，重视先辈们留下来的文化遗产。在国家政策扶持的条件下，创造性地对其加以保护，进行传承和发展，让这些民俗文化立于

不败之地，一代代地相传下去。

总之，民间传统手艺是中华民族传统文化的一部分，是传统文化的延续，保护民间传统手艺具有重要的意义。糖画艺术是民间艺术的瑰宝，要紧随时代的步伐的和现代审美需要，从内容和形式上为糖画找到适合的发展方向，适时转型，让其为民间文化增添亮丽的光彩。

苗族鼓历史演变的保护发展研究

古红梅*

摘　要：苗族绕鼓分两种情况：一是用新材料绕新鼓；二是在丧葬祭祀中，鼓两端的牛皮被敲坏了，需重新绕。本文以古姓苗族绕鼓的程序及其绕鼓词为研究对象，就绕鼓仪式及绕鼓词所蕴含的古姓苗族的历史文化、丧葬文化以及神鼓保寨护民的美好心愿等内容进行探究，试析古姓苗族绕鼓仪式的演变，并提出保护发展苗族鼓的建议，以期收到抛砖引玉的效果。

关键词：苗族；苗族鼓；传统文化；演变；建议

* 古红梅，苗族，贵州民族大学2015级中国少数民族语言文学专业硕士研究生，研究方向：苗瑶语族语言文化。本文所使用的苗语为西部苗语川黔滇次方言，“绕鼓词”参见古红梅《习水县古姓苗族绕鼓词》，《贵州民族报》2016年10月27日第2版。

前言

2015年10月20日—2015年10月28日，笔者参加了习水县回龙镇洞湾苗族绕鼓仪式。据了解，古姓苗族并非习水县境内世居民族。古姓苗族最初起源于江西省，古姓苗族世代相传的迁徙史中曾提及。古时候，该姓氏有九兄弟，在从江西迁往贵州的途中，因疾病、饥荒等原因，兄弟生死相离，最后只剩四兄弟顺利进入四川省，来到川南赤水河旁，其中两兄弟看到四川土地肥沃，碍于路途遥远，饥饿难耐。便扎根于四川，后代即今四川川南古蔺、叙永等地的古姓苗族。剩下的两兄弟跨过赤水河也分道扬镳了，一人进入今仁怀市境内，后代即今仁怀市一带的古姓苗族。最后一个兄弟来到今贵州省习水县境内，后代即今马临、桑木、回龙的古姓苗族。习水境内苗族原居住于马临“黄大山”山上，黄大山土地贫瘠，鸟伏兽穷，苗族温饱难解。新中国成立后，“大跃进”时期，古姓苗族主要靠为回龙镇洞湾村刘姓地主耕作谋生。刘氏地主土地宽阔，由于劳动力不足，刘姓地主将一半的土地分给了古姓苗族，马临古姓苗族中的一位长辈带着膝下六子，即古成万老人他们六兄弟迁徙到此，繁衍生息至今。

习水县洞湾村古姓苗族文化保存较好。苗族婚姻丧葬仪式、“打牛”习俗、绕鼓等传统文化和挑花、蜡染等民间技艺世代相传。碍于苗族没有文字，这些传统文化只能靠世代口耳相传。神鼓在苗族丧葬习俗中占据着重要地位。神鼓、鬼师、竹卦、芦笙是沟通亡灵的媒介。绕鼓词及祭鼓芦笙词所体现的苗族丧葬中的“打牛”习俗，是古姓苗族祭祀祖先的表现。神鼓，在苗族人民心中，是最神圣的，因而不能随意触碰，也因此有一些禁忌，例如，妇女不能触碰神鼓；神鼓不可落地；神鼓祭祀、安位结束后，不可敲击或移位。

然而，鼓也有使用年限，鼓坏了就需要重新制作，即是“绕鼓”，苗语称为“Raox Ndrual”。苗族鼓的主要功能是祭祀祖先，祭祀亡灵，这也决定了神鼓的使用场合必须为丧葬祭祀。习水县古姓苗族绕鼓流程中，有丰富的绕鼓词和神秘的绕鼓、祭鼓仪式。

但随着时代的发展，古姓苗族绕鼓仪式发生演变。在一定程度上，绕鼓仪式和古姓苗族传统文化是密切相关的。仪式的简化、消失必然导致苗族传统文化的消失。所以，挖掘、整理苗族鼓的制作流程，还原苗族绕鼓文化的最初面貌，对分析苗族鼓的历史演变，加强苗族鼓文化及苗族丧葬文化的保护和促进发展都有重大的意义。

一　苗族鼓的制作流程

绕鼓是古姓苗族家族中一件重大的事情，所以，整个家族的成员都要参加，再邀请一外姓亲戚背鼓。古姓苗族绕鼓分两种情况：一是用新材料绕新鼓；二是在丧葬祭祀中，鼓两端的牛皮被敲坏了，需要重绕。前者绕鼓要一个鼓身（苗语为“jangd ndrual”），它由沉香木和黄木香木头掏空制成，假如是木板镶嵌起来的鼓身，要用漆来黏住。鼓身长为二尺八寸，粗的那端直径为一尺六寸八，细的那端一尺四寸八。另外，需要一块牛皮和铁钉（竹钉亦可）、耙、锯子、竹篾、抓丁、小铁锤、铜、铁、绳子、四个木疙瘩等工具。后者绕鼓省去鼓身，其他照旧。选好绕鼓地，园林中焚堆火，绕鼓流程正式开始。

绕新鼓时，先把耙立于地脉响通通的地方，鼓身立着置于耙上，再于鼓身一面的中央上方留一个洞，一根鼓钩（苗语为“ndrual keub”）

从内往外穿过，鼓内中央上方挂一把小刀，小刀即为“ndrual qib（鼓铃）”。据古成万老人讲述，挂刀的缘由与古姓苗族丧葬中的“打牛”习俗相关，寓意牛是被刀所杀死的。而，鼓钩上悬挂的事物不一样，寓意则不同。挂铜、铁，则寄寓财源滚滚的美愿。

将牛皮盖在鼓身一端，拿四个5厘米长的木疙瘩藏于鼓四方的牛皮下，系成四个疙瘩，四人各用绳子套住疙瘩，将绳子从鼓身的上端套到耙上，向下拉套在耙上，再用木棒撬紧。随即在鼓身上端两边钉钉子或竹钉，一边160颗，另一边3行。这样，鼓身上端就绕成功了。鼓身下端的操作方法和鼓身上端的绕法相同。神鼓绕成功后，大家用红血藤烧至滚烫，用力鞭打鼓上的牛皮，使其脱落。绕鼓结束，古姓家族的掌坛师要请外姓亲戚帮忙“请鼓”归家。

神鼓背到养鼓户堂屋大门时（一般是掌坛师家中），大门紧闭，掌坛师在屋内和背鼓人进行买鼓（苗语为“mual ndrual”）对话：

背鼓人：“开门，开门……”

掌坛师问：“请问你是做什么的？”

背鼓人答：“我是背鼓的。”

掌坛师问：“你背的是什么鼓？坏鼓、邪鼓……我不要。”

背鼓人答：“我背的是压寨鼓。”

掌坛师：“哦，快进，快进……”

神鼓进屋，悬挂于堂屋右边用木头架成的鼓架上，掌坛师再用鸡来祭鼓，并将其安位。当晚至次日凌晨，整个家族的人和亲戚朋友便吹笙打鼓到天明。次日清晨，将神鼓安置于掌坛师家中，如此，绕鼓仪式才算结束。

二　神鼓是苗族文化的载体

首创功能主义的文化理论认为："一种特质的功能，就在于满足该群体成员的基本需要和次生需要。"① 神鼓在苗族族群中，不但有压寨保民平安的作用，而且，还是丧葬祭祀中祭祀祖先的重要工具。苗族绕鼓仪式及其绕鼓词中蕴含着精彩的苗族民间文学和深厚的苗族丧葬习俗文化，以及保家护寨、保佑子孙后代的寓意，苗族鼓可谓古姓苗族文化的载体。

（一）耐人寻味的民间文学

民间文学，是人类古老的画卷。而神话作为民间文学中历史悠久的一种文学样式是原始时期，人们在知识水平极其低下的情况下，思考和探索自然并结合自己的认识而产生的。由于这个时期的认识水平低，因此，神话经常笼罩着一层神秘的色彩。古姓苗族绕鼓仪式所体现的苗族民间文学，主要有开天辟地神话，神鼓来源神话。习水县古姓苗族的"开天辟地神话"主要与盘古、三皇五帝有关。例如，绕鼓开篇就会提及：

盘古分天有真据，三皇五帝制乾坤。
盘古龙王制天地，开天辟地女姬昌。

古姓苗族认为"盘古"是他们的始祖，"古"（nguk）姓也来源于盘古。盘古是苗族神话中的人物，最先提出这一观点的是清朝末年的苏时学和夏曾佑。夏曾佑先生在其著作《中国历史教科书》（今《大学丛

① ［美］C. 恩伯、M. 恩伯：《文化的变异》，辽宁人民出版社1988年版，第60页。

书》之《中国古代史》）中有云：“今按盘古之名，古籍不见，疑非汉族旧有之说，或盘古盘瓠音近，盘瓠为苗蛮之祖；……”苏时学在著《瑶山笔话》一书时，据《后汉书·南蛮列传》记载的盘瓠传说，认为“盘古乃盘瓠之音转”。后来许多学者也多持此“音转”之说。

习水县良村镇后田村王姓苗族在绕鼓时，开篇就会追溯芦笙和鼓的来源：

> 张龙王治天，李龙王治地。
>
> 自从盘古龙王分天地。
>
> 神龙黄帝治五谷，轩辕黄帝治衣襟。
>
> 神龙黄帝分官，篾咪制芦笙，雷鲁制鼓。
>
> 董当排冉去天上请教，张古老教他吹芦笙……①

由此可知，鼓是 leix lus（雷鲁）制作的，苗族鼓的来源最初可追溯到人类知识水平极其低下的远古时期。

传说是最早的口头叙事文学之一。苗族绕鼓中的传说，主要有“打牛”习俗和“钉子”的来源。古姓苗族“打牛”习俗的传说讲到，历史上，苗族有自己的民族文字，后来，老牛把一百二十八本金书吃掉了。从此，苗族丢失了自己的文字，成了只有民族语言而无无本民族文字的民族。人们因痛恨老牛，于是将其杀了祭祀祖先，从此，该习俗沿袭至今。

后田村王姓苗族关于“钉子”的来源中说道，传说钉子最初是由张铁匠和李铁匠打的。“张铁匠诶李铁匠诶，打颗钉子有样样诶，打了三十六颗钉，打来钉起不差半毫分。”以前，绕鼓需要把钉子钉在鼓身两

---

① 古红梅：《习水后田村王姓苗族绕鼓》，《贵州民族报》2016 年 10 月 27 日第 2 版。

端。后来，钉子不易打，才用楠竹做成竹钉，粘着菜油一起钉鼓。

（二）绕鼓文化

习水古姓苗族绕鼓文化主要体现在对“绕鼓地”及“牛皮、鼓身、鼓铃”等材料的严格要求上。例如：

（1）“绕鼓地”的选择，必须在山上，向阳，开阔，地面有响声的地方，绕鼓词①这样提道：

Ntrad rongt drongb daox nuaf rongt qeut,
Bub debdrox lol ndraod ntob ntob,
Bloub shangb houd daox hlob dek rongt,
Haod nad muab lol raox rongt ndrual.
选好山看好地，
震动地脉龙神响通通，
四山龙脉来得好，
此地占鼓地。

（2）关于“鼓铃”

Ib lobndrual loul youf zhit nded,
Dingb dongx nyax gob lol ndif bleud,
Dlait shout njix ndrual youf zhit shab,
Zux denb ab loul nos dout luas shik ndab,
Dingb dongx dingb hlout aob daos nzhat,
Nyax gob nyaob blangb luas dek tlat.

---

① 古红梅：《习水县古姓苗族绕鼓词》，《贵州民族报》2016年10月27日第2版。

Ghenx ndrual ib ged ndraod ndaot ndox.

Dex dob dex gid zit dol duas.

老鼓鼓身不长，

铃铛、铜、金银装鼓心，

挂在吊鼓木又不高，

老人听见都说鼓绕得好，

铜、铁叮叮两边盯，

金银鼓中欢，

笙鼓配对震天庭，

万代子孙超度老人。

（三）丧葬文化

早期人类学家泰勒对“文化”的定义是：“文化是一个复合的整体，它包括知识、信仰、艺术、道德、法律、风俗以及作为社会成员的人所获得的其他任何能力和习惯。”① 神鼓不仅是古姓苗族风俗习惯的体现，其绕鼓词还承载古姓苗族的历史文化、丧葬文化。它还是古姓苗族的“压寨鼓”，保佑本村的人身体安康，人丁兴旺，子孙后代飞黄腾达。神鼓也具有规范家族成员行为的功能。

神鼓的主要功能是祭祀祖先，它是苗族祖先崇拜信仰观念的具体体现。古姓苗族“打牛”习俗来源的传说与古姓苗族绕鼓词中绕鼓材料“牛皮”“鼓铃”中所描述的一样：

Nyox loul buk deut dlangd youf dlangx,

① 庄孔韶主编：《人类学通论》，高等教育出版社2004年版，第19页。

Muab gaox raox ndrual zhenf tianb tanx,

Gaox uat ghongb longt mongd duak lot,

Boux ghenx boux loul nos lol nplaik,

Ib buatnenl ngouf yif bend ndeud yat lais chuat,

老牛牛皮宽又厚,

用你绕鼓震天堂,

你辛勤耕耘寿命短,

鼓声清脆能通芦笙和老人,

一百二十八本金书要吃透,

Ib lobndrual loul youf zhit nded,

Dingb dongx nyax gob lol ndif bleud,

Dlait shout njix ndrual youf zhit shab,

Zux denb ab loul nos dout luas shik ndab,

Dingb dongx dingb hlout aob daos nzhat,

Nyax gob nyaob blangb luas dek tlat,

Ghenx ndrual ib ged ndraod ndaot ndox,

Dex dob dex gid zit dolduas ab loul.

老鼓鼓身不长,

铃铛、铜、金银装鼓心,

挂在吊鼓木又不高,

老人听见都说鼓绕得好,

铜、铁叮叮两边钉,

金银鼓中欢,

笙鼓配对震天庭,

万代子孙超度老人。

神鼓不仅起为芦笙曲配乐的作用，还具有以声传意、沟通亡人的神奇功能。古姓苗族每进行丧葬祭祀，都要举行“请鼓”仪式。例如，古姓苗族的“除灵”，苗语称为“uat blis”，uat 做，blis 魂，即解簸箕。“uat blis”苗族习惯用避讳语，以“daol A draod lol nyaob（请 A 回来坐）”代替“为 A 除灵”。古姓苗族“除灵”时，主人家要提前去养鼓户“请鼓”。“接魂”[①] 之前，敲鼓师傅要事先以酒神鼓，敲几下，然后道明用鼓的事由，请亡人保佑此次“除灵”顺利完成和主人家超度结束后，老幼健康平安、财源滚滚。敲鼓师傅言毕，鬼师、抬簸箕的人、吹芦笙的人各司其职，“接魂”仪式结束，开始“除灵”祭祀。古姓苗族丧葬中都有“交牲”习俗。“牲畜”即指牛。一般亡人为女性，若其出嫁之时，陪嫁中有牛，她过世后，就要求其女儿及女婿“打牛（苗语为 ndouk nyox）”，这头牛叫“nyox rod hmaot”，nyox 牛，rod hmaot 守夜，即晚饭的主菜。交牲还有主人家的“交猪”。不管“打牛”还是“交猪”都是主人赠送给亡人的牲畜，苗族认为人过世了，他在另外一个世界里也要春种秋收。所以，送牲畜是希望亡人在另外的世界里生活衣食无忧。

交牲，一般是早晨“交猪”，中午“打牛”。交牲时，用粽叶编成的绳子一头拴住牲畜脚，另一头穿过神鼓身拉到亡人手中，以示亡人牵住了牲畜，鬼师用竹卦和亡人沟通好后，才正式交牲。

（四）祈福保佑的心愿

“牛皮”“鼓身”不仅是绕鼓的重要材料，还被古姓苗族人民寄寓了保佑古姓苗族子孙后代繁荣昌盛、家族平安无事的美好愿望。例如，古

---

① 苗族“除灵”祭祀包括“接魂”仪式和“放魂”仪式。

姓苗族绕鼓词中关于绕鼓“牛皮”的唱词，就有关于古姓苗族希望后代子孙光宗耀祖、飞黄腾达的美好心愿：

Nyox loul buk deut dlangd youf dlangx,
Muab gaox raox ndrual zhenf tianb tangx,
Gaox uat ghongb longt mongd duak lot,
Boux ghenx boux loul nos lol nplaik,
Ib buatnenl ngouf yif bend ndeud yat lais chuat,
Dex dob dex giddiank hanf linx.
老牛牛皮宽又黄，
用你绕鼓震天堂，
你辛勤耕耘苦命短，
一百二十八本金书要吃透，
万代子孙金榜题名。

同时，神鼓也体现了古姓苗族希望神鼓保佑家族老幼平安健康、事事顺心、苗寨平安无事的心愿。例如，掌坛师将神鼓祭祀完毕，打算给神鼓安位时，他要说：

Bib hofnaf zax ndeud bangf dit,
Hotgaox baod youf zhed nguk nenb,
Ndrangt ndrangt naox ghangb youf nyaob rongt,
Hotgaox nongs qingd chud:
Bibzhud xangb hleud zos bof jid,
Duab lens zhit dek uat shuab ndraod,
Nenb loul dluat nzangt njet shout ndox.
三合元宝钱财都办好，

喊你保护古家苗家人，

年长老幼幸福安康，

请你听分明：

三炷青香叫天明，

平日里莫得声响，

百寿大人归天庭。

（五）规范家族成员的行为

格尔茨认为应“将文化视为一种象征体系”①。他考察象征符号的目的不是去求助某种文化规律或法则，而是寻求该符号是如何模塑社会行动者看待、感觉和思考这个世界的，以及探索其意义并加以阐释。② 神鼓，在苗族人民的心中是最神圣的。因而，神鼓一经祭过、安位，除丧葬祭祀外，任何人禁止动神鼓。在古姓苗族看来，神鼓不仅有保人护寨的功能，还有预测功能。若神鼓自己响动，或有人肆意动鼓，都是灾难将至的预兆。

恩格斯在论及宗教时指出：它是“在最原始时代，从人们关于自己本身及其周围外部自然界的极愚昧、极朦胧、极原始的观念中发生的”。苗族原始初民在生产力极其低下的环境中，面对疾病、灾害等自然力时，充满恐惧，但碍于无能为力。所以，苗族人民臆造出被人格化、神化的“神鼓”这一神物。旨在通过祭祀神鼓、安置神鼓，达到护寨安民，家族成员幸福安康的作用。于是，神鼓被赋予“压寨鼓”的神职和相应的禁忌：

---

① Bruce M. Knauft, *Grenealogies for the Present in Cultural Anthropology*, New York: Pout-ledge, p. 10.

② ［美］格尔茨：《文化的解释》，上海人民出版社1999年版。

（1）使用场合。有人过世，或“除灵”祭祀需要鼓，方才允许“请鼓”，其余时间和场合一概不许随意敲鼓。

（2）人群。按传统，神鼓禁止妇女和外来人、小孩触摸。古姓苗族认为，此类人群触摸鼓，神鼓会失去保寨护民、保佑家族子孙后代兴旺发达的功能。

（3）不可落地。苗族鼓不可落地，从绕鼓至安位，乃至丧葬仪式中祭祀亡人皆不许。据了解，若神鼓着地，轻者神鼓失去其压寨保民的神效，重者则会给本家族的人带来重大灾难。

三　绕鼓词的珍贵价值

（一）语言学价值

语言和文化是相辅相成，你中有我、我中有你的关系，也是形式和内容的关系。正如萨丕尔所说：“每一种语言本身都是一种集体的表达艺术，其中隐藏着一些审美的因素——语音的、节奏的、形态的——是不能和任何别的语言全部共有的。”① 苗语绕鼓词中谐音词较多。从谐音的形式来说，取决于苗语的语音结构。从内容上看，谐音与苗族的文学传统、风俗习惯、民族心理相关。传统的绕鼓仪式是庄重严肃的，且鼓是神圣的、不可触碰的。因此，绕鼓流程体现了古姓苗族在绕鼓过程既祈求吉利、避凶驱邪的心愿，又含蓄委婉、忌直言的文化心理。谐音词的运用，也反映了苗族人民的语言崇拜心理。另外，《古姓苗族绕鼓词》以七言为主。绕鼓词中多押韵、押调的谐音现象，这和苗族诗歌韵律特征相同，即以押韵、押调达到增加诗歌音乐性的效果。例如，神鼓被请

① 萨丕尔：《语言论》，商务印书馆1985年版，第201页。

到掌坛师堂屋门时，掌坛师和背鼓人的对话中，用“［nzhuas］比，攀比”和“［ndrual］鼓”谐音，以达到谐音双关，祈求吉利、避凶驱邪的效果。例如：

Zhud zhed nos：mix yaos dus zhit dens lens？Mix yaos uat dus zhit lek？

主人问：你们是什么人？你们是做什么的？

Ndrout rongd deb：god yaos drik ndrual lek.

外面的人回答：我是背鼓的。

Zhud zhed：gaox drik dus zhit xib ndrual？

主人：你背的是什么鼓？

Ndrout rongd dak：god drik lek yaos nzhuas①chongb nzhuas gos、

外 面的人回答：我背的是攀比亲事、

nzhuas dob nzhuas jid、nzhuas ghongb nzhuas longt、nzhuas zhax nzhuas cod

多子多孙、粮食丰收、牲畜兴旺发达……

苗族鼓只适用于丧葬祭祀中。一般情况下，只有有人去世，鼓才能进别人家中。所以，鼓常常被认为是不吉利的。但背鼓人和主人的对话，因运用谐音同音词，巧妙地将不吉祥的寓意转变为祝福性的寓意。这反映出苗语谐音与苗族文化传统和民族心理相关。

另外，苗族绕鼓词中的谐音现象也有很多。例如：

Ib lobndrual loul youf zhit nded，

① 此处的“nzhuas 攀比”与“ndrual 鼓”谐音，谐音取义，取习水苗语中的“互相攀比”意。

Dingb dongx nyax gob lol ndif bleud,
Dlait shout njix ndrual youf zhit shab,
Zux denb ab loul nos dout luas shik ndab,
Dingb dongx dingb hlout aob daos nzhat,
Nyax gob nyaob blangb luas dek tlat.

第一、第二句押调，同为高平调；第三句至第六句既押韵，又押调。押韵、押调皆符合苗语诗歌韵律的特点，都起到了增加诗歌音乐性的功效。

（二）文化价值

文化是一个民族的标志。古姓苗族的绕鼓程序及其绕鼓词都有很大的文化价值。从古姓苗族绕鼓词中可以了解古姓苗族的神鼓的祭祖作用和丧葬文化。例如，“……一根老木两头通，两尺两长绕来祭祖宗。……铃铛、铜、金银装鼓心，挂在吊鼓木又不高。老人听见都说鼓绕得好，铜、铁叮叮两边钉。金银怀中欢，笙鼓配对震动天庭。万代子孙超度老人”。神鼓在古姓苗族丧葬习俗中占据着重要角色。苗族老人过世后，一般要在堂屋右边挂吊鼓木挂神鼓，然后芦笙师及敲鼓的人协同指路师一起吹笙打鼓超度老人，神鼓的音响要配合芦笙曲和指路师的指路节奏。例如，当古姓苗族老人过世，安葬逝者的那天凌晨，指路师要告知亡者，亡者就要和自己的儿女道别了。这时，亡者的女婿，儿女等要哭诉的哭诉，吹芦笙的吹芦笙给老人送别。这时的芦笙曲哀婉而忧伤，鼓声浑厚而沉重，听者泪如雨下，哭丧者痛不欲生。所以说，苗族神鼓具有沟通死者的作用。

四　苗族鼓的历史演变及原因

随着社会的发展，习水县古姓苗族绕鼓仪式出现仪式简化、仪式变得不再庄严的现象，这是经济发展、文化接触、苗族人思想意识淡化、价值观发生转变、苗族传统文化缺乏传承人等外在和内在因素综合作用的结果。因此，保护苗族传统文化，传承和弘扬苗族传统文化势在必行。

（一）绕鼓程序简化，失去庄重感

现在的古姓苗族绕鼓程序简化，失去了其庄重感。神鼓绕好，在山上，人们不再吹笙打鼓，取鼓声，而是选择回到家中和试鼓声一并举行。且神鼓请回家，鬼神的祭祀适可而止，芦笙师把“祭鼓芦笙曲”循环吹奏几次，掌坛师就将神鼓安位了。笔者在实地参与古姓苗族家族的绕鼓仪式时，结合苗族老人对传统绕鼓仪式的描述，发现古姓苗族绕鼓流程及其文化随着时代的发展逐渐简化，不得不为苗族传统的绕鼓文化可能面临的消失感到担忧。

绕鼓仪式在老一辈人的眼中是无比庄重的事情。他们绕鼓时程序复杂，每个参加绕鼓仪式的人都要言语行为谨慎。但如今的绕鼓仪式几乎没有什么禁忌可言。绕鼓那天随便在山上找一块用脚踏能踏出声音的空地就开始绕。

（二）神鼓失去其神秘性

按传统，绕鼓期间，小孩和妇女都不能触摸神鼓的，但现在已经不再讲究。绕鼓前，妇女可以帮忙背鼓身及所需材料上山，神鼓制好，妇女也可以请神鼓下山。神鼓请到养鼓人家中，鬼师对神鼓祭祀完毕后，按理芦笙师要吹奏整夜的芦笙曲祭祀神鼓。可是现在，芦笙师吹芦笙只轮回几次就休息了，鬼师也手忙脚乱安位神鼓，整个绕鼓仪式就算结束。将现在的神鼓制作流程和祭祀仪式与传统的对比，可以明显看到古姓苗族神鼓制作流程和祭祀仪式不再体现庄严性。

五　苗族鼓历史演变的原因分析

（一）新事物的出现

回龙镇洞湾村民族成分单一，以汉族为主体民族，汉民族以苗族分布为圆心向四周扩散分布。古姓苗族和汉民族相处长达几十年，在这几十年里，苗、汉民族互通有无，包括语言、文化方面的互通。例如，传统上，古姓苗族的丧葬仪式中无唢呐或汉族道士作法的。由于文化的接触和影响，古姓苗族的丧葬仪式中，近年来也出现了汉族道士在苗族丧葬仪式上与苗族鬼师一道举行“砍围城”、安葬等仪式。虽然两个民族的师傅在丧葬祭祀中各司其职，但我们可以看出唢呐和道士先生等新事物加入苗族丧葬祭祀中，在一定程度上丰富了苗族丧葬文化的内容。从另外角度看，新事物的出现，也促使苗族鼓文化的社会地位在下降。这一系列的现象都说明，民族间的接触在一定程度上，居于优势地位的民族会对处于劣势地位的民族的文化造成一定的影响。

（二）思想观念淡化，价值观的转变

改革开放如春雷一般吹响祖国大江南北，新时代的到来，社会经济的快速发展促使古姓苗族为了脱贫致富，改变家庭经济情况，踏上

出省挣钱的道路。部分年轻人从小在校接受学校教育。所以，古姓苗族的绕鼓仪式，丧葬仪式，芦笙曲，婚姻礼词仅仅保留在苗族老年人心中，年轻人无暇关注本家族的传统文化，很多年轻人由于常年在外，外面的新鲜事物层出不穷，他们的视野得到拓宽，价值观、思想意识发生了改变，他们认为本民族的传统文化是陈旧的、古老的，苗族文化和苗族人民的思想应该与时俱进，所以主张应该撇弃苗族古老的文化，而丧葬仪式、婚姻仪式等也都该简单处理。苗族年轻人思想意识淡化，对本民族传统的、优秀的文化缺少兴趣，因而没人会在逢年过节归家之时提起芦笙演奏，走村访寨拜师学艺传承苗族传统文化，更多的是终日手机不离身，关注虚拟世界里的好友心情和状态，或者是通宵的打牌等。

（三）文化传承后继无人

上述两点是造成习水县古姓苗族传统文化传承、保护后继无人的直接原因。这造成古姓苗族文化传承人出现断层：传统的、经典的苗族文化仅仅保留在老年人心中，他们在世的时候是文化上的继承者，是古家文化的代言人，标杆。古姓苗族传统绕鼓文化等传统优秀文化其实在老年人的肩膀上扛着，年老的他们不再是将苗族文化发扬光大，而是在“一步一个脚印”地将苗族文化带进另一个世界，与自己常相随。因此，以古姓苗族绕鼓文化面临的困境为个案，我们应该看到在文化冲击、民族接触的大背景下，文化的演变是一个普遍的现象，加强文化的保护力度，传承传统优秀文化是大势所趋。

六　保护苗族鼓文化的建议

（一）文化部门加强抢救，保护苗族鼓文化力度

绕鼓文化是苗族祖先崇拜文化的体现，它集古姓苗族历史文化、民间文化、传统文化于一体。绕鼓和他们是铁链式的关系，苗族绕鼓仪式消失，与之相关联的民族民间文化便会消失殆尽。因此，我们建议当地文化部门应该加强苗族文化保护，加大抢救力度，培养一批专业人才，深入实践，尽力抢救苗族文化，通过田野调查法、文献资料法记录苗族绕鼓文化及其丧葬文化，最终以著作或文献等成果永存绕鼓文化。另外，文化部门还应加大资金投入，鼓励苗族树立保护、传承苗族传统文化的思想意识，让苗族绕鼓文化处于欣欣向荣的局面。

（二）增强文化传承、保护意识，留住苗族文化的根

新时期，我们认为古姓苗族的家族成员在发展经济、追求幸福生活的同时，还应树立正确的世界观、价值观和保护、传承苗族传统文化的思想意识。应该认识到绕鼓文化是古姓苗族千百年来祖辈传承下来的宝贵财富，人人都有传承和发扬光大的历史使命。除了学习校园知识外，还要认真学习苗族绕鼓文化，学习绕鼓词、芦笙曲、指路经、婚姻歌等内容。平时，多拜访有威望的苗族文化传承人，熟练掌握苗族传统文化，留住苗族文化的根，守住祖辈留给我们的财富。在时间的流逝中，让这财富“雪球”式的发展，向世人展现古姓苗族绕鼓文化及传统文化的精彩魅力。

（三）培养新生代苗族传统文化传承人

洞湾古姓苗族古成万老人常感叹：“哎！苗族文化可能到我这一辈

就完了。因为没有年轻人愿意学，我在世的时候，逢人婚丧嫁娶，我还能唱《婚姻理词》《指路经》。假如我不在了，古家的一大堆事情怕是无人处理……”这感慨满载老人沉重复杂的心情和为苗族文化可能面临消失的担忧和悲痛。老一辈渐渐老去，苗族文化可能面临濒危的困境，因此，培养新生代苗族文化传承人是拯救、传承、保护苗族传统文化的必然选择和大势所趋。

如何培养苗族文化传承人？我们认为除了实地调查将苗族传统文化以文献的形式保存下来以外，还应培养“新生代”苗族文化传承人。作为家长，要让孩子接受学校教育，还要让他们熟知绕鼓流程及绕鼓词，学唱苗族《婚姻理词》《指路经》，掌握苗族婚丧嫁娶风俗习惯及其礼节、仪式。新一代苗族年轻人在与时俱进的同时，要努力做好苗族文化保护者，传承人，从我做起，进而推动大家一起努力。这样，古姓苗族传统文化才能经久不衰，熠熠生辉。

七　结语

绕鼓文化是习水县古姓苗族祖先崇拜的体现。绕鼓文化是古姓苗族人民的精神食粮。随着社会的变迁，经济的发展，苗族青年人思想观念、价值观念的转变，古姓苗族绕鼓文化也在发生演变。因此，政府、文化部门应加大古姓苗族绕鼓文化的保护力度，苗族年轻人树立正确的文化保护认识观，才能保住苗族文化的根。透过苗族绕鼓，我们可以窥见神鼓关于古姓家族的源远流长的历史文化，这是它的古老性。神鼓与苗族的丧葬习俗密不可分，其有不同的功能，是祭祖的标志，这是它的神秘性。我们要立足于苗族绕鼓仪式和丧葬习俗，追寻古老而神秘的苗族神鼓。

文化产业

“无景点”旅游发展研究

——以贵州为例

班朝庆*

摘　要：随着旅游业的发展，我国的旅游者已经逐渐成熟，不受旅行社安排和约束的、自由自在的“无景点”旅游这种个性化旅游方式越来越受广大消费者青睐。相对于传统的“景点”旅游而言，“无景点”旅游是一种休闲的旅游方式，其特点是在收门票的景区（景点）之外的景点，旅游者自主、自愿、自助的旅游休闲。贵州生态良好，多彩的民族文化，丰富的特色物产，处处是风景。但由于贵州经济发展滞后，各“无景点”旅游点存在着基础设施建设、民族文化保护与传承、管理者服务意识、生态环境建设跟不上发展需要等诸方面的问题。因此，需要转变旅游发展理念，在政府的主导下，结合实际，创新举措，整合资源和项目，加大“无景点”旅游发展力度，以形成贵州旅游新高潮，推动贵州经济社会健康发展再迈新台阶。

关键词：“无景点”旅游；发展对策

---

* 班朝庆，中共贵州省委政策研究室研究员，研究方向：民族文化保护。

贵州经济要发展、老百姓生活奔小康，守住生态底线是关键，走一条有别于东部，不同于西部其他省份的新路是必然的选择。新路在哪里？结合贵州自然资源和生态环境实际，大力发展“无景点”旅游无疑是一个非常好的选择。这不仅有助于保护生态环境，提高老百姓的收入水平，而且可以推动产业结构的转型升级，促进贵州经济社会的繁荣和健康发展。

一 “无景点”旅游的发展与内涵

（一）“无景点”旅游产生的背景

2007年9月10日，《西安晚报》一篇《无景点旅游悄然走俏》，使“无景点”旅游成了城市报刊、网络等众多媒体在当年“十一”黄金周后关注的热点，学术界对“无景点”旅游的讨论和研究也越来越多，越来越深入，并成了中国旅游行业一个新的专业术语。

“无景点”旅游会在2007年“黄金周”后成为旅游行业和各种媒体关注的热点，有其深刻的经济社会发展背景。一是旅游者随着旅游业的发展而逐渐成熟。随着改革开放的深入推进，人民物质文化生活水平的大幅提高，旅游、休闲、度假逐渐成为人们享受业余生活的一种生活方式。在经过诸多景区的旅游历练后，旅游者已经逐渐成熟且越来越追求个性化的旅游。二是旅游基础设施日臻完善。为调整产业结构，增强经济社会的可持续发展能力，全国各地都在大力发展旅游业，不断加强旅游交通、住宿等基础设施建设，完善娱乐、购物和休闲等服务设施，为游客提供便捷的服务，以增强景区的吸引力。三是游客难以从同质化的景区中获得个性化的体验满足。急功近利的思想驱使各类景区经营者大肆开展一些相近或相似的娱乐项目和设施建设，以获取短期的暴利。游客很难从这些千篇一律的同质化项目中获得满意的体验。四是门票价格暴涨和包括“黄金周”在内的节假日景区人流如潮，使游客难以获得满足感。通货膨胀，物价上涨，人力成本增加，导致各景区门票价格大幅度上扬。同时，由于休假制度的落实不力，以至于在“黄金周”出游的人流量大大增加，休闲放松的旅游变成了出游找罪受，这迫使旅游者不得不寻求新的旅游方式，以满足自身的旅游需求。在这种背景下，“无景点”旅游成了人们出游休闲的必然选择。

（二）“无景点”旅游的内涵

“无景点”旅游，顾名思义就是到不收门票的非著名景点去旅游、休闲和度假。其显著特点是自主、自愿和自助。自主就是不受旅行社约束，游客自行决定景点、行走的线路和落脚点；自愿就是游客自由组合，出发时间和开销等共同商议决定；自助就是根据行程，自主选择交通工具。与传统旅游不同的是，“无景点”旅游的旅游者追求的是一种“心之所向，行之所至”的休闲生活状态，把自己融入大自然中，随性而行，或行走于某个古老的小巷，或行走于某个民族村寨，或穿越乡间溪流；随机而停，坐下来品品茶，尝尝特色小吃，欣赏田园风光，体验民风民俗。在这种“无景点”旅游休闲体验中，旅游者调整了身心，收获了快乐。

二　贵州大力发展“无景点”旅游的意义

（一）“无景点”旅游是推动贵州旅游业发展的“强心剂”

“八山一水一分田”的地貌特征，造就了贵州处处是公园、满眼皆美景的丰富旅游资源。“一山一水一风情”，由于世居少数民族多，且山水相隔，生活习惯各异，造就了贵州多彩的民族文化。这些非常符合“无景点”旅游者“随性随意”的个性旅游追求。特别是随着高速铁路的开通，贵州已经成为中国一大旅游热点，每到旅游高峰季节，各旅游景区宾馆一房难求。同时，随着“村村通”基础设施逐步完善，很多民族村寨和无人问津的峡谷、河滩、河谷、溪流等都成了“无景点”旅游者休闲放松、徒步、自驾游的旅游热点。这对推动贵州旅游业的快速发展起到了“强心剂”的作用。

（二）“无景点”旅游为山地特色生态农业带来发展新机遇

“无景点”旅游，不仅为我们这些非著名景区的旅游点带来了游客，而且增加了当地百姓的收入。“无景点”旅游者具有尝新、看奇和体验特殊文化的个性化需求，他们每到一处，就想尝一尝当地的特色饮食、品一品当地“道地”的农产品、体验一下当地的农事生产活动。临走时，他们还会采购一些当地的土特产品回去与家人或朋友分享。这就要求我们结合当地的农耕文化、饮食文化和“道地”物产来开发具有山地特色的生态农产品，以满足旅客的消费需求。

（三）“无景点”旅游是促进工业发展的新动力

旅游者在“无景点”旅游区除了玩得开心、住得舒心、吃得爽心之外，还想带回去点具有乡土特色和民族特色的工艺品、农产品等，这就为当地延长产业链，发展农产品加工业、民族工艺品加工业等带来了新的动力。而且这些工业产业的发展和消费者需求的不断提升，必然要求改造和提高制造工艺，从而进一步推动制造业的繁荣发展。

（四）“无景点”旅游有利于促进民族文化传承与保护

在旅游景点开发严重同质化的今天，旅游者在“无景点”旅游区域想要看到的是纯正的民族文化，想要体验的是原汁原味的真正的民族风俗和风情。因此，为吸引更多的游客来参与体验，很多“无景点”旅游区域的居民，在当地政府的引导下，都会主动参与民族文化的历史传承和保护。

（五）“无景点”旅游有利于提升服务业的专业化水平

在市场经济高度发达的当今社会，服务的质量和水平是赢得顾客的重要竞争力。在“无景点”旅游区，无论是商家还是农民，其提供服务的质量和水平，往往决定了他们收入的多少。这就促使他们在服务和经营的过程中，不得不转变观念，主动思考和学习怎样提升顾客的满意度，提高顾客的回头率，从而促进全省服务行业专业化水平的提升。

三　贵州“无景点”旅游资源的特点

（一）“无景点”旅游区多、小、散

山多、坝子多、溪流多和峡谷多的独特地貌特征，造就了贵州丰富的“无景点”旅游资源。同时，由于山大、谷深、路窄、坝子小，居民居住相对分散，导致这些景点不仅小，而且比较分散。如黔南布依族苗族自治州的长顺县，就有白云山白云寺、天台中华银杏王、摆塘秋坡、威远青龙山和潮井湿地公园、鼓扬镇古羊河、敦操乡黄花寨电站等近十个“无景点”旅游点。这些景点不仅比较小，而且很分散，各景点之间的距离比较远，开发难度比较大，短期内很难见成效。

（二）“无景点”旅游区民族文化资源丰富

“地无三里平，人无三分银，十里不同天，百里不同俗”是对贵州的地理、气候特征、过去居民的生存状态、民俗民风的形象描述。过去，贵州各民族为了生存和发展，聚族而居，或依山，或傍水，形成了丰富多彩的民族文化和风俗习惯。如长顺县鼓扬镇古羊河两岸班氏家族大年初三的“开酒坛”、西秀区大西桥镇九溪村的“放河灯”、都匀市阳和水族乡的“过端”等。

（三）“无景点”旅游区生态环境良好

在贵州世居少数民族眼中，“护寨林”是一个村寨饮水之源、衣食之源；“坟山”上树林的茂密程度，象征着一个家族人丁兴旺与否。因此，大部分村寨有保护“护寨林”和“坟山树”的传统，有效保护了当地的生态环境。同时，因为交通基础设施建设滞后，无论是城郊河滩，还是深山峡谷，无论是乡间田野，还是山涧溪流，过去鲜有人光顾，环境很少受到人为破坏。特别是实施退耕还林、还草和生态移民政策以后，贵州很多地方的生态环境得到了较大程度的恢复。良好的生态环境为贵州开展“无景点”旅游奠定了坚实的生态基础。

四　贵州“无景点”旅游存在的问题及原因分析

（一）“无景点”旅游区开发滞后

在错误政绩观的主导下，全省各地改革开放以来都在一味追求 GDP 数据的增长，偏重于开发对 GDP 数据增长明显、财政收入贡献大的风景名胜区和大景点，而忽略了能给老百姓增收带来明显效果的、名不见经传的“无景点”旅游区。在省级旅游发展规划中，也鲜有提及“无景点”旅游区的发展。以至于全省各地很多具有旅游开发价值、可给老百姓带来持续增收的“无景点”旅游区域基础设施建设滞后，无公共厕所、无污水处理、无垃圾处理等问题普遍存在。

（二）“无景点”区域的民族文化缺乏保护与传承

20 世纪 80 年代以来，由于国家在少数民族文化教育方面的缺失，以及少数民族对自身历史文化价值的错误认识，随着外出务工人员的增多，在外来文化的影响下，贵州很多精湛的民族工艺、优美的舞蹈、动听的音乐、漂亮的服饰、极具效果的医药和设计科学的民族建筑等逐渐失传，甚至一些古建筑因年久失修或征地拆迁而消失不见。因此，在很多“无景点”区域内，“死了一个人，亡了一门艺”已经成为一种普遍现象。

（三）“无景点”区域生态环境保护形势严峻

随着人们休闲度假、探险旅游等活动的增多，全省各“无景点”区域的生态环境形势也越来越严峻。一是游客在景点开展活动对当地植被的破坏；二是游客因环境意识和生活习惯，随意扔弃各种生活垃圾对生态环境造成污染；三是当地群众因缺乏生态环境保护意识，生产和生活产生的固体废弃物、生活污水等对生态环境造成污染。

（四）“无景点”区域服务意识落后

旅游者在“无景点”旅游区域常常遇到买不到水喝、找不到饭吃、找不到地方上厕所的尴尬和困难。一方面是因为“无景点”旅游时代的快速到来，让各级政府始料未及，缺乏对“无景点”旅游的科学认识，没有及时进行旅游基础设施建设；另一方面由于长期受自给自足的小农经济意识的影响，“无景点”旅游区域缺乏商业服务理念，没有针对性地及时地开展相关旅游服务。

五 “无景点”旅游区发展的对策

（一）整合资源，增强“无景点”旅游区吸引力

“无景点”旅游区域“留住游客，招来回头游客”最好的办法，是让游客参与当地的农事或民俗文化等体验活动，把时间留在景区。因此，一方面要把各个小景点串联起来，采取优势互补的原则，对资源进行有效整合，让游客在每个小景点都有不同的体验和感受；另一方面要把餐饮、民俗活动、农耕生产等进行统筹和规划布局，让游客乐在其中，美在其中，流连忘返。

（二）整合项目，加强“无景点”旅游区基础设施建设

盈利是商家开展商业活动的唯一目的。“无景点”旅游点由于很难让商家获得丰厚的利润，故鲜有商家选择投资。因此，“无景点”旅游点的基础设施建设只能依靠政府投入。这就需要突破过去“撒胡椒粉”的做法，对国家和省级的项目（包括道路、水利、农业、科技和扶贫等）进行整合打包，集中资金，分类分批重点打造，努力实现一年一小变，三年一大变。通过5—8年的建设，力争大部分“无景点”旅游区基础设施得到明显改善。

（三）创新举措，加大少数民族文化资源的保护力度

一个民族文化的消亡既是该民族的悲哀，也是一个旅游景区的财富损失。民族文化资源是“无景点”旅游区域的亮点，是魅力所在，是游

客体验的核心内容之一。保护少数民族文化，一是政府要把对文化资源的保护列为景区开发或招商引资的前置条件，明确具体的投资比例和额度；二是要深入挖掘“无景点”旅游区域少数民族文化资源内涵，并赋予现代艺术的表现形式，焕发民族文化的时代魅力；三是把“无景点”旅游区域民族文化资源转化为生产力，转化为资本，提升其经济价值，从而增强少数民族的民族自信心、自豪感，少数民族文化才能后继有人。

（四）教育培训，提升“无景点”区域群众的服务能力

服务的质量和水平，不仅决定了顾客的多少，而且决定了服务提供者收入的多少。因此，要提高“无景点”旅游区域群众的收入，必须提高他们的服务能力。这要求政府必须做好三个方面的工作：一是提升当地群众对“无景点”旅游资源的认识，让他们意识到资源就是财富，只有主动去传承、开发和保护，才能有发展前景；二是要积极引导当地群众转变观念，培养他们的商业意识，把“无景点”旅游资源作为优质商品来经营；三是当地的劳动保障部门要利用好职业技能培训政策，对“无景点”旅游区域的群众开展餐饮、酒店服务等技能培训，切实提高他们的服务能力和水平。

（五）积极引导，加快特色产品的开发与保护

特色产品是“无景点”旅游区的重要吸引力之一。因贵州高原山地不同区域有不同的自然资源和小气候，造就了丰富独特的农业产品资源；不同区域、不同民族、不同的生活习惯，形成了当地丰富的特色食品。为增强“无景点”旅游区的吸引力，一是要引导当地居民加大对当地特色物产的保护，增强他们拥有的自豪感和保护的成就感；二是当地

政府要积极向国家有关部门申请产品原产地标识；三是要借用现代科学技术手段，在对特色农产品和食品进行保护的同时，进行深度开发和大力宣传。

（六）政府主导，加大生态环境建设与保护宣传力度

“无景点”旅游区环境问题产生的根源，主要是当地居民日常生活垃圾排放、生活污水排放和游客户外娱乐、购物消费等行为产生的破坏生态环境后果。为切实保护好生态环境，增强“无景点”旅游区魅力的持续性，一是要通过建立和实施生态环境保护与宣传教育机制，切实增强城镇居民在环境保护方面知法、守法、护法和用法的意识，培养责任感和使命感；二是要帮助当地居民建立保护环境的行为机制，激发当地居民的环保热情，主动参与环境保护并约束自已消极的破坏环境行为；三是除当地居民自筹资金外，要积极整合“美丽乡村建设”“旅游厕所革命”等项目资金，加大“无景点”旅游区环境基础设施建设。

民族文化创意产业竞争力评价体系研究

——以贵州为例

令狐克睿*

摘　要：在知识经济时代的今天，文化创意产业成为提升区域竞争力的重要力量，越来越受到关注。贵州民族文化资源丰富，民族文化创意产业的发展对贵州实现跨越式发展有着重要的作用。本文结合贵州民族文化创意产业的特点，对钻石模型的要素进行改进，构建民族文化创意产业的竞争力评价体系，采用层次分析法确定评价指标的权重。

关键词：民族文化创意产业；评价体系；钻石模型；层次分析法；贵州

文化创意产业有助于拉动国家及地区经济增长、改善产业结构、促进就业和树立现代城市形象等，对国家和地区竞争力提升具有重要意

* 基金项目：贵州省教育厅2014年硕士点项目“贵州民族文化创意产业竞争力评价研究”阶段性成果（14SSD021）；贵州民族大学省级特色重点学科“新闻传播学”建设成果。

令狐克睿，女，贵州桐梓人，贵州民族大学传媒学院副教授，硕士研究生，研究方向：文化产业管理。

义。文化创意产业在西方发达国家已兴起多年并且发展成熟，我国发达省份和地区也率先推动文化创意产业发展并取得一定成就。贵州作为西部欠发达地区，在经济和文化发展上还较落后，但后发赶超势头较猛，近年来，文化创意产业发展也被提升到全省战略高度。贵州具有丰富的少数民族文化资源和文化遗产，多姿多彩的民族文化特色吸引着海内外的广泛关注，民族文化在贵州的经济和文化发展中占有非常重要的地位。将贵州的民族文化与创意产业结合起来思考贵州民族文化创意产业的发展和竞争力具有重要意义，而衡量民族文化创意产业整体竞争力的关键是构建科学合理的评价体系。

本文将以文化创意产业评价的经典理论和方法为基础，结合贵州民族文化创意产业发展的特点，构建贵州民族文化创意产业的评价体系，并通过层次分析法（AHP）确定各层次指标的权重，从而为贵州民族文化产业竞争力的评价和产业的未来发展提供参考。

一　文化创意产业内涵及贵州民族文化创意产业现状

（一）文化创意产业的内涵

从国外来看，1998 年，英国提出的创意产业是指那些源于个人创造力、技能和天分，通过知识产权的开发和利用，有潜力创造财富和就业机会的产业，并将创意产业分为 13 类，即广告、建筑、美术和古董市场、手工艺、设计、时尚、电影、互动休闲软件、音乐、表演艺术、出版、电脑软件、电视和广播。凯夫斯（2004）将创意产业等同于文化产业，[①] 内容涉及创造和文化、属于知识产权保护对象的所有经济活动都

---

① UK. *The Government Creative Task Force*. Creative Industries Mapping Documents, 1998.

看作文化创意产业。①

国内对文化创意产业的定义和分类比较典型的是北京市统计局发布的《北京文化创意产业的分类标准》（2006），对文化创意产业定义为：以创作、创造、创新为根本手段，以文化内容和创意成果为核心价值，以知识产权实现或消费为交易特征，为社会公众提供文化体验的具有内在联系的行业集群，分类标准为：文化艺术、新闻出版、广播、电视、电影、软件、网络及计算机服务、广告会展、艺术品交易、设计服务、旅游、休闲娱乐、其他辅助服务。该分类与英国分类标准类似。厉无畏和于雪梅（2007）在对英国和欧盟关于创意产业和文化产业的概念和分类进行梳理的基础上，将我国创意产业分为三部分内容：一是通常所指的文化及相关产业；二是与通信和网络相关的软件、游戏、动漫等内容产业；三是与传统产业相关的各类设计、咨询策划等产业，包括工业设计创意、建筑审计创意和咨询策划创意等内容。②

由此可见，国内外对文化创意产业的定义都强调文化和创意的密切相关，在当前的互联网环境下，文化创意产业既是文化与创意的融合，也是文化创意与现代制造、服务和互联网信息技术、大数据产业的融合。

（二）贵州民族文化创意产业现状

贵州具有丰富的民族文化资源，其中典型的苗、侗、布依、仡佬族等民俗文化，在民族服饰、旅游商品、建筑、美术、舞蹈、音乐、戏剧、影视、时尚、手工艺和饮食等方面都有明显体现，不同的民族文化

① ［美］凯夫斯：《创意产业经济学——艺术的商业之道》，孙绯等译，新华出版社 2004 年版。

② 厉无畏、于雪梅：《中国和欧洲城市创意创业发展的比较研究》，《世界经济研究》2007 年第 2 期，第 51—56 页。

又有着不同的特色。贵州省政府目前也大力推进民族文化创意产业发展并取得了一定成就，典型的有“多彩贵州”“西江千户苗寨”“侗族大歌”“布依傩戏”“台江刺绣”“苗族服饰”等民族文化创意品牌，并形成多彩贵州文化产业园区、多彩贵州文化艺术创作基地等。通过民族文化创意博览会、民族文化旅游活动、国际大数据博览会、世界生态文明论坛、茶博会、酒博会、多彩贵州歌唱舞蹈大赛以及一系列民族文化影视作品促进贵州民族文化创意品牌发展和对外推广。

贵州得天独厚的民族文化资源为贵州省实现后发赶超奠定了资源基础，近年来，贵州大力发展大数据产业，推出“云上贵州”系统平台，并与BAT、富士康等知名企业有着大型项目合作，使贵州有了后发赶超的助力平台，贵州民族文化创意产业如果与科技创新融合，将能够推出更多创新的民族文化创意产品，提升贵州民族文化创意产业的竞争力。

二　文化创意产业竞争力评价理论

文化创意产业竞争力评价一般结合竞争力评价理论构建评价指标体系，而评价指标体系构建有两个关键问题：首先，通过科学的方法构建有代表性的指标体系。其次，对各指标赋予科学合理的权重。就指标体系构建理论来看，主要包括两种类型：一类以波特“钻石模型”为基础不断拓展和修正；另一类从文化创意指数角度构建竞争力评价体系，包括欧洲、中国香港、上海创意指数等。

研究产业竞争力问题，实际上是要分析一国或者地区政治、经济、社会、文化等因素如何综合影响该产业竞争力。钻石模型是用来分析一个国家或地区竞争力的宏观分析工具，该模型将特定产业的竞争力归纳为六个要素，即生产要素、需求条件、相关与辅助产业、企业战略结构及同业竞争四个基本要素，还有机会和政府两个变量[①]。六方面因素相互影响、相互作用，共同构成了一个动态的竞争环境。

目前国内外关于产业竞争力影响因素的研究大多是根据本地区实际情况对钻石模型不同程度的拓展和修正，如“双钻石模型”考虑了加拿大本国六要素相互之间的联系，[②]“Porter-Dunning”模型在钻石模型基础上考虑跨国公司行为的影响，形成包含产业竞争力七大因素的“九要素模型”，[③]认为韩国的产业竞争力的决定因素有相关产业状况、自然条件、产业商业氛围、市场需求、人力因素（包括企业主、政治家、职业经理人、工程技术人员等构成）和外部偶然因素；朱春奎（2003）将生产要素供给、竞争过程和外部环境三方面作为产业竞争力主要来源；[④]芮明杰（2006）在钻石模型的基础上增加知识创新与吸收能力两个影响因素作为产业竞争力持续提升的动力，从而形成“新钻石模型”。[⑤]另外，于泽（2011）以钻石模型为基础，结合文化产业的各行业特点和研究目的，在原有六个要素基础上进行改造，增加了创新能力、产业影响力要素，构建了8个一级指标[⑥]；詹一虹（2014）基于钻石模型将“科技应用力”纳入评价指标体系当中，构建了文化产业竞争力7个一级评价指标[⑦]。由此可见，钻石模型成为一个基本理论模型，学者们在此基

---

① ［美］波特：《国家竞争优势》，华夏出版社2002年版。

② Rugman A. M. , D'Cruz J. R, Te Double Diamond, “Model of International Competitiveness: The Canadian Experience”, *Management International Review*, *Second Quarter*, 1993, 33 (2): 17 – 39.

③ Dunning J. H. , Internationalizing Porter's Diamond, *Management International Review*, *Second Quarter*, 1993, 33 (2): 7 – 15.

④ 朱春奎：《产业竞争力的理论研究》，《生产力研究》2003年第6期。

⑤ 芮明杰：《产业竞争力的“新钻石模型”》，《社会科学》2006年第4期。

⑥ 于泽：《基于钻石模型的城市文化竞争力评价体系设计》，《科技管理研究》2013年第11期。

⑦ 詹一虹、周雨晨：《文化与科技融合视角下文化产业竞争力评价体系研究》，《广西社会科学》2014年第11期。

础上结合实际情况进行修订，从而构建出更加符合现实情况的理论模型。

除了通过对钻石模型修订而构建产业竞争力评价体系，部分学者从文化创意指数的角度构建竞争力评价体系，典型的有欧洲创意指数、香港创意指数和上海创意指数。Florida（2002）提出用创意指数衡量创意产业或文化创意产业的创新性和竞争——3T 理论，包括技术、人才和宽松愉悦的环境；① 香港中文大学文化政策研究中心对香港的城市竞争力建立了创意指数“5C”模型，即人力资本、创意成果或产出、社会资本、结构及制度资本、文化资本 5 种要素，其衡量范围包括：经济贡献、经济部门中富有创造力的活动、非经济回报的创造力；② 上海创意经济中心（2005）借鉴欧洲和香港创意指数体系框架，编制由产业规模、科技研发、文化环境、人力资源、社会环境 5 大部分组成的上海城市创意指数体系。③ 由此可见，文化创意指数从多个方面衡量文化创意产业竞争力，各地区在使用时根据地区实际情况进行修正，将更加真实地反映地区文化创意产业竞争力。

三　贵州民族文化创意产业竞争力评价体系构建

（一）贵州民族文化创意产业竞争力评价指标的选取

钻石模型是衡量产业区域竞争力的重要理论模型，由生产要素、需求条件、相关与辅助产业、企业战略结构及同业竞争四个基本要素以及

---

① Florida R.，*The Rise of Creative Class：And How It's Transforming Work，Leisure，Community and Everyday Life*，New York：Base Books，2002.

② HK，Baseline Study on Hong Kong's Creative Industries—A Study on Hong Kong Creativity Index，2004.

③ 上海创意产业中心：《上海创意产业发展报告》，上海科学技术文献出版社 2006 年版。

机会和政府两个变量构成。[①] 但不同产业和区域竞争态势的差异非常大，因此，应当考虑不同行业和区域的特点对钻石模型进行修正和改进再运用，本文根据文化创意产业的文化、创意与现代科技的相融合及贵州民族文化特色，结合文化创意指数的内容，对钻石模型改进，以此构建民族文化创意产业竞争力评价指标体系。

首先，比起传统产业贵州民族文化创意产业还刚起步，行业发展涉及文化、创意、高新技术、现代制造服务等多行业融合，行业界限被打破，因此，用企业战略结构及同业竞争要素衡量文化创意产业较难准确反映真实竞争情况；其次，机会对产业的发展具有重要的作用，但用于衡量一个产业竞争力时，机会很难转变成具体的衡量指标，因此，我们将不采用这两个因素；再次，文化创意产业本身具有文化、创意和高新技术融合的特点，文化产品创新显得尤为重要，科技服务业将会促进科技创新能力的提升，[②] 近年来，贵州借助大数据产业的发展作为民族文化创意产业发展的助力平台，推动贵州民族文化创意产业创新突破，因此，对贵州民族文化创意产业竞争力评价应当考虑将“科技创新能力”作为重要指标；最后，产业影响力与产业竞争力具有积极正向影响，产业现有影响力越大对产业未来的竞争力越有利。

最终，改进的钻石模型由生产要素、需求条件、相关与辅助产业、创新能力、产业影响力和政府六个要素构成。通过德尔菲法对各指标因素进行筛选并多轮次调查专家的看法，反复征询、归纳、修改，最后汇总成专家基本一致的看法作为指标体系结果。文化创意产业竞争力评价体系的目标指标是：文化创意产业竞争力（A），一级指标有六个要素分

---

① ［美］波特：《国家竞争优势》，华夏出版社 2002 年版。

② 李杰中：《基于区域创新能力提升的科技服务业发展影响因素分析》，《内蒙古农业大学学报》（社会科学版）2016 年第 2 期。

别为生产要素（B1）、需求条件（B2）、相关与辅助产业（B3）、创新能力（B4）、产业影响力（B5）和政府（B6），每个一级指标包含多个二级评价指标 C，每个二级指标又包含多个三级评价指标 D，最终形成 16 个二级指标和 37 个三级指标（见表 1）。

表 1　　文化创意产业竞争力评价指标体系

目标	一级指标	权重	二级指标	权重	三级指标	权重
文化创意产业竞争力（A）	生产要素（B1）	0.232	人力资源（C1）	0.081	文化创意从业人员本科以上学历的比重(D1)	0.027
					文化创意从业人数占就业总人数比重(D2)	0.027
					文化创意人员中高级职称研发人员比重(D3)	0.027
			基础设施（C2）	0.058	影剧院、艺术表演场所数量(D4)	0.029
					文化创意产业园区的数量(D5)	0.029
			文化资源（C3）	0.092	世界文化遗产数量(D6)	0.031
					国家级文化遗产数量(D7)	0.031
					省级文化遗产数量(D8)	0.031
	需求条件（B2）	0.074	收入情况（C4）	0.043	地区人均 GDP(D9)	0.022
					居民家庭人均可支配收入(D10)	0.022
			消费偏好（C5）	0.027	居民家庭人均文化消费(D11)	0.014
					居民家庭人均文化消费占消费支出比重(D12)	0.014

续　表

目标	一级指标	权重	二级指标	权重	三级指标	权重
文化创意产业竞争力(A)	相关与辅助产业(B3)	0.111	旅游产业(C6)	0.028	旅游产业收入(D13)	0.014
					接纳的游客人数(D14)	0.014
			高科技产业(C7)	0.020	高新技术企业数量(D15)	0.01
					高新技术文化企业数量(D16)	0.01
			教育产业(C8)	0.020	大学、科研院所数量(D17)	0.01
					在校大学生数量占城市人口比重(D18)	0.01
			信息产业(C9)	0.028	互联网普及率(D19)	0.014
					大数据平台数量(D20)	0.014
			会展产业(C10)	0.017	年举办国际会议数量(D21)	0.009
					年举办国际展览数量(D22)	0.009
	创新能力(B4)	0.274	创新成果(C11)	0.116	每百万人中拥有专利申请的数量(D23)	0.058
					获省级以上科技创新奖励数量(D24)	0.058
			创新潜力(C12)	0.154	高新技术企业数的增加百分比(D25)	0.051
					研发支出占 GDP 比重(D26)	0.051
					每一千人中从事研发的人员数量(D27)	0.051
	产业影响力(B5)	0.159	产业效益(C13)	0.059	拥有国内知名文化创意品牌数量(D28)	0.03
					文化产业主营业务收入增加值(D29)	0.03
			产业规模(C14)	0.101	文化创意产业增加值占全国比重(D30)	0.025
					文化创意产业增加值占当地 GDP 增加值比重(D31)	0.025
					地区文化创意产业总产值占第三产业比重(D32)	0.025
					文化创意产业企业数的增加百分比(D33)	0.025

续 表

<table>
<tr><th>目标</th><th>一级指标</th><th>权重</th><th>二级指标</th><th>权重</th><th>三级指标</th><th>权重</th></tr>
<tr><td rowspan="4">文化创意产业竞争力（A）</td><td rowspan="4">政府（B6）</td><td rowspan="4">0.151</td><td rowspan="2">资金投入（C15）</td><td rowspan="2">0.099</td><td>文化创意产业补贴占地区财政支出比重（D34）</td><td>0.05</td></tr>
<tr><td>地区文化产业基础建设资助额（D35）</td><td>0.05</td></tr>
<tr><td rowspan="2">政策支持（C16）</td><td rowspan="2">0.057</td><td>出台文化产业相关政策数量（D36）</td><td>0.029</td></tr>
<tr><td>出台文化产业相关法律数量（D37）</td><td>0.029</td></tr>
</table>

结合贵州民族文化创意产业的特点，我们对六个一级指标分别赋予了不同的含义。生产要素包括人力资源、基础设施和文化资源：人力资源涉及文化创意产业从业人员接受教育程度、职称结构、文化创意产业从业人员的比重等；基础设施主要表现为影剧院、艺术表演场所和文化创意产业园；文化资源包括世界、国家和省级文化遗产。需求条件包括收入状况和消费偏好，收入越高表明能够用于文化创意产业消费能力越强，但是否消费还要取决于消费偏好。相关与辅助产业包括旅游、高科技、教育、信息和会展五个主要的相关产业，各相关产业发展将对文化创意产业产生直接或间接影响。创新能力包括创新成果和创新潜力，创新成果直接表现为专利申请及创新获奖情况。产业影响力则从产业效益和产业规模两方面来体现，产业效益包括国内知名文化创意品牌拥有量及文化创意产业的收入，而产业规模主要表现在文化创意产业增加值及占第三产业和GDP的比重，另外，还包括文化创意企业数量的增加值；政府因素主要体现在政府资金投入和政策支持，政府资金投入有助于文化创意产业的建设，而政府政策支持更有助于文化创意产业成为有潜力的产业风向标。

（二）文化创意产业竞争力评价指标权重确定

本文采用层次分析法（AHP）确定文化创意产业竞争力评价体系各层次指标的权重。基本过程如下：

第一步：构造判断矩阵。通过对评价指标两两比较而得出（见表2），其中表示指标对指标的相对重要性的值，判断矩阵中值的含义通过标度含义表来确定（见表3）。

表2　　判断矩阵

R	r1	r2	…	rn
r1	r11	r12	…	r1n
r2	r21	r22	…	r2n
…	…	…	…	…
rn	rn1	rn2	…	rnn

表3　　标度含义

标度含义	极端重要	尤其重要	明显重要	稍显重要	同样重要	稍不重要	不重要	很不重要	极不重要
标度值	9	7	5	3	1	1/3	1/5	1/7	1/9

为了避免判断的主观性，我们邀请20多位专家对各指标重要性进行逐个对比，采用1—9的标度值标准（其数字含义见表3），对指标的重要性程度进行专家打分和评价。通过德尔菲法进行多轮不断地对比、汇总、修正，直到各专家的结果趋于一致，才算得到比较满意的权重结果。首先对六个一级指标的权重进行确定，通过多次判断，最终得到文化创意产业竞争力评价指标的判断矩阵如下（见表4）：

表 4　　竞争力一级评价指标的判断矩阵 A

A	B1	B2	B3	B4	B5	B6
B1	1	3.46	2.24	0.82	1.24	1.63
B2	0.29	1	0.86	0.26	0.36	0.55
B3	0.45	1.16	1	0.45	0.76	0.83
B4	1.22	3.85	2.22	1	1.68	2.03
B5	0.81	2.78	1.32	0.6	1	0.72
B6	0.61	1.82	1.2	0.49	1.39	1

第二步：对判断矩阵进行计算处理。

（1）将判断矩阵进行归一化处理，得到标准判断矩阵。

（2）将归一化的标准判断矩阵的每一行相加，得到向量。

（3）将向量进行归一化处理，得到指标较为合理权重的特征向量：经过计算得出，即为一级评价指标 A =（B1，B2，B3，B4，B5，B6）的权重（见表 1）。

第三步：一致性检验。

首先，计算最大特征根，$\lambda_{max} = \sum_{i=1}^{6}(AW)_i/6W_i$，其中，$(AW)_i$ 为向量 AW 的第 i 个变量。

经过计算，最大特征根 =6.065。

采用一致性指标对一致性检验系数 CR 进行检验。其中，RI 为平均一致性指标，可通过 RI 系数表查询，判断标准为：当 CI =0.1 时，认为判断矩阵具有一致性满意度。经过计算，CI =0.014，通过 RI 系数表查询 n =6 时，RI =1.24，因此，0.1 通过一致性检验，判断矩阵具有一致性满意度。

同样，按照以上方法，继续对 16 个二级指标的权重进行确定，而三级指标则在本指标体系内采取平均分配比重的方式，最终得到各级指标的权重（见表1）。

从表1中可以看出，五个一级指标中生产要素和创新能力所占比重较高，而需求要素所占比重较低，产业影响力和政府以及相关辅助产业的比重中等。可以看出，生产要素是产业发展的基础条件，创新能力是文化创意产业发展的重要条件，文化创意产业本身的影响力和相关辅助产业的竞争优势将促进文化创意产业发展，政府是文化创意产业发展的顶层设计者和政策推动者，政府的支持将有助于该产业迅速发展，而需求将受到经济环境和产业发展拉动，进而再促进该产业发展。

结　　语

民族文化创意产业是贵州实现跨越式发展和后发赶超的重要支柱，要促进民族文化创意产业的快速、健康、稳定发展，首先必须了解本地区该产业发展的竞争力状况，因此，构建民族文化创意产业的竞争力评价体系具有重要的意义。本文基于钻石模型的理论基础，根据民族文化创意产业的特点及贵州的现状，对钻石模型进行改进，构建了由生产要素、需求条件、相关与辅助产业、创新能力、产业影响力和政府六个要素构成的民族文化创意产业竞争力评价体系，并运用层次分析法赋予各级评价指标权重。通过该体系能够科学、全面地评价该地区民族文化创意产业竞争力，有助于了解民族文化创意产业的发展现状并科学制定产业发展路径。

试论传统酒文化在打造茅台镇文化创意产业园中的重要地位

——以杨柳湾为例

李光明*

摘　要：茅台镇老街区、老旧厂房因为其独特的历史沉淀和文化遗迹，成为酒文化创意产业发展的土壤。茅台镇作为我国“第一酒乡”，有着悠久而丰富的文化历史。茅台镇文化创意园区通过打造文创业态、文创生态，孵化文创产业，实现古镇更新其历史和文化的沉淀，带领我们开启更深层的精彩。

关键词：茅台镇；文化创意产业园；酒文化

2014年1月，仁怀市茅台古镇文化创意园破土动工，标志着首家以文化产业为主的城市综合体落户茅台镇。据仁怀茅台镇文化产业园区管委会主任、茅台镇镇长王强介绍“茅台古镇文化创意园是通过招商引资，

---

* 基金项目：贵州民族大学基金资助科研项目《贵州茅台镇酒文化人文生态调查与发展研究》（项目编号：校科KYJG〔2014〕33号）。李光明，女，贵州民族大学民族文化产业中心讲师，研究方向：酒文化保护。

在茅台镇引进的第一家以文化产业为主，集商务、旅游、创意设计为一体的城市综合体。”据了解，茅台镇古镇文化创意园区产业发展定位，是建设以传承和弘扬古镇深厚的赤水河红色文化、盐运文化、国酒文化、地方民俗文化为宗旨，集创意设计、科研创新、展示交易、旅游休闲、情景购物、青少年素质教育、互动体验等功能为一体的城市综合体。创业园落户茅台镇有着重大的社会和历史意义，仁怀市人大常委会副主任、仁怀市茅台镇古镇文化产业园区党工委书记、茅台镇党委书记杨炯说：“茅台镇文化创意园的入驻，不仅仅是一个城市综合体的建设，更有着茅台镇产业发展转型升级里程碑式的意义。”随着茅台镇产业的整合和转型升级，茅台镇以服务国酒茅台发展为核心，充分挖掘、收集、整理茅台文化，立足丰富的文化资源和生态资源，提升品质、挖掘文化、积淀古镇底蕴。

一　以传统文化为主打造的杨柳湾创业园

目前，茅台镇就酒文化生存及发展提出了三化一旅（黔北新型工业化、新型城镇化和农业现代化及旅游业）的建设思路。专门规划打造相应的酒文化街区。到2015年5月底，茅台示范镇核心区集风貌景观、公共服务设施、旅游景观为一体的“8＋X”重点项目基本建成，杨柳湾、跃进街、长征街等六大街区业态布局初具规模，城市承载能力进一步增强，文化旅游精品线路投入运营。其中以杨柳湾街区较为典型。杨柳湾街区位于茅台镇区内，属于茅台争创国家5A级旅游景区的核心区域，全长1031米。街区东连茅台镇环茅南路，南通茅台酒厂国酒文化城，西壤茅酒之源景观，北达茅台古镇文化创意园，是游客必经之地，市场潜力巨大。杨柳湾街区定位为“印象·茅台”，是集酱酒品鉴、特色购物、餐饮美食、休闲旅游、主题客栈为一体的酒文化风情街。酒文化区有：杨柳湾街、1915 庆典广场、四渡赤水纪念园、国酒文化城等核心景点全面建成开放，游客服务中心、无线 Wi-Fi、茅台国际大酒店等配套项目陆续建成投用，旅游要素和功能配套设施基本完善。

杨柳湾酒文化区集合了政府、社会力量等多方支持，成功展示了茅台镇酒文化创意园在该区生存的可能性。街区现有临街商业房屋 74 栋，门面 197 间，所有房屋和门面产权均为私人所有，目前正在由仁怀市茅台镇文化旅游开发投资建设有限公司承租，将转租给全国各地文化旅游商业业主开发运营。街区功能区主要有：（1）酒文化体验区：主要经营销售地方名优品牌酱香白酒，展示茅台酱酒文化、盐运文化、红色文化和民俗文化，兼营销售啤酒、红酒、葡萄酒、国外其他品牌酒，形成丰富多彩的酒文化风情商业区。（2）民俗文化区：主要经营白酒品鉴、白酒养生、民俗酒令、风情体验、酒具展览、民居酒馆等商业业态，展示历史悠久、积淀深厚的茅台古镇酱酒文化。（3）土特产购物区：主要经营茅台酒旗舰店、茅台醋、贵州名茶、贵州三宝、遵义特色产品、茅台土特产、酱酒主题书画等商业业态。（4）特色小吃区：主要经营全国各地特色餐饮、名优小吃，黔北和仁怀地方特色餐饮、小吃等商业业态。（5）康疗休闲区：主要经营主题客栈、快捷酒店、酒浴体验馆、茶浴体验馆、盐浴体验、香熏 SPA 等健体疗养商业业态，展示茅台特色地方风情文化。

二　茅台镇传统酒文化

（一）物质文化遗产

在茅台镇随处可见传统的文化历史遗迹。一个藏匿在河滨社区拆迁区域内的清朝牌坊清晰可见，为后人传达了这一地区当时传统的人文文化。另外关于赤水河边上的龟仙洞，至今都流传着一个美丽的传说。很久以前，赤水河神的女儿莲花姑娘爱上了河畔石林寨阿林。不久河神发现此事，大怒，将莲花姑娘关押在洞穴中。阿林为救莲花姑娘不幸跌落悬崖生死未卜，莲花姑娘闻讯，触壁身亡变为石莲花。为了惩罚阿林，河神命金甲乌龟水漫寨子。而金乌龟极为同情莲花姑娘的遭遇，反而救了身负重伤的阿林，偷出仙家“五谷玉液”酒使莲花姑娘脱石还身，一对情侣终于相爱在人间……后来，人们便把这里的主洞称为龟仙洞，把相邻囚禁莲花姑娘的洞叫莲花洞。

（二）非物质文化遗产

茅台镇是多民族杂居区，有汉、苗、布依、仡佬、彝、白等9个民族。多民族共同居住的生活方式使茅台镇具有多彩的民族风情，民族风俗文化丰富了茅台镇的精神文明。酒文化与当地民俗民风关系密切，与当地独有的地域环境相联系。少数民族的酒风酒俗非常丰富，体现出较为丰富的酒文化内容。例如，“牛角酒”“打印酒”“鸡头酒”“包谷酒”“咂酒”“交杯酒”“转转酒”“拦路酒”“送客酒”等独具特色的少数民族酒文化，展示了特有的文化风情。体现在婚嫁场合：在茅台镇的少数民族地区，新娘进屋必以酒向东祭祖先；杀牛治丧，将牛灌醉，一刀砍去，倒东为吉。体现在建房、移迁上：苗族建房选地基，以酿酒成功与否为卜。人们在某地建房，先从其地捏一团鸡蛋大小的泥巴，放在做甜酒的土坛内。几天过后若酒做成，视为可以在此建房，否则弃之另选。此事一定得由家庭主妇操办。

另外，在茅台镇一带地区流行独特的传统酿酒方法。相传，酿酒的酒曲是生长在荒山野岭的植物。采摘此种野生植物制酒曲，必须择日进行，并在一位德高望重的老祖母带领下，全村妇女一道上田，集体采集，生动再现远古时代的采集生活。此外，酒还被用以寄托希望：某家婚后不育，或有女无子，备办酒水，架桥示子；某家孩子体弱多病，或久治不愈，便请巫师“栽花竹”。巫师从山上挖来两棵连根竹，栽在当事人家的中柱旁，地上摆两只小酒杯，一直祭到孩子长大成人。

从研究各类酒礼酒俗可知，人们饮酒主要不是从酒的营养价值或医疗价值考虑，而是为了满足特殊的文化心态。人们认为，有何要求和希望，均可通过一定方式用酒来实现，以酒来满足。

三　传统文化在城镇创意园区打造过程中的重要性

茅台镇是中国酒文化较为集中的地区之一，有着独特的民族文化特色，是贵州集民族文化、民俗文化、酒文化为一体的综合性文化城镇。基于该区打造的文化创意园区，以杨柳湾为例，其文化与旅游相结合的发展模式仍停留在老品牌、老路子上。相应的品牌文化，最深层的文化根源仍处于未开发利用的现状。

（一）以民族文化传统为根基

我们面临的真正的、根本的文化危机，不是要不要传统的问题，而是传统与现代化的关系，尤其是传统是否会成为现代化的阻力、有悠久的历史文化却不容易凝结为传统、有传统却不能够传扬等问题。面对传统的解体和外来思想的冲击，特别在当下文创业的兴起，传统面临诸多挑战。如何让全社会普遍接受人类生活的意义：并不限于追逐物质财富，我们还应该寻求自己的精神家园的观念。应该使全社会树立传统文化信仰。应意识到正确处理世俗关怀和终极关怀的关系。重温、反思和继承人文精神传统所倡导的精神境界和人格修养，文化传统实际上是一个民族的生长之根，只有把自己的文化传统转化为民族的信仰，才能保证人文传统的智慧薪火得以承接和传扬。

文化传统是隐藏于民族心灵深处的，“不断形成着各种文化产品并不断对历史和现实进行着新的阐释的一种根本动力”。一个文化系统的生态模式与其内含的价值系统无疑有着内在的一致性。中国文化的生态模式之所以以和谐性、平衡性与稳态性为其基本的运行机理，不仅与中国文化所凸显的“万物一体”的整体思维、力图在构成文化整体系统的内外要素之间保持良性循环关系的价值取向有着内在的一致性，而且也是依托于其哲学思维通过“内在超越”之路而达到与天地精神相契合的境界的终极关怀价值系统的，这也就是今天的人文生态所要传承民族文化传统的终极原因。例如，作为中国传统文化代表的儒家文化所主张的人文精神及人文文化，其客观存在所展示出来的人文图像不排斥宗教，不排斥神性，不排斥终极关怀，同时与自然保持和谐。这种文化系统的生态模式不仅是人类的前现代社会为保持生存发展而建立的，也应该是人类在现代化社会中遭遇人与人、人与社会及自然的矛盾和冲突之后重新思考、认识和借鉴的生态模式。又如人本意识、和谐意识、道德意识、理想主义等人文意识，又如内省文化、重情文化、乐感文化、伦常本位文化等人文文化，这些中国文化传统中的精神是值得今天的我们传承的。

传统文化的有关思维归根结底是立足于价值理性因而超越理性的，造就了传统文化中丰富多彩的意义世界。这一基本的立足点与思维框架可以为进一步思考当代人类所面临的文化生态问题提供更为开阔亦更为厚重的理论视野。因此，我们主张从传统文化之中寻找人精神的家园。当代的文化冲突和社会整体对物质的欲望使意义缺失，人们的精神无所适从，文化传统也经受了冲击和破坏，但当今人文生态的建设必须植根于文化传统，从传统文化的发掘中延续并再生文化，这是健全文化心态、进行人文生态建设的前提。

（二）以人文文化多样性为生态选择

在生态系统的演替过程中，要维持生态系统的稳定就需要保持物种的多样性，物种越丰富，每一物种个体数量越大，环境条件越复杂，生态系统的多样性就越大，稳定性也就越大。多样性下降，种群和群落的结构濒于单一，系统则很容易由于细小的因素如食物链的缺损或重要生态环境的改变而崩溃。生态平等原则要求承认每一存在物的内在价值，承认它们都是生态系统中不可缺失的一环，而在物种间共生的关系中我们很容易发现每一存在物的内在价值。同样在人文生态的建设当中，个体的人文文化的类别越多，环境条件越复杂，人文生态系统的多样性就越大，稳定性就越大。人文生态趋于稳定，就会向社会和谐、文明进化发展。

任何一个人类群体如果要进一步的发展，都应该掌握各种不同的资源。在文化多元化趋势成为潮流、文化交流日益广泛的今天，文化的封闭更容易限制和窒息文化传统的生命，也不易使新的文化生长点获得生命力。当代社会发生了全球化和本土化之间的冲击。当代文化生态得以正常运转和转换，要优化传统的人文生态环境，就必须以一种开放的心态迎接各种文化的挑战。树立民族文化自尊心、自信心，激浊扬清、取长补短，通过新的综合创造，使传统的社会文化生态包括人文生态系统得到进一步优化，为全面建设富强、文明、和谐的社会提供更加强大的精神动力。

四　结语

茅台镇在今天仍延续着其独有的文化魅力。2014 年“茅台杯”人民文学奖颁奖典礼在北京鲁迅文学院举行。由茅台集团建立的拥有汉、唐、宋、元、明、清及现代7个展馆，占地3000余平方米的“国酒文化城”，系统介绍了中国历代酒业的发展过程及中国历史上与酒有关的政治、经济、文化、民俗等方面的典故。另外，茅台酒中酒集团以近年来在厂内发现的老烧房遗址和古窑池为核心区域，建立了占地70余亩的酱酒文化纪念馆，很好地弘扬了酱酒文化。从古至今，文化与美酒就结下了不解之缘。“酒文化”作为茅台镇标志性的传统文化，参与创造了茅台镇的辉煌历史。人们通过感知、了解、体察酒文化具体内容的行为过程，深入挖掘酒文化内涵，提高酒文化转型商业的参与性。茅台镇独特的酿造环境、厚重的酒文化和神秘的酿酒工艺，成就了今天集参观、品鉴、体验、文化交流为一体的，以酒文化为代表、民俗文化为主导的茅台文化创意园。

关于标准化战略加快“多彩贵州”旅游产业转型升级的思考

张红喜*

摘　要：改革开放三十多年来，贵州旅游业取得了巨大的成绩，但也面临急需加快转型升级、提质增效的突出问题。以标准化战略为切入点，从贵州旅游实施标准化战略的必要性、可行性和路径选择方面进行论证后可知：标准化是加快贵州旅游产业转型升级、打造贵州旅游发展升级版的战略选择。

关键词：标准化战略；旅游标准化；加快转型升级；贵州旅游升级版

2005年，基于改变贵州整体形象和谋求贵州发展的共识，在贵州省委、省政府的高度重视和强力推动下，“多彩贵州”文化品牌正式诞生。

---

* 基金项目：贵州民族大学科研院（所）、基地（中心）基金资助项目（编号：KYJG〔2014〕29号）。

张红喜，汉族，贵州民族大学旅游与航空服务学院，硕士，研究方向：旅游资源开发、旅游经济。

通过“多彩贵州”歌唱大赛、旅游形象大使选拔大赛、舞蹈大赛、原生态摄影大赛等一系列旅游文化品牌活动的推动，“多彩贵州”旅游产业在近十年的发展中取得了累累硕果。与此同时，面对国家大战略调整和大数据、大健康产业发展等前所未有的机遇和挑战，贵州旅游在市场、产品、服务、管理等方面也面临加快转型升级的压力。标准化战略以其基础的技术支撑作用、综合的带动作用、统一的规范作用，在贵州经济发展中的地位逐步凸显，正成为贵州旅游产业跨越式发展的重要抓手，在加快贵州旅游产业转型升级的过程中将发挥越来越大的作用。

一　旅游标准化战略

标准化是工业社会发展起来的重要产物，如今已渗透经济、生活的各个角落，与人们生活密切相关。国务院提出的“国家标准化战略”要求建立覆盖第一、第二、第三产业的国家标准体系，旅游产业作为第三产业的排头兵，标准化工作意义重大。早在 1995 年，中国就率先在国际上成立了第一个国家级的旅游标准化专业机构——全国旅游标准化技术委员会，并颁布了《旅游业标准体系表》与《旅游标准化工作管理暂行办法》，逐步规范了旅游标准化工作。

旅游标准化是通过对旅游业相关标准的制定和实施以及对标准化原则和方法的运用，来达到旅游业范围内的最佳秩序，进而使旅游者获得优质旅游产品的过程。[①] 它既是一种技术支撑又是一种管理手段，通过实施旅游标准化战略，形成旅游产业标准化体系，利用体系内的国家标准、行业标准和地方标准，可以使旅游行业管理有规可循，有标可依。

① 李鹏、李柏文：《旅游标准化战略研究》，中国标准出版社 2014 年版，第 22—23 页。

二 “多彩贵州”旅游产业发展急需加快转型升级

自2005年“多彩贵州”旅游文化品牌活动推出以来，“多彩贵州”品牌已成为贵州省旅游及文化产业发展的动力引擎，强有力地推动着贵州旅游产业的高速发展。但是，面对“贵州中国梦”、贵广高铁开通、“一带一路”等战略调整等新形势，贵州面临的机遇和挑战都前所未有，贵州旅游产业的发展也急需加快转型升级和跨越式发展。

（一）国家战略调整倒逼贵州加快旅游产业转型升级

党的十八大提出了“五位一体”的总体布局，将生态文明提到了一个前所未有的高度。与此同时，贵州省积极响应“绿水青山就是金山银山”的号召，坚持生态和发展两条底线，得到习近平总书记的肯定，并幽默地提出贵州可以制作“空气罐头”。在生态文明建设方面，贵州发挥后发优势走在了全国的前列。

但是，在近几年的国家战略调整中，贵州经济正面临着失速和被边缘化的危险。当前国家有三大战略：一带一路战略、京津冀协同发展战略、长江经济带战略。前两大战略与贵州擦肩而过，如何更好地融入长江经济带也是当前需要解决的重大课题。将大数据产业和大健康医药产业作为守住“两条底线”、加快转型升级的重要战略选择，积极培育贵州新的经济增长点和支柱产业，是应对当前国家战略调整的有益尝试。贵州要想分享国家战略调整的红利，就必须有所突破，就必须在稳定增长的同时寻找新的增长动力和优势产业。作为西南民族生态地区，贵州的旅游产业在弘扬传承民族文化、保护生态环境、促进社会和谐等方面做出了突出贡献。面对国家的战略调整，加快贵州旅游产业转型升级势在必行。

（二）“贵州战略”急需加快旅游产业转型升级

2012年出台的《国务院关于进一步促进贵州经济社会又好又快发展的若干意见》中首次明确对贵州进行“战略定位”，将贵州定位为全国重要基地和西南重要陆路交通枢纽及示范区、文化旅游发展创新区等，提出努力把贵州建设成为世界知名、国内一流的旅游目的地、休闲度假胜地和文化交流的重要平台。随后，贵州省第十一次党代会再次确立“加快建设旅游大省、旅游强省”的发展目标，旅游业自此承担起贵州经济发展的新引擎重任。紧接着，在2013年第八届贵州旅游产业发展大会上，贵州省率先在全国提出打造旅游发展升级版的新理念。面对贵州全省与时俱进打造贵州旅游发展升级版的总体部署，加快构建“快进慢游”服务体系、智慧旅游城市体系，加快构建适应转型发展的旅游体制机制，促进旅游发展要素集聚化、业态多元化、服务规范化，提高旅游业的市场化、产业化、现代化、国际化水平，成为当前贵州战略和加快旅游产业转型升级的现实需要。

（三）“贵州模式”后发赶超急需加快旅游产业转型升级

2014年，国家旅游局在对贵州旅游业发展路径进行专题调研后，提炼形成中国旅游业“后发赶超”的“贵州模式”。这种模式的雏形是贵州省委十一届二次全会上提出的“科学发展、后发赶超”目标，在贵州省2015年《政府工作报告》中仍在继续强化和强调，并将后发赶超、加快转型升级作为一种贵州新常态来抓。作为贵州后发赶超、跨越发展的第三产业的排头兵，贵州旅游产业责任重大，《关于深化改革开放加快旅游业转型发展的若干意见》（黔府发〔2014〕3号）明确指出：“到

2020年，全省旅游接待总人数将达到4.5亿人次，旅游业总收入达到6800亿元，占全省GDP比重12%左右，全省旅游经济总量、旅游服务质量和旅游综合实力等大幅提升，实现由旅游资源大省向生态文化旅游强省跨越，旅游业将成为我省经济社会发展的战略性支柱产业。”为实现贵州经济尤其是旅游经济的跨越式发展这一目标，贵州旅游产业急需加快转型升级。

（四）市场需求变化急需加快贵州旅游产业转型升级

国内外旅游市场正在发生深刻变化。贵州要实现建设成为国际知名、国内一流的旅游目的地和休闲度假胜地的目标，关注旅游市场需求变化就显得尤为重要。目前，随着贵广高铁等交通格局的形成，赴贵州旅游的游客规模直线上升，旅游市场特征变化也十分明显：游客消费方式逐步从传统的观光型向观光型和休闲度假型转变，休闲度假游客逐步增多；从出行方式看，游客逐步从参团出游向参团和散客自主出游转变，据2014年“十一”黄金周期间全省重点监测景区的数据显示，自驾游客占总游客量的60.2%，贵州旅游进入“散客时代”；从旅游需求看，2014年一季度外省入黔游客数据显示，休闲度假游客占43.7%，生态旅游游客占18.3%，[①] 以生态、体验、休闲、度假、康体、避暑为出游取向的游客占全省接待游客总量7成以上；[②] 从市场走向看，在贵州大交通、大数据和大健康产业背景下，快旅全域慢游、智慧景区、“互联网+”、山地康体、深呼吸旅游和高速公路车窗风景将日益受到重视和青睐。旅游消费需求日趋

① 《贵州旅游进入“散客时代”》，《贵阳日报》2014年11月3日。

② 傅迎春局长在2015年全省旅游工作会上的讲话，贵州省旅游局政务网，http：//www.gztour.gov.cn/zhengwugongkai/jigougaikuang/lingdaojianghua/2015－04－19/970.html。

多样化、智慧化和旅游方式的散客化、个性化，给旅游服务质量和水平的提高提出了新的要求。为适应不断变化的市场需求，贵州急需加快旅游产业转型升级。

（五）产业自身发展急需加快旅游转型升级

连续举办的旅游产业发展大会促使贵州旅游产业驶入发展的“快车道”。2008—2014 年，贵州省接待国内外旅游者从 3900 万人次增长到 3.21 亿人次，旅游总收入从 656.13 亿元增加到 2895.98 亿元，主要旅游经济指标大幅度增长。据测算，2014 年全省共实现旅游增加值 780 亿元，占 GDP 比重已达 8.7% 左右，旅游支柱产业地位进一步强化，旅游产业对全省经济社会发展的贡献率十分显著。

但是，在看到贵州旅游产业发展“利好”的同时，我们也要看到产业自身发展中存在的不足：第一，贵州旅游经济总体实力还不够强。在经济增长下行压力抑制旅游消费意愿、游客维权意识倒逼行业监管的新常态下，贵州省同时面临着扩量、提质、增效的三重任务，负重前行。第二，旅游发展的体制机制仍需有较大突破。目前提出的改革措施偏重于发展层面，制度层面的设计较少，综合改革和专项改革还没有在重点地区和领域形成突破。第三，入境旅游市场处于低位状态。虽然自 2005 年以来，贵州入境外国游客市场整体处于增长态势，但入境外国游客仅占外埠入黔游客的 1%，[①] 与周边省市入境旅游客源市场相比，份额仍然较低，处于低位状态。第四，基础配套设施薄弱。旅游公共服务设施与高铁时代、智慧旅游时代不相称，旅游目的地产业链短，服务要素不配套，景区“最后一公里”问题还没有很

---

① 陈永红：《区位因素制约下的贵州入境旅游客源市场崛起障碍及突破》，《贵州民族研究》2004 年第 3 期。

好解决，信息服务不完善已成为新的“短板”。第五，旅游企业“小、散、弱”特征明显，缺少规模大、实力强的旅游企业，特别是缺少航母类的旅游企业。第六，旅游品牌意识有待加强。旅游发展主要还是靠资源吃饭，资本带来的收益较少，旅游知名品牌不多且开发深度不够，总体产出能力不强。这些问题和不足迫切要求旅游产业急需加快转型升级。

三 标准化是“多彩贵州”旅游产业加快转型升级的战略选择

2010年贵州《省人民政府关于加强标准化工作的若干意见》指出：“标准化工作是提高服务质量和规范市场的技术支撑，要加强旅游、商贸服务、餐饮和宾馆等服务领域的标准化建设，促进我省服务业持续健康发展。”2014年10月，《关于贵州省十大标准体系建设工作方案的批复》（黔府函〔2014〕203号）下发，标志着包括旅游服务标准体系在内的全省十大标准体系建设全面推进实施。贵州旅游标准化工作逐步纳入全省标准化发展战略之中。

自国家旅游局于2010年开展全面推进旅游标准化试点工作以来，贵州山水国际旅行社、贵阳市、赤水市等8个企业和城市先后成为旅游标准化试点单位，紧接着贵州黄果树旅游集团股份有限公司、贵州山水国际旅行社、赤水市等试点单位又通过验收被确定为“全国旅游标准化示范单位”，在全国加以宣传推广。以赤水市为例，通过全国旅游标准化试点单位建设和示范单位创建，其标准化建设覆盖率达到90%以上，提升了旅游服务水平和旅游产业核心竞争力，旅游服务标准化成效显著：2014年赤水市旅游产业完成投资30亿元，增长61%；接待游客200万人次、增长50%；门票收入6000万元，增长200%；经营性收入2000万元，增长400%。[①] 游客满意度大幅提升，旅游行业管理水平、旅游队伍素质不断提高，实现旅游经营者由“要我标准化”向“我要标准化”的转变。赤水市实践证明：旅游标准化是旅游产业转型升级的一个战略选择。

（一）标准化促进旅游产品质量和服务水平提升

旅游品牌总体形象是靠良好的旅游服务质量来保障的，这是建立旅游行业质量标准的首要目的。贵州各地旅游发展程度不一，异彩纷呈的地方民族文化和琳琅满目的旅游商品，为“多彩贵州”品牌的打造提供了现实依据。同时，正因为“多彩”，所以旅游产品和服务水准的差异也较大。如何在实现“多彩”的同时保证产品、服务的质量和游客的满意体验，进而提升整个行业的发展水平，提高旅游业作为现代服务业龙头产业的综合竞争力，成为“多彩贵州”旅游业能否加快转型升级的关键。

旅游标准化是确保游客在旅游过程中“游”有所值的重要支撑和保障。实施旅游标准化，可以使全省旅游相关部门和从业人员按照既定的服务质量目标，规范服务行为和服务程序，为游客提供惬意的旅程体验。近些年，贵州省以旅游标准化工作为契机，积极参与国家标准、行业标准和地方标准的制定，力促企业标准上升为地方标准、行业标准，通过标准化战略的推广和发展，向行业、社会和旅游者传递贵州旅游发展的质量观，引导社会和旅游者关注贵州旅游消费质量，以标准化工作促进贵州旅游产业品质化和品牌化发展（见表1）。

---

① 赤水市政府办公室：《赤水市国际休闲度假体验城打造成效明显》，http：//www. gzgov. gov. cn/gszdt/zys/720455. shtml。

表1　贵州省2014—2015年部分旅游商品和旅游服务地方标准一览

	贵州地方标准	备　注
旅游商品类	地理标志产品 凯里红酸汤	DB52/T 986—2015
	梵净山 红茶	DB52/T 1012—2015
	保鲜方竹笋及笋干	DB52/T 1028—2015
	地理标志产品 黎平香禾糯	DB52/T 541—2014
	地理标志产品大方漆器	DB52/T 946—2014
旅游服务类	特色酒店设计、设施及服务评价规范	DB52/T 988—2015
	镇远古镇旅游第一部分:游客服务中心实施与服务规范	DB52/T 881. 1—2014
	镇远古镇旅游第二部分:旅游观光车服务管理规范	DB52/T 881. 2—2014
	镇远古镇旅游第四部分:停车场(点)服务规范	DB52/T 881. 4—2014
	自驾车旅游与露营活动组织操作指南	DB5201/T 99—2014

（二）标准化推动行业管理工作规范化和科学化

标准在本质上是一种技术支撑，标准化是实现旅游行政性管理向技术性管理转变的重要举措，是政府对企业的具体管理向行业管理转变的主要手段。截至2015年2月，我国已出台旅游业国家标准30项，行业标准27项，涉及交通、餐饮、住宿、购物等旅游产业链的各个环节，旅游业标准体系日臻完善。

随着贵州旅游业的迅猛发展，标准化工作已成为旅游行业管理工作的重要抓手。《贵州省旅游民族村寨设施与服务规范》、贵阳市《住宿业游客满意度测评标准》、贵阳市《旅行社等级划分与评定》等地方标准先后出台，涵盖了旅游设施、旅游服务质量和旅游产品设计诸多要素，在相关服务领域走在了全国的前列，促使贵州旅游业由“行政管理”向“标准化管理”转型，由“局部管理”向“系统管理”转型，从而提高全省旅游行业的管理效力，推动全省旅游行业管理工作的规范化和科学化。

（三）有利于引领和带动旅游新业态发展

随着贵州旅游产业转型升级的不断深入，旅游资源范畴正不断扩大，新的旅游产品形态不断涌现，旅游经营方式也不断创新。新业态、新产品、新方式、新市场层出不穷，如温泉度假、健康养生、山地户外、商务会展、科普探险、修学旅行、自驾车旅游等。以自驾车旅游为例，由于涉及面广，风险性高，亟须建立一套规范的自驾车旅游服务标准体系，但该行业的服务标准一直以来都停留在规划设计院、[①] 自驾车俱乐部各自制定的阶段，没有形成统一而系统的自驾车服务标准体系。2014 年贵阳发布实施《自驾车旅游与露营活动组织操作指南》，以地方标准的形式，从线路设计、行前准备、突发事件处理和安全管理等方面对自驾游与露营进行规范并提出具体要求；紧接着，国家标准《休闲露营地建设与服务规范 第 2 部分：自驾车露营地》（GB/T 31710. 2—2015）于2015 年6 月2 日发布；由此，在自驾车旅游服务标准制订与实施方面贵州再次走在了全国的前列。

“贵阳国际大数据产业博览会暨全球大数据时代贵阳峰会”于 2015 年 5 月底在贵阳国际会议展览中心落幕，紧接着“世界山地旅游大会”又于 9 月在贵州举办。与贵州大数据、山地旅游蓬勃发展形成鲜明对比的是：相关的标准、规范却远远滞后于业态的发展，尤其是山地旅

① 山合水易规划设计院编制《汽车自驾游基地建设及服务规范》，2012 年 1 月。

游，至今为止全国各地没有见到相关的山地旅游标准发布。贵州应紧抓当前国家战略调整机遇，以大数据产业、大健康医药产业和山地旅游业态发展为契机，未雨绸缪，积极组织、制定相关业态和产业标准，通过提升旅游标准化水平来规范和引领旅游产业发展，以更好地应对国内外旅游业的激烈竞争。

（四）有利于实现国际接轨与区域合作

从世界范围来看，实施旅游标准化战略是旅游国际化发展的需求，世界旅游经济发达的国家和地区都在加强旅游标准化工作。贵州入境外国游客市场在近十年整体处于增长态势，国际旅游市场将成为贵州旅游发展的关键组成部分，贵州旅游发展要与国际旅游发展实现良好对接，首先是要实现旅游服务标准对接。

区域合作，标准先行。旅游标准化战略是开展区域合作的重要抓手，可以为区域合作提供技术保障，有利于统筹设施规范、统筹服务标准，加快合作步伐。我国旅游业在经历了景点竞争、线路竞争、城市竞争之后，已经进入了互换资源、差异化发展的区域性旅游合作阶段，跨区域旅游合作呈现出前所未有的发展态势。贵州旅游也不例外，应以旅游标准化为契机，做好“近海、近边、近江”的大文章，加强与川、滇、桂、湘、渝、广等周边省份的合作，积极融入长江经济带、北部湾经济区和“珠江—西江”经济带，积极参与东南亚、南亚等国际区域合作。

四 “多彩贵州”旅游产业加快转型升级中的标准化战略路径思考

实施标准化战略，加快“多彩贵州”旅游产业转型升级是一项长期的系统工程，既要坚持“政府主导、行业促进、企业主体、社会参与”

的工作原则，又要运用“决策抓规划、开会抓部署、动员抓培训”的工作方法，通过采取强化组织领导、加大标准实施、注重人才培养、加强国际合作等措施，加快贵州旅游产业转型升级和跨越式发展，打造贵州旅游发展升级版。

（一）强化组织领导

旅游标准化工作是一项关乎旅游业全局性、战略性的工作，全省各地旅游行政管理部门应在当地政府的统一领导下，切实加强对旅游标准化工作的组织领导，将标准化工作摆上重要的议事日程，统一领导、统一组织、统一协调、统一实施。

1. 健全组织机构。各地旅游行政管理部门，逐步建立健全旅游标准化工作机构，加强对旅游标准化工作的统一归口管理，实现旅游标准化工作的常态管理。省级层面要建立健全省级旅游标准化组织机构；全省各州、市，尤其是旅游热点，重点州、市要逐步增设旅游标准化机构。通过增加编制、配备人员，构建“自上而下”的全省旅游标准化行政管理体系，为旅游标准化管理和运行提供组织保障。

2. 协调部门配合。旅游业有跨行业、跨地区、关联度高的特点，旅游标准化工作内容广泛，涉及通用基础、产业运营、公共服务和管理监督等方面，实施旅游标准化战略，需要旅游、质检、交通、商务、文化、建设等部门配合、协作，共同推进。按照中央、省委、省政府的统一部署，发挥贵州省旅游发展和改革领导小组的作用，协调好相关部门在旅游标准化工作中的关系，明确各部门在旅游标准化中的工作职能，解决贵州旅游标准化工作中的重大问题。

3. 加强协会建设。行业协会在政府和企业之间发挥着桥梁和纽带作用，也是旅游标准化工作的重要力量。要加强协会组织建设、队伍建设、制度建设、职能建设，要切实发挥行业协会自律作用，规范市场经营主体经营行为和从业人员的服务行为。支持行业组织对旅行社、旅游饭店、旅游景区（点）、导游等标准实施情况进行评定和复核。进一步明确旅游行业协会在旅游标准化工作中的职能职责。

（二）加大标准实施

按照“认评分开、管监分设、分级授权、上下联动”的原则，大力推进旅游标准化实施工作，形成旅游行政管理部门制标准，抓标准；旅游行业协会倡导标准，推行标准；旅游企业贯彻标准，落实标准；旅游从业人员执行标准的标准化氛围。

1. 完善标准制定。标准制定是标准化工作的基础，也是旅游标准化工作的重点和先导。抓住全国旅游标准化工作全面推进的契机，结合产业加快转型升级的需要，加快贵州旅游标准体系建设，扩大标准覆盖领域，充分发挥旅游标准化的基础作用，争取国家标准制定，加强地方标准建设，创新地方规范运用，为贵州旅游业发展提供有力的技术支撑。

2. 加大宣传培训。要加大对全省的旅游经营者和导游、司机等从业人员进行相关标准宣传和培训；充分利用报刊、网络、旅游标准化公益广告等多种形式，加强旅游标准化的社会宣传和社会教育、强化社会对旅游标准化的认知度，增强广大消费者对旅游标准的认可和支持。通过普及旅游标准化知识，展示标准化成果，扩大标准化的社会影响力，增强旅游经营者、管理者和消费者的旅游标准化意识，提高人们对旅游标准化工作的认知度，营造全社会“关心标准、重视标准、参与标准、监督标准”的良好氛围，达到“参与率等于满意率，知晓率等于理解率”的效果。

3. 推动试点建设。通过开展旅游标准化试点工程，特别是整市、县的旅游标准化试点工作，能够提高全社会对标准化和旅游服务质量的认识，有效地促进旅游标准的推广和普及，促进旅游品牌的培育，促进旅游服务质量与管理水平的提高。要以贵州山水国际旅行社、贵阳市、赤水市、湄潭县、黔南州荔波漳江风景名胜区等第一、第二、第三批全国旅游标准化试点单位为契机，在全省范围内推进旅游城市、县（市、区）标准化试点工作和星级饭店、A 级景区、旅行社、旅游购物店、旅游汽车公司等旅游企业的标准化试点工作，营造旅游标准化的社会大氛围，增强广大旅游者对旅游标准化的认可和支持，并在此基础上总结经验，逐步推广，通过示范作用全面带动和促进全省旅游标准化工作水平的提高。

（三）注重人才培养

人才是旅游产业转型升级的关键，旅游标准化专门人才是实现旅游标准化战略的重要支撑，要全面开展标准化知识培训和人才培养工程，使得标准化专业人员数量和质量明显提升，打造一支旅游标准化人才队伍。

1. 研究人才。利用旅游高等院校、旅游职业院校、旅游科研院所等智力组织，建立起涵盖旅游饭店、旅行社、旅游景区、旅游车船、旅游信息等主要行业的旅游标准化工作专家团队，形成贵州旅游标准化工作智库，提供长期的旅游标准化智力保障。

2. 管理人才。加强旅游行业管理标准化人才的培养。政府主导下的旅游标准化工作机制需要一批专业的管理人才，这些人才既要精通旅游管理业务，又须熟悉旅游标准化工作。一方面，要形成一批旅游行政管理部门的标准化管理人才；另一方面，要培养一批旅游行业协会和旅游企业的标准化管理队伍。

3. 实施人才。加强旅游企业，尤其是骨干旅游企业旅游标准化实施人才的培养，要针对旅游企业一线服务人员和工作人员，定期开展标准化工作的培训和继续教育，使其成为企业实施旅游标准化工作的一支重要力量。

（四）加强区域与国际合作

全球化给中国旅游业发展提供了良好的发展机遇，贵州旅游与周边区域、国际旅游的交流融合将成为发展趋势，客观上要求贵州旅游业要与区域、国际接轨。区域合作，标准先行，在国际化过程中，旅游标准化工作将起先导作用。

1. 对接国际通行的标准。及时跟踪和分析国际相关标准和国外的先进标准（如国际露营协会 FICC 的房车营地建设标准、国际旅游学会发布的国际旅游度假目的地国际标准等），在导入国际标准的基础上，加大国际标准和国外先进标准的采标力度，并通过消化吸收和再创新，健全标准体系，促进贵州旅游逐步与国际接轨，实现贵州旅游服务国际化。

2. 参与国际标准的制定。应积极跟踪研究国际旅游标准化发展最新动态，夯实国际旅游标准化活动的参与基础，推动一批具有自主知识产权和自主创新的旅游地方标准上升为国家标准或国际标准，提高贵州参与国际旅游标准化活动的能力和水平，扩大贵州在国际旅游标准化活动中的影响力，积极参与旅游国际标准的制（修）订工作，加强国际旅游标准化合作与交流。

3. 在优势领域主导区域标准的制定。积极参与大西南地区、中国—东盟自由贸易区、泛珠三角区域的旅游区域合作，利用贵州的生态、资源、大数据、战略后发优势和山地特色，通过标准化技术手段的运用，掌握区域旅游市场的主动权和话语权，进而引导甚至主导区域旅游标准化发展。

参考文献：

［1］《中华人民共和国标准化法》（1989 年 4 月 1 日起施行）。

［2］《坚定不移沿着中国特色社会主义道路前进　为全面建成小康社会而奋斗》（中国共产党第十八次全国代表大会报告）。

［3］《国务院关于加快发展旅游业的意见》（国发〔2009〕41 号）。

［4］《国务院关于进一步促进贵州经济社会又好又快发展的若干意见》（国发〔2012〕2 号）。

［5］《贵州省人民政府关于加强标准化工作的若干意见》（黔府发〔2010〕4 号）。

［6］《国家中长期科学与技术发展规划纲要》（2006 年，国务院）。

［7］《国家标准化发展纲要》（2010 年，国务院）。

［8］《国民旅游休闲纲要》（2013—2020 年，国务院办公厅）。

［9］《全国旅游标准化发展规划（2009—2015）》，国家旅游局。

［10］《省人民政府关于加强标准化工作的若干意见》（黔府发〔2010〕4 号）。

［11］《关于深化改革开放加快旅游业转型发展的若干意见》（黔府发〔2014〕3 号）。

［12］陈刚：《京筑合作创新　打造贵阳经济升级版》，人民网。

［13］《标准缺失是旅行社行业问题丛生的重要根源》，第一旅游网，2011 年 8 月 26 日。

［14］柳成洋等：《服务标准化导论》，中国标准出版社 2010 年版。

［15］石克燕：《标准化助推云南经济社会科学发展》，中国标准出

版社 2010 年版。

[16] 张凌云、朱莉蓉：《中外旅游标准化发展现状和趋势比较研究》，《旅游学刊》2011 年第 5 期。

[17] 向富华：《民族村寨旅游标准化管理与个性化发展研究》，《贵州民族研究》2014 年第 2 期。

[18] 李鹏、李柏文：《旅游标准化战略研究》，中国标准出版社 2014 年版。

文化品牌

“多彩贵州”品牌助推旅游饭店业转型升级的战略构想

石朝平　张红喜*

摘　要： 通过10余年的品牌建设，如今“多彩贵州”品牌已成为贵州省旅游及文化产业发展的动力引擎。该品牌助推了贵州旅游饭店业的发展，但也给贵州饭店业使用和发展该品牌留下许多困惑。文章从管理运营智慧化、产品供给标准化、元素设计全域化、服务主体本地化四大方面对如何使用“多彩贵州”品牌助推饭店业转型升级进行了战略构建。

关键词：“多彩贵州”品牌；饭店；转型升级

通过10余年的品牌建设，“多彩贵州”早已经完成由一个单一的文化符号存在到省级旅游品牌的蜕变，也给贵州旅游业带来了无限的发展

* 基金项目：贵州民族大学科研院（所）、基地（中心）基金资助项目《多彩贵州品牌助推贵州旅游产业转型升级路径研究》（编号：KYJG〔2014〕29号）。

作者简介：石朝平，布依族，贵州民族大学旅游与航空服务学院教授，研究方向：旅游资源开发、旅游经济；张红喜，贵州民族大学旅游与航空服务学院硕士研究生，研究方向：旅游资源开发、旅游饭店。

机会。贵州旅游饭店业作为旅游要素中的重要一环，其发展也受到“多彩贵州”品牌效应的助推。当前贵州大数据、大健康、大交通产业的发展丰富了“多彩贵州”品牌的内涵，在智慧旅游、健康旅游和高铁时代的“快旅慢游”体系建设背景下，如何利用“多彩贵州”品牌助推贵州旅游饭店业转型升级，成为当前摆在贵州饭店业界面前的一项重要课题。

一　国内外相关研究梳理

（一）国外当前对旅游产业转型升级的研究不多

从既有研究成果来看，国内、外在旅游产业转型升级方面的研究存在着较大的差异。欧美等西方资本主义国家，由于市场经济发展较为成熟，旅游业已经度过了高速发展的黄金时期，因而对旅游业的研究已经从经济领域转移到社会人文领域；从研究方法上看，更多是运用文化人类学和组织行为学的方法。Brownell、Judi 在《象征性/文化方式：服务业的管理转型》中，从象征性/文化的角度分析了组织转型，并探讨了转型过程中组织文化的影响力；McKenzie，Brent 和 Bill 在《转型经济中的跨文化研究——一种营销视角：从理论到实践》中，从概念上对转型经济中有关文化研究的不同流派进行了整合，对如何开展市场调研提出了建议。通过查阅国外相关文献可以看出，关于旅游产业发展与变革的相关问题很难从国外文献中得到可以借鉴的内容。

（二）国内对旅游产业转型升级的研究“面面俱到”

在国内，张辉等人是最早进行中国旅游产业转型研究的学者。张辉在其著作《转型时期中国旅游产业环境、制度与模式研究》（2005）中，以独特而全新的视角对中国旅游产业的发展历程进行深入分析并做出客观评价，指出了超常规发展模式的局限性；之后张辉及其团队率先在这一领域出版了《中国旅游产业转型年度报告》（2004，2005）等一系列著述，取得了较丰硕的研究成果。马波（1999）从总体发展模式、市场供求关系、产业增长方式、产业空间布局、产业组织结构等方面研究了旅游市场的转型，之后又以中、日、韩旅游合作为例（2007）对不同发展阶段，转型期区域旅游合作的基本模式进行了探索。在产业政策方面，唐留雄（2006）就转型时期旅游产业政策如何适应旅游产业发展的新要求问题进行了详细探讨。在区域旅游规划方面，戴学峰、巫宁（2007）对“十一五”时期“新发展观”指导下区域旅游规划领域的转型趋势做了分析并提出相关建议。在战略及路径方面，舒卫英、周维琼（2011）指出旅游业转型升级是旅游要素和旅游资源由低效领域向高效领域有序转移、优化配置的过程，同时尝试性地提出旅游发展理念再造、发展模式再造、发展形态再造和旅游发展机制再造四大转型升级战略……可以看出，国内对于旅游产业转型升级的研究涉及方方面面。

经过近十年的打造，“多彩贵州”已成为贵州文化旅游产业的一个标志性品牌，成为展现、宣传、建设贵州的一种成功方式和路径。然而，纵观国内外相关研究，关于文化品牌与旅游产业发展、互动方面的文献少之又少，地域文化品牌对旅游要素产业的影响研究更少。本文在前人的基础上，从“多彩贵州”品牌给贵州旅游饭店业带来的红利和困惑入手，尝试从运营、产品、服务等视角对二者的互动机制及发展路径进行探讨。

二 “多彩贵州”品牌助推贵州旅游饭店业的发展

旅游饭店是以旅游接待设施为依托，通过向旅游者及所在社区提供住宿、餐饮、娱乐等综合服务来实现经济效益和社会效益的企业。旅游饭店作为六要素中的重要环节，其命运与“多彩贵州”品牌的发展紧密联系。

（一）带动贵州旅游饭店营业收入的增长

“多彩贵州”系列活动开展后，贵州几乎所有的宾馆饭店经营收入呈大幅度增长趋势，贵阳60余家星级饭店近几年连续出现旅游旺季客房爆满现象，旅游饭店业零售总额出现大幅度增长（详见表1、表2）。以2014年“十一”黄金周为例，据测算，作为贵州省的旅游服务集散中心，贵阳市黄金周7天共接待国内外游客323.59万人次，实现旅游总收入22.94亿元。其中，黄金周期间贵阳市区主要酒店平均出租率为69.64%，其中喜来登、凯宾斯基、铂尔曼、保利、能辉、武岳等酒店的平均入住率在60%以上，莫泰168、如家快捷等酒店入住率达到90%以上。①

表1　2010—2014年贵州省住宿和餐饮业零售总额及增长速度

单位:亿元

年份	住宿业		餐饮业	
	绝对数	比上年增长(%)	绝对数	比上年增长(%)
2014	21.97	9.10	204.98	8.30
2013	18.13	5.90	191.33	5.60
2012	17.12	24.70	181.25	12.40
2011	—	—	—	—
2010	11.68	16.60	141.50	15.20

注：2011年贵州省国民经济和社会发展统计公报显示，社会消费品零售总额情况按消费形态分，餐饮收入额173.40亿元，比上年增长15.6%。

① 贵阳市花溪区旅游局：《贵阳市二〇一四年“十一”黄金周旅游接待情况》（http://www.hxly.gov.cn/info.asp?fid=703）。

表 2　2005—2009 年贵州省住宿和餐饮业零售总额及增长速度

单位:亿元

年份	住宿业和餐饮业	
	绝对数	比上年增长(%)
2009	198.84	20.10
2008	160.40	37.90
2007	116.28	44.80
2006	76.06	17.60
2005	64.69	10.30

资料来源:《贵州省国民经济和社会发展统计公报》。

(二)促使贵州旅游饭店改善治理结构,提升员工素质

“多彩贵州”品牌逐步将贵州推向世界舞台,贵州的旅游饭店业也从“后台的默默无闻”逐步走向“前台的百花齐放”。“游客走进来,服务传出去”,旅游饭店作为旅游业发展的基本要素之一,其发展成就是靠贵州全省旅游饭店广大员工通过“一张张床、一盘盘菜、一杯杯酒、一处处服务、一个个微笑”展示出来的,离不开饭店业员工爱岗敬业、诚实守信、热情服务和辛勤劳动的精神。观念转变、意识转变促进和推动了服务转变、管理转变,最终促进了饭店治理结构和管理者素质的转变。

(三)推动饭店业合理布局和特色发展

在“多彩贵州”品牌带动下,贵州省 9 个市、州、地均创立了自己的旅游文化品牌。“爽爽的贵阳·中国避暑之都”“山水长卷·水墨金州”“梵天净土·桃源铜仁”“中国凉都·六盘水”“壮美大瀑布·神秘

屯堡”等已在全国乃至世界享有盛誉，吸引了数以千万计的游客畅游多彩贵州。按照“游客走到哪里，服务就出现在哪里”的市场发展需求，旅游饭店业改变了集中布局在城（都）市的原有发展模式，转而“循游客足迹”布局并融入当地文化。为持续提升全省旅游饭店服务质量，贵州省旅游局于2014年在全省范围内开展星级饭店服务质量提升行动，提出“按照现代化、专业化、特色化要求，以100个景区及重要旅游节点区域为重点，统一规划，合理布局，规范有序地推进饭店业建设；立足于贵州资源特色和市场需求，按照分类指导原则，加快发展露营全域的度假型主题精品酒店群、乡村客栈群，构建有贵州特色的旅游住宿体系”，进一步推动了饭店业的合理布局和特色发展，丰富了“多彩贵州”的品牌内涵，使得“多彩贵州”更多彩。

（四）有利于贵州饭店业界了解差距，增强危机意识

贵州旅游饭店业在贵州旅游业的发展进程中曾起过不容低估的作用。但是，与国内外先进水平相比，贵州旅游饭店业还比较落后。无论是在数量、规模、档次，还是在管理水平、人员素质上均有较大差距。以星级饭店为例，随着近年来人们消费观念的转变，国内星级饭店也呈现高速发展的态势。《2013中国酒店投资展望报告》指出，2000—2012年中国星级酒店客房总量以10%的复合增长率快速发展，其中五星级酒店的客房供应量发展势头迅猛，复合平均年增长率为20%；据中国旅游饭店协会统计，至2013年年底全国共有五星级酒店814家。[①] 而贵州截至2015年4月仅有五星级旅游饭店6家且集中分布在贵阳市和兴义市。实际上，目前贵州饭店业服务水平、品牌建设都与国内外其他地区有较

① 吴洪岚：《国内五星级酒店业的培训与发展方向》，《中国集体经济》2014年第14期。

大差距，品牌的市场影响力和竞争力还不够强。通过“多彩贵州”品牌推广，使得贵州旅游饭店业发展尽快与国内外先进水平接轨，进而了解差距，增强危机意识，是贵州旅游饭店业，乃至整个旅游产业加快转型升级的重要举措。

（五）筑巢引凤，集聚“先进”和“优秀”

通过10余年的品牌建设，如今“多彩贵州”的内涵早已突破金融、房产、白酒、茶叶、饮料等行业，贵州大交通、大数据、大健康产业的发展更是丰富了“多彩贵州”品牌的精神内涵，使越来越多的人了解贵州、认识贵州、行走贵州，为集聚“先进发展理念”和“优秀创新人才”孕育了沃土。“国以才立，政以才治，业以才兴”，近两年，在“多彩贵州”品牌建设蓬勃发展的背景下，贵州加大引进人才特别是紧缺、急需人才力度，招商引资与招才引智结合，“产业引进”“项目引进”“课题引进”，多种模式并举，通过2013年、2014年连续两年举办人才博览会，平均吸引人才3万余人/次，其中：博士768名，硕士2765名，有效缓解了制约贵州“后发赶超”的人才“短板”压力。对于旅游饭店业来说，以“多彩贵州”品牌建设为契机，借助“筑巢引凤”的平台积极引进产业发展所急需的管理理念和技术、管理和服务人才，将有效解决其产业发展的人才瓶颈。

三　贵州旅游饭店业在使用“多彩贵州”品牌中的困惑

（一）淡旺季波动较大，亟待解决

随着“多彩贵州”品牌的推广和渗透，了解贵州并到贵州旅游的人越来越多，随之而来的是：贵州星级饭店的出租率逐年上升，消费拉动效应显现，到2013年已经突破70%大关，贵州星级酒店出租率连续2年进入全国前5名；酒店的人均实现利润连续3年进入全国前10名，星级酒店竞争优势在旅游产业的发展中作用明显（见表3）。但是，旅游业快速发展与饭店业相对滞后形成了突出的供需矛盾，贵州饭店业明显出现了入住率的淡旺季，七、八月是全年中客房最为紧张的时段，整个贵州省，尤其是贵阳市住宿出现“一房难求”的局面，[①] 而其他时段则基本不会出现“住宿难”的情况，很多景区饭店在淡季甚至关门停业。

表3　贵州省星级酒店竞争趋势

年份	星级酒店出租率(%)	星级酒店数量	人均实现利润(千元/人)	同比增幅(%)
2009	≤60	323	—	—
2010	62.99	344	5.09	—
2011	65.67	340	4.45	-0.64
2012	64.24	348	6.41	1.96
2013	≥70	308	—	—

资料来源：2010—2012年度全国星级饭店统计公报；贵州省旅游局网站。

（二）旅游饭店业对“多彩贵州”商标的使用力度不够

据《多彩贵州品牌产业化发展报告（2012—2014年度）》显示，贵州省多彩贵州文化产业发展中心通过近几年的努力取得了多彩贵州商标注册类别46个，涉及460个商品（服务）项目，覆盖所有行业。[②] 但是，在多彩贵州旅游品牌中占据重要地位的旅游饭店业，申请和获得授

① 张齐：《贵州旅游业快速发展吸引投资者开发建设星级酒店》（http：//finance.sina.com.cn/roll/20100513/09227928251.shtml）。

② 贵州省多彩贵州文化产业发展中心官网：http：//www.dcgz.cc/brand_03.asp？id=8。

权使用的“多彩贵州”品牌产品却并不多（见表4）。一方面，仅有的几家品牌授权企业并未对品牌进行深入的宣传推广，目前只能通过艺龙、携程等预定平台去了解其产品和品牌，企业网站内容简单、更新缓慢；另一方面，“多彩贵州”品牌在无形中助推贵州饭店业的发展，对贵州饭店业的整体影响效果显著，对单个饭店品牌的影响则是隐性的。加上饭店业固有的属性，导致贵州旅游饭店业对“多彩贵州”商标的使用热情不够高，力度不够大。

表4　　与饭店业有关的多彩贵州品牌授权情况一览

企业/事业名称	类别	产品
六盘水浙江大酒店有限公司	餐饮	多彩贵·凉都美食广场
贵州省多彩贵州酒店管理有限责任公司	酒店	多彩贵州酒店
凯里多彩贵州文化精品酒店	酒店	多彩贵州精品酒店

注：材料来自《多彩贵州品牌产业化发展报告》及多彩贵州网。

（三）旅游饭店的外在整体品牌形象单一

由于过去贵州省在星级饭店的评定上存在着标准把握尺度不一、门槛较低等问题，导致贵州省部分星级旅游饭店一直维持着低水平经营、粗放式管理的经营模式，影响了贵州省饭店业整体服务质量的提升。近几年随着贵州旅游经济的发展，吸引了一些大型房地产开发商的进入，使贵州省的酒店在质量上、规模上都提升了一个档次。但是在“增速”重压下的饭店业快速扩张，忽视了品牌和特色的建设，使贵州旅游饭店的外在整体形象单一，无知名品牌。即便是获得中国饭店“金星奖”的贵州饭店，其知名度与省外的饭店相比也有较大差距。

四 “多彩贵州”品牌视角下的旅游饭店业转型升级战略

（一）管理运营智慧化

在物联网、云计算、大数据等新型信息技术快速发展的背景下，智慧旅游正成为我国旅游业发展的新趋势。对于中国的酒店来说，以移动互联网应用为重点，以大数据应用为核心的大数据时代已经悄然来临。①

大数据是让“多彩贵州”更多彩的有力支撑，贵州应以当前“打造大数据产业发展高地”为契机，积极利用大数据、RFID（射频识别）和弱电系统中的各类传感和信息获取技术等新型技术，从客人智能服务、酒店内部智能管理、信息智能统计分析和酒店智能安防等方面提供智慧服务，打造智慧型酒店，进而在实现酒店高效、快捷、低成本运营管理的同时为客人提供舒适、周到、便捷的智慧服务，让“多彩贵州”顺应时代潮流出新彩。②

（二）产品供给标准化

高铁和高速时代为贵州省构建“快进慢游”体系提供了重要契机，而“住”是“慢游”体系的核心要素，是“慢游”链条中起关键作用的一环。为应对高铁给贵州带来的“井喷式”旅游需求，当前贵州在大力发展高星级、高端商务酒店的同时，也将精品客栈建设列为应对高速时代的当务之急和推动旅游产业升级的长远之策，并提出“特色精品客

① 吴洪岚：《国内五星级酒店业的培训与发展方向》，《中国集体经济》2014 年第 14 期。

② 李尚春等：《基于物联网的五星级酒店智能化》，《智能建筑与城市信息》2011 年第 1 期。

栈和小型多元休闲度假酒店”全域化发展策略。① 随着乡村旅馆、家庭旅馆、汽车旅馆、“树屋”“渔家”等特色精品客栈的发展，建设不重特色、管理不重规范、服务不人性化和产品水准参差不齐等问题也先后出现。因此为使“住”成为“多彩贵州”品牌的亮点，必须在旅游饭店产品供给标准化上做文章，加快推进示范性客栈建设，制定和出台《星级民宿客栈评定标准》《民宿客栈管理和服务规范》等产品供给标准，在此基础上进行合理选点布局，在西江、肇兴、开阳、余庆、桐梓、湄潭、凤岗等热点旅游地区设计布局具有民族地域特色的精品旅游客栈，进而向全省推广，最终形成以商务酒店为主体、精品客栈为特色、民居旅舍为补充的旅游住宿服务体系。

（三）元素设计全域化

旅游饭店的“标准化”与“特色化”在“多彩贵州”住宿品牌建设中缺一不可，在强调旅游饭店产品供给标准化的同时不能忽略其特色化发展，而元素设计和融入程度是特色化成败的关键。贵州在建设特色化“多彩贵州”住宿品牌的过程中，应从主题设计、员工服饰、内部装饰、建筑风格等角度进行全域化元素设计，让地域、民族和特色元素融入旅游饭店的每一个角落和细节中，为游客提供与众不同的体验。无论是星级或高端商务饭店或特色精品客栈都要有文化的注入，其主题设计应符合当地的历史或民族文化，员工服饰应有地方民族特色，内部装饰应遵循贵州一直坚持的“生态”和“发展”，建筑风格应兼顾“记得住乡愁”的理念。

① 时任贵州省旅游局局长傅迎春在全省特色精品客栈建设现场观摩推进会上的讲话，2014 年 12 月 25 日。.

（四）服务主体本地化

没有谁会比贵州本地人更了解当地的历史文化、民族精神、民风民俗。因此，经过培训的高素质本地员工应成为“多彩”住宿品牌中的亮点。在“多彩贵州”住宿品牌建设和服务主体本地化的过程中，首先，要强化的是当地居民对地方文化和饭店企业文化的认同，只有认同才会热爱，只有热爱才会用心服务；其次，要将本土居民参与饭店品牌建设与居民管理服务技能培训有机结合，进而整体提高贵州旅游饭店业的产品质量和服务水平；再次，服务主体本地化并不排斥人才引进，在旅游饭店的关键部门和关键岗位上，必须引进具有国际视野、创新精神和综合技能的管理和经营人才，才能使贵州旅游饭店业的发展与省外和国际接轨。

结　语

“酒店是宣传贵州的另一扇窗户”，作为满足旅游六大要素中的“吃”和“住”的场所，其承担着游客体验中必不可少的一个环节，也是“多彩贵州”品牌建设和旅游产业加快转型升级的重要支撑。如何依托贵州当前大数据、大健康和大交通产业发展的平台，打造具有贵州特色的智慧旅游饭店体系，以迎接和分享高铁时代和智慧时代的体验经济福利是当前贵州需要深入探讨的现实课题。充分利用全域旅游和国家公园省的资源优势，通过建设以商务酒店为主体、精品客栈为特色、民居旅舍为补充的“多彩贵州”旅游饭店产品服务体系，必将成为建设崭新、升级版的“多彩贵州”品牌的重要路径。

博弈论视阈下的“多彩贵州”品牌推广战略研究

谢兴燕*

摘　要：“多彩贵州”是一种具有贵州特色的民族文化品牌，它的传播定位是“多元、和谐、原生态”，自2005年启动至今，品牌建设已有10年历程。“多彩贵州”作为我国首个省级区域性文化品牌，兼具公益性和商业性，促进了贵州10年的经济发展与形象提升，拓展了贵州国内外影响力。然而，在“互联网+”的冲击以及品牌建设中所存在的问题的新形势下，品牌推广的战略急需调整。本文试图从博弈论的角度出发，探讨新形势下，如何打造新型“多彩贵州”文化品牌。

关键词：多彩贵州；文化品牌；互联网+；纳什均衡

“多彩贵州”是贵州省委、省政府为了打破贵州贫穷、落后的形象桎梏，拉动经济发展，同时结合贵州独特的自然景观与丰富多彩的民族文化，集全省之力打造的省级文化品牌。作为我国首个省级区域性文化

* 谢兴燕，贵州民族大学新闻与传播专业硕士研究生，研究方向：移动传播。

产业品牌，“多彩贵州”兼具公益性和商业性，它的传播定位是“多元、和谐、原生态”。2015年是“多彩贵州”品牌发展的第十年，经历了两个五年计划，文化品牌的发展从省级发展战略上升到国家层面的发展战略，一步步实现目标。这10年来，特别是最近几年“多彩贵州”的品牌凝聚力、影响力、竞争力都在不断提升，在全国文化界、旅游界、学术界、广告界及媒体行业等都赢得了好口碑、高认同，不仅是中国文化品牌发展的一道靓丽风景，还极大提高了贵州本土的自豪感。但是在“互联网+”的冲击以及品牌建设中所存在的问题的新形势下，品牌推广的战略不适用于现阶段推广传播，急需调整更新。本文试图从博弈论的角度出发，探讨新形势下，如何打造新型“多彩贵州”文化品牌。

一 “多彩贵州”产业化发展现状

“品牌推广是指企业（品牌）塑造自身及产品品牌形象，使广大消费者广泛认同的系列活动和过程。品牌推广有两个重要任务，一是树立良好的企业和产品（多彩贵州文化品牌）形象，提高品牌知名度、美誉度和特色度；二是最终要将有相应的品牌名称的产品销售出去（吸引游客）。”①自2005年至2015年发展至今，“多彩贵州”以贵州“原生态”文化作为独特的品牌核心价值，四化驱动模式发展品牌，以公益性活动培育品牌，产业化运作推广品牌。“多彩贵州”打造产业集群以提升“多彩贵州”品牌知名度、美誉度和特色度，树立文化品牌形象，依靠产业化运作推广品牌，形成产业链，吸引游客，保证经济利益。

① 孙祥伟：《CIS战略与“多彩贵州”文化品牌推广研究》，《贵州社会主义学院学报》2012年第4期，第32页。

（一）打造产业集群：提升“多彩贵州”品牌品牌知名度、美誉度和特色度

“多彩贵州”文化品牌在推广中，品牌的塑造主要在产业化发展中完成，初步形成了“多彩贵州”背景下旅游产业群、演艺产业群、会展产业群等品牌产业集群。旅游产业发展大会是“多彩贵州”公益性的品牌活动之一，从下表“贵州十届旅游产业发展大会”的主要内容来看，“多彩贵州”旅游产业化运作紧随政策而行，从生态文明旅游—特色旅游—乡村旅游，贵州旅游产业逐渐蜕变，成为“宜居、宜业、宜游”的“多彩贵州”。

贵州省历届旅游产业发展大会一览表①

届别	举办时间	开幕地点	大会主题	大会成果
第一届	2006. 9. 16	安顺市黄果树景区	发展旅游产业，建设旅游大省	启动20多项旅游建设项目;建设黄果树演艺中心,中国第一条彩色公路,中国第一的牌坊,黄果树生态旅游城停车场,贵州省最大的旅游商品卖场
第二届	2007. 11. 6	黔南州荔波大小七孔景区	整合资源,夯实基础,创新机制,加快发展	着力改善旅游交通条件,加快精品景区建设,打造“地球绿宝石、风情黔南州”的品牌,建设贵州南部“金三角”国际旅游区;公布《中国南方喀斯特文化旅游发展荔波宣言》

① 第一届至第八届信息来源于喻健《“多彩贵州”文化品牌的构建与传播研究》，硕士学位论文，华中师范大学，2014 年，第 31—32 页。第九、十届信息来源于 http：//www. coolgy. com/portal. php？ mod = view&aid = 16258；http：//www. gz. xinhuanet. com/2015 – 07/11/c_ 1115890319. htm。

续 表

届别	举办时间	开幕地点	大会主题	大会成果
第三届	2008.9.26	黔东南西江苗寨	建设生态文明，发展和谐旅游	充分挖掘厚重的少数民族文化，打造“苗乡侗情”的品牌；促进文化与旅游的深度融合，走出了一条“举办一个节会，打造一个品牌，开发一个景点，树立一个形象，带动一方经济”的文化旅游发展之路
第四届	2009.9.2	遵义市遵义会议会址	弘扬长征文化，发展特色旅游	打造全国红色旅游胜地；推出娄山关、海龙囤等历史文化旅游产品，开辟“遵义—仁怀—习水—赤水”“环中心城区”“遵义—湄潭—凤岗—务川”等三条旅游精品线路
第五届	2010.9.15	铜仁地区梵净山景区	转变旅游发展方式，推动产业优化升级	建设旅游基础设施项目83个，对4243处重点景区公路沿线村庄农舍，按照苗族、侗族的建筑风格进行了全面改造；推进生态文化旅游精品建设，提升梵净山国际旅游品牌知名度和影响力，打造黔湘渝环绕梵净山旅游精品线路
第六届	2011.9.26	黔西南州兴义市	打造旅游名片，加速产业升级，加快推进旅游强省建设	重点建设了包括旅游基础设施、交通基础设施、城市基础设施等在内的85个项目，中心城市面积拓展4倍；着力打造特色旅游、民族文化、喀斯特山地生态文化为重点的文化旅游产业带；重点推出马岭河—万峰湖等景区的旅游精品线路

续 表

届别	举办时间	开幕地点	大会主题	大会成果
第七届	2012.4.23	毕节地区百里杜鹃森林公园	神奇乌蒙,花海毕节	实施了总投资521亿元的各类建设项目314个,推出了索风湖、宣慰府等10个新的旅游景区;驻华使节团团长牙买加驻华大使考特尼·特雷宣布《促进中国花文化旅游走向世界毕节宣言》
第八届	2013.8.18	六盘水市新城	创新业态、转型发展,全力打造贵州旅游发展升级版	确定在全省打造100个旅游景区,实现旅游市场供给从浅层观光旅游转向深度文化体验等四大转变;将六盘水定位为都市休闲旅游基地,打造中国避暑休闲城市、山地户外运动基地、山地康体养生度假胜地
第九届	2014.8.15	贵阳市花溪区青岩古镇	开放引领,改革驱动,与时俱进打造贵州旅游发展升级版	将重点推出“1+12”旅游景区项目,包括多彩贵州城创意旅游综合体、时光贵州湿地公园、乐湾国际旅游结合体等一批全新景区。也包括修文桃源河旅游区、开阳南江国际生态旅游综合体等老景区推出的一批新的游玩、娱乐项目,极大地丰富了贵阳市旅游产品
第十届	2015.7.8	安顺市西秀区	美丽乡村,让多彩贵州更加精彩	打响多彩贵州、美丽乡村旅游品牌,让美丽乡村成为幸福生活的家园、增收致富的田园、观光休闲的公园、寄托乡愁的故园和投资兴业的乐园,为努力走出一条有别于东部、不同于西部其他省份的发展新路做出旅游产业的新贡献

首先，自2006年以来，贵州省委、省政府已连续10年成功举办旅游产业发展大会，其推动了“多彩贵州”旅游产业群发展，逐步完成了“一心、三圈、六带”的旅游产业空间布局结构。即以贵阳市的“爽爽的贵阳·避暑之都”、黔东南侗族苗族自治州的“民族原生态·万象黔东南”、毕节市的“洞天湖地·花海鹤乡”、黔西南布依族苗族自治州的“山水长卷·水墨金州”为代表，形成了重点突出、特色突出、优势突出的旅游目的地形象，逐步形成了以贵阳文化产业中心为枢纽，黔东南苗侗文化旅游产业圈、遵义红色和茶酒文化产业圈、黄果树文化旅游产业圈，贵州西线喀斯特文化旅游产业带、黔南世界遗产和地质科技文化旅游产业带、梵净山佛教文化产业带、奢香古驿文化产业带、乌蒙夜郎文化旅游产业带、乌江文化旅游产业带“一心、三圈、六带”的旅游产业空间布局结构。①

其次，在“多彩贵州”演艺产业群方面，歌舞表演《多彩贵州风》、歌曲《家乡的味道》、京剧《布依女人》、话剧《天地文通》、黔剧《苍琴》、舞蹈《水姑娘》及大型电视连续剧《奢香夫人》《二十四道拐》等优秀作品的涌现，增强了贵州影响力，提升了贵州形象。特别是累计投资过亿元的大型民族歌舞《多彩贵州风》演出场场爆满、演出场次已突破2100场，吸引了200多万名国内外观众，年收入达5000万元，成为引领贵州演艺产业发展的主力军；它是“多彩贵州”品牌的“青梅竹马”，见证了品牌建设10年历程，已经形成了市场化运作模式，它标志着“多彩贵州”演艺产业正在不断成熟。

最后，在会展产业经济方面，贵州举办了“两赛一会”——“多

① 朱国贤、石新荣：《“多彩贵州”深入人心 旅游成贵州支柱产业》，《经济参考报》2009年10月15日。

彩贵州”旅游商品设计大赛、能工巧匠选拔大赛、旅游商品展销大会以及“多彩贵州”避暑季——民俗节庆与旅游采购博览会、“多彩贵州”首届贵阳国际汽车展览会、多彩贵州国际绿茶博览会等会展产业，提高了贵州旅游商品的美誉度和市场竞争力，丰富了“多彩贵州”文化品牌的内涵。2006 年以来，贵州连续 7 年举办“两赛一会”，成功培育出“旅游商品”这个以创业带动就业、文化与经济共融、就地促进致富的特色轻工产业。全省旅游商品购物收入从 2007 年的 50 亿元，增加到 2012 年的 360 亿元，增长 7.2 倍；旅游商品企业从 2007 年 100 户左右，增加到 2012 年的 2370 多户，增长 23 倍；旅游商品带动就业人数从 2007 年 10 余万人，增加到 2012 年 150 万人，增长了 15 倍。① 2015 年贵阳会展经济前 8 个月综合收入超过 100 亿元。“多彩贵州”的会展产业收入每年都在递增，这意味着会展产业将成为该品牌中最具潜力的经济增长点。

（二）产业化推广品牌：保证“多彩贵州”吸引力，产业化销售产品

产业化是各产业的集合，以产品需求为导向，以经济利益为目的的组织形式。在“多彩贵州”品牌发展的 10 年里，产业化运作推广品牌是贵州最具特色与创新的集中体现，毫不逊色于云南、广西等这类旅游大省区在旅游品牌方面的传播。产业化运作推广品牌一直是“多彩贵州”品牌运营的核心任务，用这种可持续的运作方式挖掘“多彩贵州”的品牌价值，推动资源优势转化为品牌优势，进而实现经济效益。

---

① 贵州会展网：http：//www.guizhouexpo.com/news/2/2013-08-05/1377.html，2013 年 8 月 1 日。

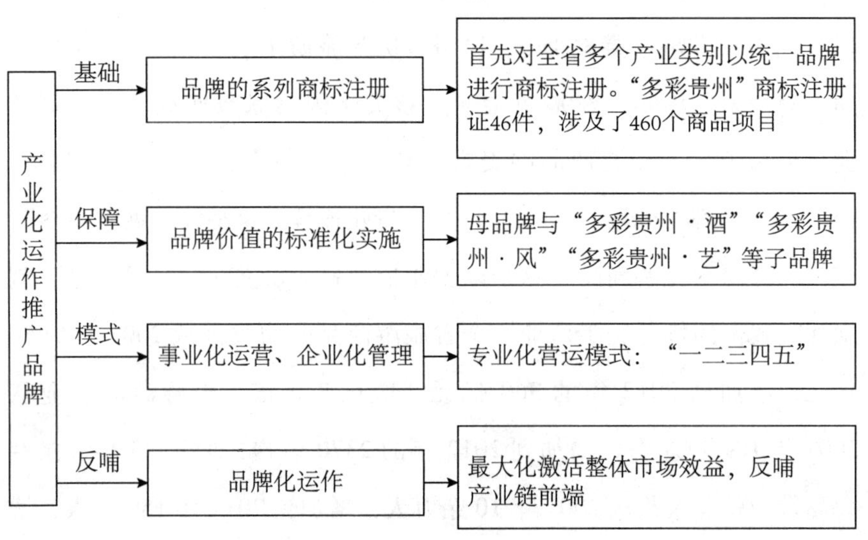

产业化运作推广品牌路径

“多彩贵州”品牌产业化推广之路如上图，首先，品牌的系列商标注册奠定了产业化良性发展的基础。在 2011 年商标注册拥有法律保护后，“多彩贵州”文化品牌的产业化运作正式进入加速发展时期。其次，“多彩贵州”品牌管理的核心是品牌价值的标准化实施，保障了品牌品质。只有符合品牌价值标准的相关产业企业才可以得到授权。再次，事业化运营、企业化管理是品牌运作主体的基本模式，是策略执行的高效率与高效益的保证。最后，品牌化运作充分释放品牌价值，最大化激活整体市场效益，反哺产业链前端。“多彩贵州”在品牌化运作下，不仅投资拉动 40 亿元以上，并且品牌的公信力加持授权企业的品牌竞争力。授权企业对产业链前端的反哺表现在解决了当地的就业，带动了当地百姓增收致富，改善了民生。

二　“多彩贵州”面临的新形势

（一）品牌建设中所存在的问题

1. 传播手段滞后

“多彩贵州”文化品牌四化驱动模式中的多元传播手段主要依靠大众媒体和公关传播，但这还不够，特别是在互联网迅速席卷全球以及移动智能设备兴盛的背景下，传播手段还有待增加。比如，在互联网时代，互动与反馈十分重要，互动能够更直观了解消费者内心的需求，反馈可以及时改正自身不足之处。有时候传统的形象宣传片在各类媒体的循环播放不如在微博或者微信这类社交软件中“火”一把的传播效果。“多彩贵州”品牌以互联网为基础的传播手段仅仅停留在表面，其传播潜力还未完全挖掘，APP 和公众号传播效果也不甚理想。总而言之，传播手段应与日新月异的技术发展紧密联系才是长久之道。

2. 反馈机制不健全

反馈就是一个互动过程。“小米”之所以能够越来越红火，就在于它能够聆听用户的声音，不完美的 MIUI 系统是在用户的反馈和工程师的努力下，趋于完美状态。“多彩贵州”品牌创建之初就对旅游产业大力扶持，旅游业也是促进贵州经济发展的主力军。而旅游业的反馈主要通过各类网站如携程网、同程网、去哪儿网等的留言反馈功能，还有就是直接向旅游局举报。前者反馈的不足是留言反馈功能只限于网站方与旅游相关产品提供方，而提供方对于反馈的态度不一，可能改善自身，也可能置之不理，需求方的反馈不能传达到上层组织，反馈作用就不明显。后者反馈的不足是敢于直接向旅游局举报的人很少，一旦举报可能对品牌形象产生不可逆的损害，不易弥补，如青岛大虾事件。旅游反馈机制不健全会使游客流失，损害贵州形象。如果反馈能够到达上层领导的手里，主动改善不足之处，反馈的效果才能体现。

3. 少数民族文化流失

“多彩贵州”品牌的内涵和核心价值都源于贵州文化，而“原生态”是“多彩贵州”品牌的核心价值，原生态的民族文化就是其中之一。随着经济全球化的发展和民族地区城市化进程的加快，许多少数民族传统文化受到主流文化的强烈冲击，其核心价值内核正在逐渐流失，主要表现在四方面：一是民族地区不当或过度开发。在“多彩贵州”品牌发展的历程中，由于环境保护和有序开发与民族地区旅游开发之间关系失衡，不当或者过度开发，直接破坏了该地区生态环境，造成了少数民族文化的流失。二是文化传承的断代。一方面是广播、电视、报刊等传统媒体对民族地区文化的宣传推广，在某种程度上改变了当地少数民族的传统生产、生活方式。另一方面由于贫穷以及渴望外部未知世界，民族地区的剩余劳动力向大中型城市输出，不少村寨形成了青壮年外出打工，老年人在家留守的现象。而少数民族许多的语言、历史、传统的手工艺技术需要口耳相传，村寨中的老年人掌握了绝大部分的传统文化以及工艺技术，而没有青壮年去接续传统文化的火种，一旦老年人离世，这些传统文化与技术就随老人长眠于地下。三是交通的不便制约了少数民族地区民族文化的发展。贵州省的少数民族多居于山区等交通不便之地，与世隔绝。四是少数民族文物的破坏和流失。不少商人寻求民族文物的暴利，走村串寨地收取民族文物，而许多民族地区的人们为追求眼前利益，将自己的服饰、绣片等物品卖给文物商人，这在一定程度上造成少数民族文物的破坏和流失。

（二）“互联网+”的冲击及机遇

“多彩贵州”文化品牌建设面临“互联网+”的冲击，所以原有的传播手段显得滞后，反馈机制的不健全遏制了对用户需求的探索。2015年《政府工作报告》提出“互联网+”的概念，国家战略高度确定，中国实体经济迎来新的机遇。“‘互联网+’官方解读为：‘互联网+’代表一种新的经济形态，即充分发挥互联网在生产要素配置中的优化和集成作用，将互联网的创新成果深度融合于经济社会各领域之中，提升实体经济的创新力和生产力，形成更广泛的以互联网为基础设施和实现工具的经济发展新形态。”① 每逢“双11”，淘宝日销售额都剧增，2015年更是达到了912多亿元，可见互联网经济发展的巨大潜力，“多彩贵州”品牌产品更应该借助互联网发展销售网络。“互联网+”对于实体经济既是冲击也是机遇，文化品牌的推广更是如此。“互联网+”的兴起代表新时代的来临，原有的品牌发展模式已经不适用于新的背景。在“互联网+”大环境中，发展的好坏与否就需要我们考虑如何利用互联网技术、理念、思维与传统行业进行交融和共同发展。“多彩贵州”品牌发展在“互联网+”背景中的机遇：一是传播手段的互动和反馈会引发使用者的积极参与，传播范围会更加广阔，用户体验是“互联网+”竞争中的支点，必须抢占此高地。二是互联网连接一切，智慧旅游就是互联网连接供应和需求各方，借助手机、电脑等设备，将旅游资源、旅游活动等方面的信息送达各方，以便各方调整计划。三是“互联网+”下各企业联网协同创新，若“多彩贵州”品牌与其他企事业单位联网，能够更好地发展品牌产业集群，驱动经济发展。

---

① 马化腾：《互联网+：国家战略行动路线图》，中信出版集团2015年版，第19页。

三　博弈论视阈下品牌推广的创新

博弈论（Game Theory）又称对策论，是研究具有相互依存性的策略选择问题的理论。博弈论一般包含三个要素：一是参加博弈的成员，至少两人，并且假定参与者都是理性的，以追求自身利益最大化为目标；二是有一个合理的游戏规则能够保证参与者的利益；三是有利可图。如果一个策略组合中，每个局中人的策略都是针对其他局中人策略的最佳策略，则称这个策略组合为纳什均衡。而且在纳什均衡下，任一局中人都不会单独改变自己的策略，或者说都不愿意单独偏离这个均衡。那么，在博弈论的视角下，如何让“多彩贵州”文化品牌相关的所有参与者选择最佳策略呢？现代管理学之父彼得·杜拉克很早就指出，任何企业都只有两个最基本的职能：营销和创新。笔者将从这两方面出发，通过博弈论分析“多彩贵州”这一文化品牌的推广与创新如何做。“互联网+”背景下的“多彩贵州”文化品牌推广，从博弈论角度看“多彩贵州”的品牌推广要结合“互联网+”的六大特征其中的四个——跨界融合、创新驱动、连接一切、协同行动来共同执行。

（一）跨界融合：品牌产业与其他行业跨界合作

跨界融合主要考验的是系统的重组能力，并且组织内部一定是一个灵动可爱的柔性组织，才能齐力推动外部的跨界。在“互联网+”的冲击下，原先文化品牌的推广战略已经不是一个最佳策略的纳什均衡，所有的局中人不应固守此均衡，应该改变策略，寻找新的纳什均衡。就像乐视的跨界创新，不仅有令人称道的乐视超级电视，现在还出产手机、汽车。“多彩贵州”的文化品牌推广也应把跨界创新作为一种发展策略，包括技术创新、营销模式创新和盈利模式创新等。不要满足于旅游、演艺、会展的产业化发展成就，要加强品牌产业与其他行业的跨界合作。比如加强文化品牌与媒体资源的合作，《奢香夫人》的拍摄出现了“拍摄一部剧、重建一座城、促一个产业”的多重效应；《花千骨》取景铜仁梵净山；《跟着贝爷去冒险》拍摄地荔波喀斯特山水极限挑战等都是不错的传播方式。

（二）创新驱动：保障品牌核心竞争力

当一个博弈中存在两个或两个以上纳什均衡时，纳什均衡的结果对局中人来说并无太大的差异，只要是纳什均衡都可以接受。但当不是均衡的对局出现时，结果就会很糟。所以就要求局中人之间协调行动，即协调博弈。大规模的协调博弈中存在网络效应，网络效应分为正效应和负效应。创新就会在思变与不变之间造成“先下手为强”和“赢家通吃”两种现象。这两者都是市场竞争在具有网络效应的产业中的重要特征。创新一直是建设品牌核心竞争力的有力手段，创新能够让局中人的利益最大化。“国务院 2015 年 3 月 3 日颁布的《关于深化体制机制改革加快实施创新驱动发展战略的若干意见》就把科学创新摆在国家发展全局的核心位置，中国的未来是创意创新创业创造驱动型的发展，发展是靠打破机制的藩篱，是靠更多的个人发挥创造精神，是靠协同创新、跨界创新、融合创新，这就是最不应被忽视的新常态!”① 贵州的文化品牌推广也应该向创新驱动发展转型，打造出自己的特色，避免与滇、渝区域性品牌的同质化。在旅游资源和演艺资源、旅游特产上结合贵州特有文化进行创新，厘清思路，重新出发。“互联网 +”得天独厚的渠道及传播优势就是保障创新驱动的秘密武器。

---

① 马化腾：《互联网 +：国家战略行动路线图》，中信出版集团 2015 年版，第 49 页。

（三）连接一切：资源整合，优势互补

博弈论视角下的局中人都未知其他局中人的选择，只是在单纯假设其他参与者是理性人的情况下，追求对己利益最大化的纳什均衡策略。但是，在“互联网+”连接一切的背景下，其他局中人的选择都将不是秘密。“从连接的层次看，可以概括为三个‘tion’：connection（连接），interaction（交互），relationship（关系）。第一层连接很多机构和服务都能做到，比如APP超市、某一个游戏、某一档电视节目等，短时间就可以聚集很大的流量；第二层的交互就比较关键，它承上启下，没有交互，就很难分流、导流，建立信任和依赖；最后一层是‘关系’，是连接的目的，创新的驱动，商业的核心，沉淀下信任性关系是连接的归宿，是商业的阶段性目标，是社会价值创新的基础。连接一切有一些基本要素，包括技术（如互联网技术、云计算、物联网、大数据技术等等）、场景、参与者（人、物、机构、平台、行业、系统）、协议与交互、信任等。”①比如微信就是一个连接器，在2015年“两会”期间，腾讯开放的力度就非常大，开放了微信硬件开发，商户平台微信支付，以及微信Wi-Fi自主发布等。微信的连接器功能越来越强大，开放越来越到位。但是，对于朋友圈的规范则强化了用户体验和对知识产权的尊重和保护。“多彩贵州”的连接一切在旅游产业上可以打造“一站式”旅游服务，比如，大数据分析了解到用户有到贵州旅游的需求，把用户集中在微信群或者QQ群里，及时推送天气、旅游资源、美食等消息，安排一名管理员，专门了解用户需求，可整理统计，加强数据分析。还可以推荐旅行社或者自由行推荐租车服务或者蹭车服务等信息服务。定

① 马化腾：《互联网+：国家战略行动路线图》，中信出版集团2015年版，第60页。

期推出网上抢购或秒杀景区门票等活动。鼓励用户旅游之后写游记、评论等，以积分或免费景区门票赠送等形式进行激励。此外，连接一切的基本要素要有服务支撑。最重要的一点，在用户不再有旅游需求时，微信、QQ 的推送仍旧不要停止。可以把这些社交平台当作新闻客户端来做，努力宣传贵州，提高贵州知名度与美誉度。在连接之外仍需要完善旅游基础配套设施，建立大型的景区特产、餐饮、住宿一条街，增加了就业岗位，使本土劳动力留在本地，原来的留守儿童不再守望父母。对于特色商品、特产等物品可以在店免费邮寄或到机场内部分店取货。总之，“多彩贵州”与“互联网 +”连接在一起就是资源整合，优势互补的过程，一切以文化品牌塑造为重，让生活更便捷。

（四）协同行动：多方合作，利益最大化

共谋均衡指在多人博弈中，有可能存在部分局中人之间联合起来，在最大化小团体成员收益的时候，损害其他局中人的收益的情况，从而影响纳什均衡的稳定性。而防共谋均衡则是要排除多人博弈中存在部分局中人结成小团体联合行动给博弈结果带来的影响，使博弈分析的结论和预测更加可靠。在一个博弈当中，是否与其他局中人同谋或防同谋，皆是以自己利益出发。2015 年春晚“让红包飞”，是传统媒体与互联网联姻带给我们的震撼体验。一台晚会，每分钟 8.1 亿人次互动峰值，110 亿人次互动总量，185 个国家 3 万亿公里的祝福传送，“摇一摇”在带给人们意外惊喜的同时，也改写了媒体传播历史，改写了用户观看电视方式，展示了电视屏与手机屏互动、电视台和互联网融合的巨大魅力。这是一次台网的共谋均衡，在新形势的冲击下，联合行动给博弈结果带来了影响，引发了一阵电视与互联网的联姻热潮。

当前“多彩贵州”文化品牌与云南的“彩云之南”在山川地理、风

土人情、气候风貌等方面有太多的相似之处。那么，与云南是共谋还是防共谋均衡很值得思考。笔者认为两省之间应共谋均衡，但是，贵州应该着力打造与云南差异化的旅游特色，如将民族特色鲜明化：贵州有中国唯一的水族文化圈，还有云南没有的特色民族——仡佬族，从中可以深度挖掘民族特性，吸引客源。此外，考虑到贵州省旅游业发展现状，其发展必须与周边省市进行区域竞争与合作，联系周边川渝经济圈、珠三角和东盟自由贸易区，享受经济辐射效力，才能快速、有效地发展。

在“互联网+”理念冲击下，总结“多彩贵州”10年发展之路，既有经验又有教训，我们仍然在这条充满荆棘的文化品牌发展之路上行走。在新的形势下，贵州的文化品牌推广就是要找准众多策略中的纳什均衡——“互联网+多彩贵州”。跨界融合能够丰富“多彩贵州”文化品牌核心价值之外的内容，科技创新能够提高“多彩贵州”的核心竞争力，连接一切能够发展“多彩贵州”的一站式服务，协同行动能够为“多彩贵州”带来强大的盟友，提高国内外的影响力。“互联网+多彩贵州”这个纳什均衡机遇抓住，前期“多彩贵州”文化品牌建设中存在的反馈机制不足、传播手段落后等问题才能得以解决，品牌核心不至于流失。“互联网+多彩贵州”将会带领“多彩贵州”走得更远。

参考文献：

［1］马化腾：《互联网+：国家战略行动路线图》，中信出版集团2015年版。

［2］孙红：《博弈论》，经济科学出版社2013年版。

［3］喻健：《“多彩贵州”文化品牌的构建与传播研究》，硕士学位论文，华中师范大学，2014年。

［4］孙祥伟：《CIS战略与“多彩贵州”文化品牌推广研究》，《贵

州社会主义学院报》2012 年第 4 期。

［5］肖讳：《论我国文化品牌的创意实现》，《河南工业大学学报》2013 年第 2 期。

［6］薛丽娥、李盛龙：《“多彩贵州”文化品牌研究综述》，《贵州民族研究》2014 年第 6 期。

［7］马化腾：《关于以“互联网 +”为驱动，推进我国经济社会创新发展的建议》，2015 年 3 月 15 日全国人民代表大会建议案。

［8］朱国贤、石新荣：《“多彩贵州”深入人心　旅游成贵州支柱产业》，《经济参考报》2009 年 10 月 15 日。

符号互动论视角下贵州旅游形象塑造的探索研究

杨昌秀*

摘　要：本文以符号互动论的视角来探索贵州旅游形象的塑造，其目的是加快贵州旅游业的发展，促进贵州旅游经济的增长。本文首先介绍了符号互动的思想，通过对符号互动论思想的了解来嵌入其对旅游形象塑造的影响，从而构建贵州旅游形象的旅游符号。

关键词：符号互动；旅游形象；塑造

一　问题的提出

随着经济的快速发展，人民生活水平的提高，会有越来越多的人参与旅游发展中来，大众旅游将会成为必然。据最新数据显示：当前，我国旅游消费经常化，旅游日益成为老百姓一种常态化生活方式。2015 年我国国内旅游突破 40 亿人次，旅游收入过 4 万亿元，我国已进

---

* 杨昌秀，苗族，贵州民族大学 2014 级社会学专业硕士研究生，研究方向：社会工作。

入“大众旅游时代”。①

但是，贵州在旅游业的发展上相对于云南、四川、广西等省区来说还相对缓慢。这主要存在两个方面的原因：一是贵州长期以来存在的历史遗留原因。由于受到地形、地貌等方面的制约，贵州交通极为不便，经济发展极为缓慢。所以导致人们对贵州的认识在很大程度上仍停留在“三无”“贫困”等印象上。部分游客只要一想到要到一个贫穷、基础设施不完善、人身安全不能保障、没有形成一条龙服务的地方去旅游，其旅游期望值就会下降，从而不能促使旅游出行的达成。二是没有塑造好贵州旅游地的旅游形象。随着经济的发展、网络化的普及、信息的交流与沟通加快、交通的便捷化，人们旅游考虑的因素除了时间、距离、交通方式等方面外，更加注重对旅游地旅游形象的获得与感受，旅游形象将会成为吸引游客的一大重要因素，所以旅游形象的塑造对贵州旅游的发展就显得非常重要。

那么何为旅游形象，何为符号互动论呢？符号互动论对旅游形象的塑造又有什么帮助呢？

二　何为旅游形象

有研究者认为旅游形象就是旅游目的地的形象，是由认知、感情、意动三个部分组成，在这其中包含外来游客对旅游地的认识、感情、意动，也包括旅游地当地的居民以及工作人员对旅游地的认知、感情和意动。也有研究者认为旅游形象包括发射性形象和接受性形象。更有学者认为旅游形象就是外来游客通过对旅游地的体验后在心里留下的对旅游

---

① 引自李克强总理于2016年3月5日在第十二届全国人民代表大会第四次会议上所做《2016政府工作报告》。

地整体感知和感觉，因为每个人在旅途中，对旅游地的旅游期望不同，所以其感受到的旅游形象也是不同的。由于旅游形象是一个比较抽象的概念，所以学界对其的概念界定也是众说纷纭。本文所选用的旅游形象的概念主要是劭兰在其硕士学位论文中的界定，即旅游形象是指人们对某一旅游地社会、政治、生活、文化、旅游设施、旅游业发展等各方面的认识、观念的综合，是人们对旅游地总体的、抽象的、概括的认识和评价，是对旅游地的历史现象、现实感知和未来信念的一种理性综合感受。①

三　符号互动论对旅游地旅游形象塑造的启示

贵州作为一个拥有丰富旅游资源的省份，拥有着原生态的自然风光、丰富多彩的民族风情、古老的历史文化、革命开端的红色文化、醇香浓厚的酒文化等旅游资源，贵州的旅游发展还有很大的上升空间，所以贵州应该抓住大众旅游时代这个契机，打造贵州旅游品牌，塑造贵州旅游形象，促使贵州旅游业发展，从而促进贵州经济的发展。为了促进贵州旅游业的发展，贵州在旅游形象的塑造上已花费了很多的时间和精力且取得了一定的成果，现在贵州拥有着“多彩贵州”这样一张旅游名片，它在一定意义上说明了贵州是一个拥有多民族、多文化，具有丰富旅游资源的省份，可以说这张旅游名片是对贵州旅游资源形象的总体塑造。但是，总体不能代表局部，不能体现局部的特殊魅力。所以在不同的旅游地还是要根据自身的旅游资源来塑造自身的旅游形象。为了更好地塑造各旅游地的旅游形象，就需要从社会学符号互动论的视角来加以探讨。符号互动论对旅游地、东道主与游客三者之间的信息交流与交换

① 劭兰：《符号互动理论与旅游形象的确立》，硕士学位论文，苏州大学，2004 年。

会起到非常大的作用。

那么何为符号互动论呢？其主要思想是什么？具有什么样的基本观点呢？旅游形象具体包含哪些方面的内容？符号互动论对旅游地旅游形象的塑造起到什么样的促进作用呢？这些都是本文所要解决的关键问题。

符号互动是社会互动的一种形式，它是指社会上个人与个人、个人与群体、群体与群体之间通过符号而发生的社会交往活动。所谓符号，是指能够有意义地代表其他事物的事物，如声音、语言、文字、图画、手势、姿态、表情等。符号不同于记号，记号是一个单独的姿势，其意义只在于它本身；符号的意义不在它本身，而是对其他姿势或姿势序列的“代表”和“象征”。①

学界对符号互动论的研究，已有不少成果，这些研究成果用在我们生活中有很好的解释作用，用在旅游地旅游形象的塑造上也很切合，对旅游地旅游形象的塑造具有促进作用。下面就简单介绍符号互动论的代表人物和其主要思想。

（一）库利“镜中我”思想对旅游地旅游形象塑造的启示

库利的“镜中我”思想认为，一个人的自我观念是在与其他人的交往中形成的，一个人对自己的认识是其他人关于自己看法的反映，人们总是在想象别人对自己的评价之中形成了自我的观念。这样，每个人都是对方的一面镜子，反映出对方的情况。库利给“镜中我”下定义说：“一个人对于自我有了某种明确的想象——他有了某种想法——涌现在自己心中，一个人所具有的这种自我感觉是由别人的思想、别人对于自

① 郑杭生：《社会学概论新修》（第三版），中国人民大学出版社2003年版，第126页。

己态度所决定的，这种类型的社会我可以称作‘反射的自我’或‘镜中我’。”①

从库利的镜中我思想可以看出，旅游地要想更好地塑造自我的旅游形象，可以从两个方面来考虑：其一，旅游地的管理机构、管理人员首先要起到一个组织的作用，旅游地可以不断和其他旅游地进行交流，在不断组织的交流中学习、总结、归纳出适合自己旅游地形象塑造的思路、方法，在正确的道路上引导旅游地旅游形象的生成。其二，旅游地可以根据自身旅游资源的特点，对游客进行问卷调查和意见反馈，对旅游地旅游形象的塑造进行摸底，再根据自身资源的情况结合游客的需求，从而在方向上把握旅游地旅游形象的塑造。

（二）布鲁默——符号作为社会互动的媒介其对旅游形象塑造的启示

布鲁默认为，社会是人际间符号互动的结果，人类社会中最典型的特征就是符号互动，人际互动是以运用符号来解释或确定相互间行动的意义为媒介的。

布鲁默指出，人们之间的“反应”并不是相互行为的直接产物，而是根据他们附加在对方行为上的意义所做出的。因此，人际互动是以运用符号来解释或确定相互间行动的意义为媒介的。换言之，我们每个人都有自己特定的文化、知识、经历，我们对社会和他人的解释总是受到我们本身的这些特殊因素的影响和制约。因此，布鲁默对符号互动论基本思想进行了归纳。

布鲁默符号互动论的基本论断有三点：第一，他认为人类对于某一

① 转引自贾春增《外国社会学史》（第三版），中国人民大学出版社2008年版，第264页。

客体所采取的行动，主要是根据他们对客体所赋予的意义，同一事物对于不同的人意义也各不相同。第二，人们赋予事物的这个意义产生于人们的互动之中，即人们的态度。观念总是受到他人的影响，一个人对于某事物的定义总是从他人的定义中找到根源。第三，布鲁默指出，事物的这些意义不是一成不变的，而是在再解释的过程中随时加以修正的。行动者总是根据他的特定“处境”来选择、审查、修正事物的意义。因此，所谓意义、解释不是事先就存在，而是有一个形成过程。人们总是在不断体验的基础上构造他们的对象，根据以往的经验评价事物、赋予事物以意义，规定着自己行动的目标，并进而通过对方的反应了解自己的行为是否得体，随时加以修正。人与人之间的所有这些行动结合在一起就形成了“共同体”。①

根据布鲁默的思想，旅游地要想更好地塑造旅游形象，首先旅游地要构建当地的旅游符号并对旅游符号赋予意义。在这个赋予意义的过程中，其实就是宣传旅游地景区、旅游资源的一个好机会，只有让旅游地旅游符号赋予的意义被人们所接受、认可，旅游地才会被游客们所熟知，从而提升旅游地的知名度，让游客们慕名而来，经过这样的一个良性循环，从而塑造起适合旅游地的旅游形象。当然在这个过程中最难的就是挖掘、建构、归纳、总结出一个适合景区的旅游符号并对其赋予被人们所接受的意义。

（三）戈夫曼“戏剧论”思想对旅游形象塑造的启示

戈夫曼根据人际互动发生的场合，将互动分为两种情况，一是在“社会机构”内，即在一定的界限内发生的、经常性的、持续性的互动，

---

① 贾春增：《外国社会学史》（第三版），中国人民大学出版社2008年版，第270—272页。

另一种是没有界限的、临时性的互动。由于戈夫曼把人们的活动比作剧院里的演出，从戏剧的角度研究社会互动，因而，他的理论被称为“戏剧论”。

另外，在戏（拟）剧论的基础上，他又提出了印象管理，他认为，在这种表演中，我们都很关心和试图控制自己留给他人的印象，我们通过语言、姿态、手势等来使他人形成我们所希望的印象，因此，这是我们在为别人制造着“情景定义”，这一过程被称为“印象管理”。

在旅游形象的塑造过程中我们也同样需要印象管理，只要景区的旅游资源足够完美，环境卫生等令人感到舒适，工作人员的服务态度也足够好的话，相信这个景区就做到了对自我较好的印象管理，只有通过较好的印象管理，才会给游客留下较好的印象，而好的印象的获得也是形象塑造的重要部分。

四　符号互动论在旅游形象塑造上的分析探索

旅游形象的塑造可以从旅游地自身出发，也可以从游客处获得。从旅游地自身出发，是根据旅游地自身所拥有的旅游资源、人员行为和政府对旅游地管理以及旅游规划上进行塑造。从旅游者处获得，是根据游客体验后，所反馈的个人旅游形象对旅游地总体旅游形象的调整、改进。

（一）符号互动论在旅游地旅游形象塑造上的分析探索

旅游地为了吸引更多的游客，塑造更好的旅游形象，就必须对旅游地进行“印象管理”。印象管理即我们都很关心别人对我们的看法，并试图控制自己留给他人好的印象，所以，我们会通过得体的语言、姿态、手势等符号来使他人形成我们所希望的印象，因此，这是我们在为别人制造着“情景定义”。旅游地要想获得好的旅游形象，就需要把所拥有的旅游资源完美地展现出来，如制定规章制度对自己工作人员进行要求，并对周边居民进行旅游产业服务引导，从而使旅游地在整体上达到一个和谐、平衡的状态，具有良好的旅游形象，吸引更多的游客。

旅游地在接待每一个个体、群体时都要把最好的一面展现出来。就像戈夫曼“拟剧论”所说的那样，每接待一个个体或群体时就像在戏剧里演戏一样，要把台前最好的一面展现给旅游者，让他们乘兴而来，尽兴而归，从而对旅游地的旅游形象给予好的评价。这样的良性循环，会促进旅游地及旅游形象的发展。

旅游地也可以根据符号互动论的“镜中我”思想来获得、调整自己的旅游形象。即某一旅游地对自己的认识，对自己旅游形象的塑造是在其他个人、群体或是其他旅游地关于自己看法的反映中形成的，旅游地可以在想象别人对自己的评价之中形成自我观念，完善自我的旅游形象。这就是符号互动论的“镜中我”思想，这样，每个人都是对方的一面镜子，反映出对方的情况，而旅游地的形象塑造也是这样的，通过其他个人、群体的反应与互动，然后在不断的自我反省、自我控制、自我调整中塑造自己旅游地的旅游形象。

（二）符号互动论对游客获得旅游形象的分析探索

游客在整个旅游过程中可分为五个阶段：准备阶段、旅途中、旅游地活动、回程、回忆。从游客的角度来看，在这个过程中既是游客享受旅程、享受快乐时光的时候，也是游客获得旅游形象、感受旅游形象、形成自我旅游形象、分享自我旅游形象、认可旅游地旅游形象的过程。就像符号互动论所说的那样，符号的意义并不是一成不变，它是随情境的需要，随社会互动的改变而改变的，所以旅游地旅游形象也是随政策的需要、游客旅游期望值获得的需要而改变的。

1. 准备阶段——获得他人的旅游形象

旅游者在准备阶段除了准备个人物品之外，还会到网上去查阅旅游地的相关信息或是通过询问亲朋好友而得到旅游地的相关信息，从而获得他人对某一旅游地的旅游形象。在这个过程中，语言、文字、需要准备的物品等符号在一定程度上反映了旅游地的一些相关信息，为个人旅游形象的生成起了铺垫作用。

2. 旅游地活动——体验他人的旅游形象

旅游者在准备阶段获得了他人、群体的旅游形象，这种旅游形象对他产生了吸引力，从而旅游者带着自己的旅游期望来到旅游地实践。在经过长途奔波之后，带着强烈的好奇心来到旅游地，这将会是一个新的体验。旅游地居民的生活习惯、民族文化风俗、旅游地的基础设施建设、当地人的热情与否等这些符号都会带给旅游者真切的体验，而不是别人的体验与自己的想象。在这样一个全新的情境（环境）中，旅游者会通过社会互动来了解这个全新情境中的符号意义，从而达到更深层次的社会互动。在这个过程中，旅游者由一开始带着强烈的好奇心观察周围情况，到经过社会互动后，了解当地的符号意义后，慢慢了解、适应这个新的环境，并开始体验他人的旅游形象，拿他人所获得的与自己所感受到的做对比，从而为获得自己的旅游形象打下基础。

3. 回忆阶段——形成个人的旅游形象

经过旅游地活动，感受了旅游地的自然景观或是历史文化遗产，与旅游地工作人员、当地居民或是其他旅游者进行了社会互动之后，旅游者自己会对旅游地总体上有一个评价或是感受。有些时候，旅游地的自然景观或是历史文化遗产很壮观、磅礴、大气，让其觉得不虚此行，但是在其与工作人员的互动中或是与当地居民的互动中，工作人员的态度很差，或是被当地居民给“宰”了，这影响到旅游者的心情和体验，使得其对旅游地旅游形象的好感大大降低，与原来的旅游期望值有很大的反差。当然，如果旅游地的旅游资源让旅游者很满意，旅游地的工作人员服务态度也非常好，当地的居民也很热情好客，也还可以和一同前来的其他旅游者交流自己的旅游感受和心得，甚至来一场美丽的艳遇，这时旅游者就会觉得人生如此美好，旅游是一件多么快乐的事情，从而会形成对旅游地美好的旅游形象，而其传达给别人的也是某一旅游地美好的旅游形象，从而又会带给其他人新的旅游期望，形成其他人新的旅游形象。

所以说，在不同的情景中，人们接收到不同的符号意义，就会获得不同感受，在同一情景中，符号所赋予的意义不同，人们也会获得新的感受。总之，符号的意义并不是一成不变的。在不同的旅游地，人们接收到的旅游符号不同，所获得的自我旅游形象也不同。在同一旅游地，每个个体感受到的旅游地旅游符号的不同，也会形成不同的旅游形象，所以某一旅游地的旅游形象也不是一成不变的。

五　符号互动论视野下贵州旅游形象的符号构建

（一）贵州旅游形象的符号要素构成

旅游地作为一个不断进行社会互动、社会交换的场所，是需要大量的符号为媒介来进行的，符号本身所赋予的意义指导着社会互动、社会交换的进行。在旅游地中一切为互动、交换做准备的都有可能是被赋予意义的符号。具体包括以下几点：

1. 语言、文字、图画

在旅游地，当地居民独特的语言、文字、图画，是作为当地居民与工作人员和游客进行交流、沟通的工具。作为一种符号，其会把当地的风俗、文化、旅游资源等传达给游客，让游客了解当地的情况。在这个互动的过程中，对当地语言、文字、图画等符号的意义了解、明白，就会在一定程度上感受到并获得良好的旅游形象。而贵州是一个少数民族聚居、民族文化资源十分丰富的省份，少数民族的语言、文字、图画作为了解民族文化的符号，在一定程度上会对贵州旅游形象的塑造起辅助作用。

2. 手势、姿势和表情

手势、姿势和表情作为一种符号，主要是代表着旅游地工作人员和当地居民的态度。如果旅游地工作人员的服务态度不好，当地居民不热情，还大“宰”游客，就可以通过他们的手势、姿势和表情表现出来，这样不利于游客形成好的旅游形象，反之亦然。

3. 事件

在某些民族风情较为浓厚的旅游地，会通过节庆、节事来表达旅游地的地方风俗。这种节庆、节事的开展一般每年都有一个特定的时间，要是游客恰好在这个时间点去这个旅游地旅游，就可以从这个事件中感受到当地的民族文化和地方风俗。这个时候，这个事件就成了一个符号，一个传播的平台，让游客更好地感受到当地的特色，从而形成良好的旅游形象。唯一不足的是，这样的事件作为一个符号，每年的开展都是有特定的时间的，不是每个人都有机会感受到的。

4. 旅游文化信息及旅游传媒

旅游地旅游形象的构建不光需要非官方的旅游符号来赋予意义，也需要官方的旅游符号来传播旅游地的旅游形象。而旅游文化信息及旅游传播一般都是由政府牵头来开展的，通过这种途径可以让游客快速感受到旅游地的旅游形象，同时旅游文化信息及旅游传媒这种符号意义的表达也是最直接、最省力的。例如：贵州省旅游宣传片的传播，给人一种别具一格的体验。

（二）贵州旅游形象的符号构建——以梵净山景区为例

了解旅游形象的符号构成要素之后，我们就可以根据各旅游地的实际情况对他们的旅游形象进行符号的构建了，从而促使形成良好的、让人印象深刻的旅游形象。在这里笔者以铜仁市梵净山景区为例。

梵净山景区的旅游资源得天独厚，在这里就不重复介绍了，可以直接来看梵净山景区的旅游符号构建。例如，佛教文化圣地、奇珍动植物繁衍地、户外运动爱好者活动地、金顶与日出、云海、层次分明的天气、溪流与瀑布、索道体验等。

通过以上这些旅游符号的展现，游客们可以联想到梵净山是一个佛教文化浓厚，环境、风景极其优美的景区，让游客们知道梵净山有哪些值得一去的旅游景点，使其最基本的形象展现在游客的脑海中，而这种通过文字、图片、语言等符号展现在游客脑海中的形象就是梵净山最基本的旅游形象。总之，旅游符号的构建是获得、塑造、生成旅游地旅游形象的根本。

六　结语

从符号互动论来探索贵州旅游形象的塑造，是非常有利于贵州各旅游地的旅游形象塑造的。旅游形象的获得与形成是建立在不断的社会互动与社会交换中，而符号互动论中的符号正是人们进行社会互动与社会交换所需要的媒介。旅游形象的获得是建立在他我互动、个人与群体的互动、群体与群体的互动中的，即游客与游客的互动以及游客与工作人员和当地居民的互动、游客与旅游地的互动和旅游地与旅游地之间的互动。通过这些互动，不仅让游客获得了全新的体验，形成了个人的旅游形象，还让旅游地调整了原先不完美的旅游形象，让游客们更好地感受到旅游地的风光。

贵州是一个拥有丰富旅游资源的省份，为了促使贵州旅游形象的生成，应多从符号互动论、社会互动的视角加以考虑。

历史文化

“多彩贵州”背景下的红色文化发展探析

顾　倩*

摘　要：近几年来，“多彩贵州”文化品牌在国内外得到了广泛的认可和肯定，贵州是名副其实的文化资源大省，是“文化之州、生态之州、歌舞之州、美酒之州”，而“红色”是“多彩”之中最为亮丽的色彩，本文将在多彩贵州背景下，就红色文化的发展进行探析。

关键词：多彩贵州；红色文化；社会经济；创新发展

“多彩贵州”文化品牌，是贵州省实施文化改革与推动文化产业发展的重要成果。它是以“多元、和谐、原生态”为核心的各种文化现象的全方位集合。世界旅游组织原秘书长弗朗西斯科·弗朗加利先生称贵州为“文化之州、生态之州、歌舞之州、美酒之州”，近十多年的推动和发展，“多彩贵州”文化品牌在国内外引起了广泛的关注和重视，极大地提高了贵州的文化自信、文化自觉，在此背景之下，本文将对贵州特有的红色文化的传播价值、精神价值和市场价值进行分析探讨。

* 顾倩，贵州大学外国语学院副教授，研究方向：文化人类学。

一 贵州红色文化之概述

贵州红色文化得天独厚，资源遍及全省各地。“红色文化”是对五四运动以来各个革命时期产生的具有特定历史形态的人物事迹、遗址景观、艺术作品、革命精神的总称。贵州有革命传统，早在1895年清代维新变法中，600名举人在公车上书中冒死签名，贵州举人就有96名，人数居全国第二；五四运动以后，贵州一批青年走出大山投身共产主义运动，成为中国共产党的领导人物，如邓恩铭、王若飞等，“八一”南昌起义的主力军中，许多都是贵州人，故有“三千子弟兵，八百贵州人”之说，在红军长征途中，有近半年时间在贵州省境内活动，在全省88个县（市）中，有68个县（市）留下了红军的足迹，贵州是当时红军长征途中历经时间最久、所过路线最长、留下故事最多的省份。省内红色文化重要遗址共2078处，其中从1919年到新中国成立前所形成的革命遗址共1465处，其他遗址共140处，剿匪斗争遗址共473处。[①] 从1930年4月—1936年4月，红七军、红八军、红三军、中央红军、红二军团、红六军团，先后在贵州开展了轰轰烈烈的革命斗争，建立了滇黔桂边区、黔东、黔北和黔西北4个革命根据地，先后攻克了31座县城，发生过四渡赤水、兵临贵阳、威逼昆明等长征史上最具传奇性的重大事件，在中国革命史上谱写了光辉灿烂的篇章。中国工农红军在贵州期间召开过黎平会议、猴场会议、遵义会议、鸡鸣三省会议等重要会议。在党中央的周密安排和部署下，进行了无数场大大小小的战斗，其中比较著名的有突破乌江、四渡赤水、南渡乌江、巧渡金沙江等战役。

在这些战斗中无数的先辈们付出了生命的代价，为了纪念这些可歌

① 赵俊涛：《贵州红色文化得天独厚》，《当代贵州》2012年第6期。

可泣的英勇牺牲的先烈们，各地都保留了当年的战斗遗址并树立了纪念碑。给烈士修建烈士陵园，如红军四渡赤水纪念碑、夏曦烈士纪念碑、红二军团和红六军团战斗遗址、石阡困牛山红军战斗遗址、红军山烈士陵园、毕节烈士陵园等都已成为贵州著名的红色文化资源。① 不仅仅是以革命纪念馆、英雄纪念碑、烈士陵园、革命遗迹等为弘扬与传播。同时，还会以戏剧、舞蹈、诗歌、音乐等一些艺术形式来进行传播。如电影《突破乌江》和《四渡赤水》以及贵州省策划、投拍的电影《旷继勋》《少年邓恩铭》和电视剧《黄齐生与王若飞》《遵义会议》《杨虎城的最后岁月》《雄关漫道》《二十四道拐》，话剧《图云关》等即是很好的例证。常言道："大道无形，生育天地；大道无情，运行日月；大道无名，长养万物。"贵州红色文化作为一种无形的精神底蕴和活力资源，始终被人们保持和发扬着。

贵州红色文化在近几十年的传承和发展中取得了较好的成绩。

在多彩贵州文化背景之下，贵州红色文化确实取得了较好的成绩。上述历史事件、革命史实和人物事迹，大多以物质化信息（历史遗址、事件发生地、人物故居、文物、遗存、图文资料、纪念地、纪念碑、纪念馆、博物馆等）和非物质化信息（思想、精神、价值观等）的方式呈现出来，供游人参观、游览、体验、感受、消费或凭吊、祭拜、学习、教化、宣传等，是历史文化旅游类型中一个独具中国特色的旅游样式——红色旅游。丰富而深厚的红色文化决定了贵州的红色旅游的高位品质——红色经典。早在 20 世纪 50 年代初，遵义就建立了遵义会议纪念馆，1961 年被列为全国第一批重点文物保护单位，1964 年毛泽东手书"遵义会议会址"——这是他一生中对革命纪念地的唯一题字；1982

① 黄咏梅：《谈贵州红色旅游资源的特点》，《理论与当代》2007 年第 11 期。

年遵义市成为国务院首批公布的24个历史文化名城之时，就已经形成了以遵义会议会址、红军山、娄山关战斗遗址为主的红色文化核心景区，只不过那时还没有“红色旅游”这一说法而已。在20世纪80年代初，贵州还陆续开发出了中共贵州省工委旧址、榕江县红七军军部旧址、红三军黔东革命根据地旧址和木黄会师旧址、红二六军团黔大毕革命根据地旧址及将军山战斗遗址、江界河红军突破乌江战斗遗址等红军四渡赤水遗址、黎平会议旧址、邓恩铭故居、王若飞故居、周逸群故居等，红色旅游形成了规模。20世纪90年代又先后开发出了30余处红色革命旧址、遗址、纪念馆、纪念地等向游人开放。2004年中共中央办公厅、国务院办公厅首次印发《2004—2010年全国红色旅游发展规划纲要》时，贵州红色旅游的丰富性、厚重性和典型性一下子就显现出来了。全国12个“重点红色旅游区”中贵州有1个（以遵义为中心的“黔北黔西北红色旅游区”，主题形象是“历史转折、出奇制胜”），全国30条“红色旅游精品线路”中贵州有3条，全国100个“红色旅游经典景区”中贵州有15个——长征文化系列景点13个、抗战文化景点1个、伟人故居1个。① 贵州丰富的红色文化所蕴含的巨大价值不仅在革命战争年代是克敌制胜的法宝，而且在社会主义现代化建设的今天仍不乏时代价值，在多彩贵州文化建设发展之下，更是好风凭借力，可以乘势获得更大、更好的发展机遇，使“多彩贵州”的红色更加灿烂夺目。

二　贵州红色文化存在的问题

当前，多彩贵州文化发展在神州大地上掀起了一阵“多彩贵州风”，但相对贵州的山地文化、民族文化、生态文化的蓬勃发展。贵州的红色

① 黄先荣、蒋兴勇：《贵州红色旅游导游解说词》，中国旅游出版社2008年版。

文化显得暗淡不明，亮点不足。可能存在以下主要原因：首先，对红色文化资源的挖掘整理不够深入。就红军文化而言，6 支红军队伍 6 年时间在贵州 68 个县市区留下丰厚的历史印记，建立的乡村级、县级、省级红色政权多达 34 处，广泛分布于东、西、南、北、中不同方向，[①] 都值得进行全面的普查和深入的研究。但是，其中的三十多个县和十几处红色政权的文化表述语焉不详，时间、地点不清楚，人物、事件也比较模糊。其次，抗战史观不够全面、开放，甚至与唯物辩证史观相违背。《2011—2015 年全国红色旅游发展规划纲要》中明确提出："将 1840 年以来中国大地上发生的以爱国主义和革命传统精神为主、有代表性的重大事件和重要人物的历史文化纳入红色旅游发展范围。"作为抗战后方和抗战前线的贵州，抗战化旅游资源非常丰厚，但到 2013 年止，也只有息烽集中营、镇远和平村、独山深河桥、24 道拐等屈指可数的几处景点，并且息烽集中营还停留在单一的"中共地下党与国民党反动派开展不屈不挠斗争"的文化表述层面上。最后，红色旅游规划不足、开发不力。《2004—2010 年全国红色旅游发展规划纲要》实施以来，全省各地快速广泛地进行了红色旅游的规划与开发，但总体上却是粗放型和短视性的。许多景点的质量、规模与效益始终低下，"一流资源，二流知名度，三流开发，四流交通，五流经营"的状况仍然普遍存在。

三　红色文化发展的对策和思路

红色文化是物质文化、制度文化和精神文化的有机统一。当前，以历史文化、民族文化、红色文化、生态文化为基本元素的"多彩贵州"文化品牌正成为贵州省创新发展的一张文化名片，在此大背景之下，如

① 中共贵州党史研究室：《红军与贵州革命老区》，贵州人民出版社 2000 年版。

何提升红色文化的内涵，促进社会经济的发展，是值得认真研究的课题。

第一，依托“多彩贵州”文化品牌，加强红色文化的传播。特别是结合多彩贵州“党政传播、媒体传播、机构传播、企业传播”相结合的特殊传播策略，将提升改造后的贵州红色文化新形象深入人心，让“红色贵州”日益被外界知晓和认可。在一些节庆日和会议期间进行宣传。真正重视贵州红色文化的传承弘扬、开发利用，切实把红色文化纳入“多彩贵州”品牌发展战略的整体布局，做“强”红色文化。要拓宽贵州红色文化的传播路径，在“多彩贵州”文化品牌的传播，包括广告传播、公关传播、营销传播、形象代言人传播等途径中，纳入贵州红色文化的传播内容，有效提升“多彩贵州”文化品牌中的红色元素的国内外知名度。要依托丰厚的红色资源，大力宣传弘扬长征精神、遵义会议精神和“不怕困难、艰苦奋斗、攻坚克难、永不退缩”的贵州精神以及“开放创新、团结奋进”的贵州时代精神，在全省形成奋发向上的强大力量。为了加强宣传，可在七一建党节、八一建军节、十一国庆节、遵义会议纪念日、文化艺术节等重大节日期间，或者在民运会、农运会、文艺晚会乃至东盟、生态文明会议等国际性会议期间进行宣传。加强红色旅游区之间的协调统一，形成规模宣传效应。省内各个红色旅游景区之间可建立旅游联动机制，开通区域间的旅游专线，并加强与周边省份红色旅游区的联系。比如，在红色旅游方面，贵州可以向邻近省市，特别是湖南、广西、云南、重庆、四川等少数民族地区进行辐射。文化内涵并提升其精神品质。此外，精心组织创作一批具有本土特色、与当地红色文化旅游相结合的文学、音乐、戏剧、舞蹈、影视等文艺作品，借文艺的传播力、感染力、影响力来宣传红色旅游，丰富其文化内涵、提升其精神品质。八一电影制片厂早年拍摄的电影《突破乌江》和《四渡赤水》以及贵州省策划、投拍的电影《旷继勋》《少年邓恩铭》和电视剧《黄齐生与王若飞》《遵义会议》《杨虎城的最后岁月》《雄关漫道》等即是很好的例证。

第二，贵州红色文化是新时期理想信念和精神价值的基石。贵州丰富的红色物质文化让人们瞻仰红色圣地、感受红色文化的同时，把抽象的马克思主义理论形象化、通俗化，能唤起民众的文化归属感，树立民众的马克思主义理论信仰，让马克思主义中国化理论成为构建社会主义和谐社会的精神法宝。贵州红色文化的重点是长征文化，蕴含着中国共产党所领导的工农红军在贵州毫不畏惧、浴血奋战，朝着社会主义和共产主义远大理想前进的坚定信念，有利于坚定树立中国特色社会主义共同理想，坚定不移地走中国特色社会主义道路来实现中华民族的伟大复兴，实现中国梦。自觉拥护中国共产党的领导，绝不走改易旗帜的邪路。新时期贵州红色文化不断发展，其内核饱含着爱国主义为核心的民族精神和改革创新为核心的时代精神，成为鼓舞贵州人民摆脱贫困、奋起直追的精神动力；贵州红色文化是进步的先进文化，弘扬贵州红色文化对人民的精神文明有指引作用，有利于形成良好的社会风尚，对于确立和实践社会主义荣辱观具有重要意义。

第三，加强贵州红色文化产业的发展，促进贵州社会经济的发展。贵州红色文化是具有中国特色的先进文化，对经济和政治都有着巨大的反作用。新时期贵州红色文化不断丰富着其精神内涵，拓展为解放生产力、发展生产力以及不怕困难、积极进取等精神，可为贵州经济社会发展提供强大的精神动力和智力支持。在贵州红色文化的指引下，要促进贵州人民解放思想、发展观念大改变、思想理念大解放，就需要将贵州本地红色文化资源融入贵州当地经济建设之中，传承老一辈无产阶级革命家长征时期所留下的不怕牺牲、永不退缩的精神，弘扬社会主义建设时期贵州人不怕苦、不怕累，敢于做后起之秀，敢于奋起直追的精神，努力实现贵州经济社会全面发展。有了精神武器指引，更好地调动贵州人民改变家乡落后面貌，实现贵州经济社会跨越式发展。贵州红色文化是贵州经济社会发展的宝贵资源。近年来兴起的红色热潮，大量以红色文化为题材的电影、电视、书籍、动漫游戏等受到市场追捧，产生了良好的经济效益。以红色文化为主题的旅游观光、文化收藏展览等活动备受青睐，红色文化产业日益成为新的经济增长点和区域经济发展的一个新亮点。贵州虽然地处偏远，受到交通环境的限制，但省内丰富的红色文化资源为贵州经济社会发展开拓了一个新领域。贵州应牢牢地把握红色文化产业具有产业链长、辐射面广、群众参与性强的特点，努力实现贵州红色文化产业多层次、多领域发展，逐步形成红色文化产业链，为群众脱贫致富、经济跨越发展提供新动力。当前，贵州红色文化产业发展粗具规模，红色旅游观光产业不断地完善并彰显出经济效益，比如，贵州遵义利用"遵义会议"这张名片，结合当地红色文化特色，打造出集饮食、娱乐、风情于一体的黔北风情一条街——"红军街"。遵义是贵州红色文化亮点。毛泽东后来在谈到遵义会议时指出，中国共产党"真正懂得独立自主是从遵义开始的"，① 今天贵州红色文化的发展，应从遵义开始，辐射全省。

① 遵义会议纪念馆：《遵义会议资料汇编》，中央文献出版社2009年版。

贵州麻山"老苗"文化浅述

金潇骁*

摘　要： 在贵州麻山地区生活的苗族大致可分为三支，其中黔中南支系麻山亚支系苗族最早定居于此，故又被称为"老苗"。长期以来，"老苗"在麻山地区繁衍生息，稳态延续，历史上的一些汉文典籍也对他们有零星的记载。本文将结合部分古代汉文典籍，对麻山"老苗"的称谓演变、语言状况以及服饰样式、居住特点、洞葬传统和婚姻模式等习俗进行浅述，以此展示他们与当地生态环境相适应的文化特点。

关键词： 贵州　麻山　老苗　文化

在贵州麻山地区生活的苗族大致可分为三支，一是"老苗"，由名称便可知这是最早定居于此的一支苗族，其在苗族的支系分类上属黔中南支系麻山亚支系；二是明万历年间平播之役后遵义地区的川黔滇支系苗族逃到麻山地区定居的。陈浩的《八十二种苗图并说》中有专条记载，称其为"葫芦苗"；三是明代后期都云府所辖的平洲六洞土司家族

* 金潇骁，苗族，贵州民族大学民族文化产业发展研究中心副教授，研究方向：民族学、人类学。

内部发生内讧，曾经将独山地区的苗族中的一部分人裹挟到广西泗城土司的领地内，也就是今天麻山地区东南部定居的苗族。这部分苗族属于汉文典籍所称的“九名九姓”支系。这部分苗族长于稻田耕作，因而无法在麻山腹地定居，只能在麻山边沿地带的河谷盆地中与布依族杂居。[①]上述后两支苗族相较于“老苗”都晚定居于麻山，故又被称为“新苗”。本文将以“老苗”为对象，结合一些汉文古籍，对其历史、名称以及习俗作一个浅述。

一 “老苗”的历史

历史上，汉族文献对“老苗”有着不同的名称记载。元初权臣斡罗思通过壮族和布依族土司控制了桑州（今望谟县桑郎）。以桑州为基地诏谕散居在麻山地区的苗族，因而将这部分苗族通称为“桑州生苗”。这是《元史》中对当地苗族的记载，也是汉文献中对当地苗族最早的记载。“桑州”是布依族土司的名称，“生苗”是指他们并不归土司管辖，也是朝廷行政力量无法控制的地带，相反，属于朝廷或土司管辖范围内的则被称为“熟苗”。明清以降，中央朝廷也惯用“生”“熟”来对苗族进行划分，例如，明代贵州巡抚郭子章在《黔记》卷五十九中说：“苗人……近省界为熟苗，输租服役，稍同良家，则官司籍其户口，息耗登于天府。不与其籍者谓生苗，生苗多而熟苗寡。”清初陆次云在《峒溪纤志》中说：“近为熟苗，远为生苗。熟苗劳同牛马，不胜徭役之苦。”方亨咸在《苗俗纪闻》中说：“自沅州以西即多苗民，至滇、黔更繁，种类甚多……但有生熟之异。生者匿深箐不敢出，无从见：熟者服

① 崔海洋、杨洋：《麻山喀斯特地区石漠化救治与扶贫开发的文化对策》，知识产权出版社2014年版，第54页。

劳役纳田租，与汉人等，往往见之。”龚柴在《苗民考》中说：“其已归王化者，谓之熟苗，与内地汉人大同小异；生苗则僻处山洞，据险为寨，言语不通，风俗迥异。”民国《贵州通志·土民志》则说：“苗有土司者熟苗，无管者为生苗。”

纵观麻山“老苗”的历史，其在明嘉靖以前是一个被众多土司领地所包围的“苗族生界”，魏源《圣武记》卷七记载“广顺、定番、镇宁诸边”，就有“生苗”680余寨。所以望谟、紫云、贞丰、罗甸交界的大小麻山，是一块较大的“生苗”区，其东面是八番各布依族土司的领地，北面是苗族金筑安抚司和彝族宁谷长官司的领地，西面是布依族康佐长官司的领地，南面是广西泗城壮族土司的领地。汉族文献的编著者大多都是通过周边土司来对麻山“老苗”进行了解，对“老苗”种类繁多的称谓也反映了当地错综复杂的民族关系。嘉靖以后，由于麻山周围各土司相互制衡，任何一方均无力单独控制麻山全境，而苗族的金筑土司早在明万历四十年（1612）就申请改土归流，所以这时麻山地区变成了周围各其他民族土司势力的角力场，原先的“苗族生界”开始被打破，这当中尤以布依族土司的影响最大，因此，麻山的“老苗”文化也深受布依族文化的冲击。明末清初，发生了一系列政治军事冲突，麻山的“老苗”因受周围土司的裹挟而卷入朝廷与地方势力的纷争之中。在这些风波平息以后，麻山重归平静，但已不可能再成为“生界”了。但对于中央王朝来说，在清雍正年间大规模实施改土归流前，这片土地仍然属于所谓的“生界”。也就是说，在此之前，各级行政部门从未在这里设置过行政建制。周边的各民族土司，也从未将这片土地纳入自己统辖的领地范围。而令人好奇的是，麻山“老苗”为什么没能形成自己强大的地方势力与周边其他势力抗衡？这也可以从其生存的环境上找到一定的解释。由于该亚支系苗族生息区域的封闭性。每个峰丛、洼地只能允许十多户到四五十户的人家生存，峰丛、洼地之间不仅交往困难，而且资源结构又互有差别，以至于超越家族村社的强大地方势力无法克服自然环境的障碍。[①] 因此，该支系苗族长期只是处于宗族村社各占山头的社会格局，而没有结成强大的地方势力。"康佐苗"是汉文献中对当地苗族较为稳定的一种称呼，"康佐"本是布依族土司的名称，位于明代镇宁州以东，洪武十九年（1386）置长官司，正统三年（1438）改属贵州布政司。因生活区域属于康佐长官司的领地，明代地方志中就将麻山的"老苗"称为"康佐苗"。清政府接管这片土地后，以原有的康佐长官司建制为基础，设归化厅，以统辖这片新开辟的辖地。至此，麻山腹地的封闭状况被打破，外界才得以了解麻山内部情况。清中叶以后的汉文典籍中，更多见的还是使用麻山苗族所居住的环境以及特有的一些习俗来称呼他们，例如，《贵阳府志》中称该支系苗族为"山苗"，此称谓源于"克孟牯羊苗"这一名称。"克孟"一词本是出自该支系苗族的自称，"牯羊"这是当地苗语中"山谷"一词的反切音译。"克孟牯羊"一名在苗语中的含义是"山谷中的苗族"或"深山中的苗族"。这表明该书作者已经对麻山支系的苗族生存环境有比较清晰的认识。爱必达的《黔南识略》中，根据他们五彩斑斓的服饰把他们称为"斑苗"。清末成书的《安顺府志》是一本较为详细介绍麻山苗族的书籍，书中沿用了"山苗"这一称谓，同时，详细记载了麻山亚支系苗族实行悬棺葬和岩洞葬的习俗，并因此将他们称为"洞苗"或者"炕骨苗"。该书还首次提到麻山亚支系苗族在办丧事时杀马献祭[②]的习俗。也因此还赋予该亚支系苗族"砍马苗"这一称呼。由于明万历年间平播之役后遵义地区的

① 安裕伦：《贵州峰丛喀斯特多民族山区人地关系的思考——以贵州麻山、瑶山及北盘江河谷地区为例》，《贵州师范大学学报》（自然科学版）2000 年第 3 期。

② 麻山地势崎岖，其实并不适合养马，但在祭祀中却有杀马的仪式，表明该支系苗族也受到周边彝族文化的影响。

川黔滇支系苗族逃到麻山地区定居，这批新定居的苗族与麻山亚支系苗族相比，定居时间较迟，所以该书还将麻山亚支苗族称作麻山地区的“老苗”，这便是“老苗”称呼的来源。此外，该书也有把他们叫作“班（斑）苗”的记载：“班苗，男子短衣大绮，妇女（衣）服尚五色，尚镶花边，善造药箭。”①

二 “老苗”的语言

民族语言是民族研究的活化石。苗语属于汉藏语系苗瑶语族的苗语支，而苗语又可分中、东、西部三种方言，基于此还可进一步划分为7类次方言和18类土语。详细而言，中部方言也被称作黔东方言，使用此类方言的人数估计有320万人，多分布于贵州省的黔东南苗族侗族自治州、黔西南布依族苗族自治州、安顺市以及广西的融水苗族自治县、三江侗族自治县等地的苗族中。东部方言也被称作称湘西方言，使用此类方言的人数估计有250万人，主要分布于黔东北部的松桃苗族自治县、湘西地区、湖北的来凤、恩施以及重庆的秀山、彭水等地。西部方言也被称作川黔滇方言，使用此类方言的苗族人估计有360万人，多分布于四川南部、广西北部以及云南、贵州。其中身居他乡的苗族人多使用西部方言，若全部算起来，使用西部方言的人估计超过500万人。

麻山地区的苗族通用川黔滇方言，具体来看，“老苗”使用的是川黔滇方言下的麻山次方言。据著名苗瑶语专家王辅世的研究，麻山次方言之下还可以细分为四种土语：②

中部土语——通行于紫云县宗地、打易、各、克混、妹场、百花，

---

① （清）常恩修，邹汉勋、吴寅邦纂：《安顺府志·风俗》卷十五。

② 王辅世：《苗语简志》，民族出版社1985年版，第105页。

罗甸县逢停、边阳等地。

北部土语——通行于长顺县敦操、代化，罗甸县边阳，惠水县董上等地。

西部土语——通行于紫云县猴场、四大寨等地。

南部土语——通行于望谟县麻山、乐宽等地。

其中，中部土语群估计为16万人；北部土语群估计为7万人；西部土语群估计为3万人；南部土语群估计为2万人。

三 “老苗”的服饰

古代典籍中记载麻山“老苗”“妇女辫发螺结，上指若狗耳之状”。[①] 这是麻山“老苗”的传统发式。所谓“螺结”是指发结下端大、上端尖，外形酷似田螺壳，又似狗耳，故本支苗族又被称为“狗耳龙家”。这种传统发饰为早期苗、瑶两族共有的发型。古文中对本支苗族衣着的记载差异，《黔南识略》《黔书》等记载他们“衣斑衣”，因而也称他们为“斑苗”，此处的“斑”字是音译兼意译，“斑”字的汉语读音与苗语的“花朵”一词读音相近，而汉字的“斑”含义为“五彩斑斓”的纹饰；《安顺府志》则记录他们“男女俱衣青蓝色，好披蓑……”表明其服饰以青黑色为主，故有时又称其为“黑苗”。之所以有这样的差异，笔者认为一是可能古代典籍的编写者接触到了不同的亚分支；二是可能是时节不同导致。“老苗”妇女最常见的穿着是在头上裹以青色或蓝色的布帕，衣襟镶多色花边，下身穿青蓝色筒裤。但据有关记载，她们以前也穿裙，只是长期受到布依族土司的统治，因布依族穿裤，所以也改

① （民国）任可澄主编：《黔南丛书》第二集第三册收录，引自（清）田雯撰《黔书》（上卷），贵州通志局1922—1941年版，第23页。

装。但这种改装并不完全，一是时间上经历了较长的阶段，二是不同地点改装的情况不一，有的地方并没有改装，有的地方则是身前着布依族服装，死后入殓时换回苗族传统服饰。时至今日，由于麻山已完全开放，当地人平时也经常穿夹克、衬衫、T 恤等“现代装”，特别是年轻人更是如此，而传统服饰大多在过节或举行仪式时穿着。

四 “老苗”的居住

麻山的村寨规模一般不大，很少超过 50 户人家，大多在 10—20 户。因很多村寨位于洼地底部，所以也被称为“漏斗人家”。房屋的材质多种多样，有竹条、有木制也有扶贫项目帮助下新建的砖房、水泥房。和其他地区的苗寨相似，麻山“老苗”社区的房屋也大多依山麓而建，形成半干栏式的吊脚楼，房屋的底部用于堆杂物和饲养牲畜，人则住在楼上。

麻山的苗家在空间分布上和其他地区的苗族吊脚楼有相似之处，只不过麻山的苗家大多只有两层，因为他们以前会专门建造一些圆形的粮仓。据说，储藏于圆仓的粮食明显比储藏在家中的粮食好吃。这是因为圆仓远离地面，可防湿气也可防盗，离家有一定的距离还可以防火；竹篾编织的仓体既通风，又有利于粮食保存。另外，在四根木柱的顶部与圆仓的衔接处平台下方，分别用四块光滑木板或石板支接起来，以防止老鼠爬入粮仓，偷吃粮食。这样的建筑具有防潮、防鼠、防火、防盗等多种功能，是充分考虑到麻山当地生态环境的特有建筑样式，不过如今这些圆形仓库大多已被废弃，粮食等就直接堆放在房屋的一些角落。与其他地区苗族建造吊脚楼大规模使用木材不同的是，麻山的苗族也是就地取材，使用本地的岩石或是用岩石土壤烧制的土砖来建造房屋。此外，在扶贫工程的帮助下，现在各家都建有小水窖，大多位于各家大门外 2—3 米的地方，用于解决人、畜的饮水问题。

不过，在历史上，本支系苗族最大的文化特点之一是以悬崖峭壁上的洞穴为家。提到穴居，人们往往容易联想起人类发展的早期阶段，穴居正如茹毛饮血一般，是原始、落后的象征，但人们很难意识到，穴居，恰恰是麻山苗族对本地区喀斯特地形地貌的文化适应结果。在麻山地区一些曾经住人且仍保存完好的洞穴可以看到，洞穴天然地分为两层，上层是卧室，摆有生活所必需的各种家具，厨房以收割后的作物秆蒿搭建而成，井然有序，下层是劳作间，有农具、各种器械以及牲口圈等，“择悬崖凿窍而居，不设裀笫，构竹梯上下，高者百仞”① 这是田汝成在《黔书》中对“老苗”居住环境的描写。其实这样的洞穴房屋与洞外的普通住宅并无二致，学者杜薇在研究了麻山苗族的穴居生活后认为，以洞为家，至少有下面几个优点。

一是冬暖夏凉，生活很少受到不利天气环境的干扰，而且可以大大节约取暖、降温的能源消耗；二是山洞里的水源和空气最为清洁，不会传染疾病；三是住山洞极为安全，不管外界自然与社会秩序遇到什么样的灾祸，住在山洞中都可以安然无恙；四是在山洞住家，可以最大限度地节约耕地；五是岩洞中不仅气温、湿度稳定，通风良好，而且微生物群落相对单一，储藏在山洞中的粮食、食品可以长期保鲜；六是在山洞住家，可以高度节约建材，不需要烧砖、烧瓦、伐木，单凭农作物秆蒿和小灌木枝十就可以在洞内建筑墙壁，搭建舒适的人居空间；七是这样的住宅，投资小，维护费用低，而且极为安全。可以称得上风雨不动安如山。在麻山腹地，冰雹危害极为严重，如果是一般的瓦房，每年都得

① （民国）王云五主编：《丛书集成初编》收录，引自（明）田汝成撰《炎缴纪闻》卷四，商务印书馆 1936 年版，第 56 页。

翻修，即使是现代住房的玻璃窗也难以幸免。①

遗憾的是，新中国成立后，特别是扶贫工程开展以后，穴居被贴上落后、贫穷的标签，在政府眼里，在新时代下，如果还有人以洞为居，是当地不可容忍的耻辱，所以纷纷将这些洞居人家迁出山洞，为他们在外面新建房屋。虽说这是善意之举，但却忽略了以山洞为家，绝不是因陋就简凑合过日子，而是综合认识和理解所处自然和生态环境的自然属性后，并加以巧妙利用的一系列创新之总汇，是人类文化对所处生态系统适应的结果，所以，当地人并不一定情愿搬迁，新修的房屋也惹来种种诟病。如今，当地人有时还是喜欢跑到山洞中纳凉、避寒，青年男女也喜欢到山洞玩耍幽会。

五 “老苗”的洞葬

该支系苗族不仅活人住山洞，人死后也要住进山洞，即所谓“舁之幽岩，秘而无识”② 的洞葬。正因如此，这支苗族也在古代典籍中被称为“炕骨苗”。因洞葬的山洞大部分位于悬崖之上，所以便形成了悬棺葬。活人住的山岩叫作红岩，而用于丧葬的山岩则叫作白岩，白岩一般位置隐蔽，有茂林遮挡，不容易看到，不过现在由于植被退化，导致白岩也暴露在外。洞葬按家族为单位，同一家族的人同葬一洞。

但是在明代田汝成的《炎徼纪闻》中未提到当地苗族实行悬棺葬和崖洞葬，这也许是先人的葬址对于本族人来说是神圣的，所以早年不允许外族人参观，作者因而不知其详。山洞荫蔽而通风，在“老苗”看

① 杜薇：《民族文化偏见在生态建设中的隐患探究——以麻山苗族的穴居和崖葬为例》，《原生态民族文化学刊》2010 年第 1 期。

② （民国）任可澄：《黔南丛书》，引自（清）田雯撰《黔书》（上卷），贵州通志局 1922—1941 年版，第 23 页。

来，将先人安葬于此可以使他的灵魂随风得以释放，如果埋入地下，则禁锢了他的灵魂，这样的认知和其他苗族支系有相似之处，因为苗族历史上是一支经历过长途迁徙的民族，所以苗族认为人死后，灵魂需要回到遥远的故土。而且如果活人诸事不顺，可能是先人棺木放置不当，置于洞内，也便于整修其棺木，即二次葬。实行洞葬的最大好处在于能够节约土地。在麻山这样极度缺土地段，溶蚀盆地底部有水淹风险，而洼地底部的肥沃土地如果用于安葬去世之人属暴殄天物之举，洞葬则使得活人与去世之人各得其所，且不会轻易受到坍塌的威胁。

田汝成在《炎徼纪闻》中记载当地苗族人的葬礼是“亲死不哭，笑舞浩唱，谓之闹尸。[①] 田雯的《黔书》中则记载：“（人）死。以杵击臼，和歌哭。”[②] 一个“笑”、一个“哭”，表面上看，两者存在差异，实则一样。原因在于本支系苗族在亲人亡故的当时，要举行盛大的送行仪式，但并不祭奠（祭祀活动在来年春天，是对过世之人进行合祭），而是为死者的灵魂制办行装，将死者的灵魂送到祖宗灵魂的所在地去。文中所说的“以杵击臼”含义是为死者的灵魂制作供路上食用的米粑，[③] 在举行这一仪式时，亲人要以歌代言，嘱咐死者的灵魂要径直前往祖宗灵魂的所在地。由于是“以歌代言”，故田汝成写作“笑舞浩唱”，但此“笑”更多的是一种场景氛围而不是欢乐之意，而田雯写作的“和歌哭”则更能反映仪式中人们的真实情感。所以，两书所记内容一致，仅作者的观察角度不同而已，记载的差异仅是一种表面现象。[④]

① （明）田汝成撰：《炎徼纪闻》卷四，商务印书馆 1936 年版，第 56 页。

② （民国）任可澄：《黔南丛书》，引自（清）田雯撰《黔书》（上卷），贵州通志局 1922—1941 年版，第 23 页。

③ 现在人们习惯将米粑做成鱼虾的形状，而麻山明明属于缺水地区，祭祀品却喜欢做成水产的形状，这明显是受到壮族这样的百越民族文化影响。

④ 吴正彪：《贵州麻山地区苗族社会历史文化变迁考述》，转引自黔南州文联、黔南州民间文艺家协会编《守护精神的家园》，2006 年 7 月，第 95 页。

在苗家葬礼上，要请专门的人唱经以送亡灵。现在一般人家都要请两种唱经人，一种是“本家先生”，或称为“东郎”，也就是苗族本族的歌师。另一种是“客家先生”，即汉族的道士。苗家人认为，真正能将亡灵送回祖先故里的还是本族的歌师，至于道士，只不过是来吹吹唱唱，制造热闹的气氛而已。清末的《安顺府志》中还介绍了本支系苗族有“砍马祭祀”的风俗，故将他们称为“砍马苗”。后世学者认为该地区不产马，却中意“砍马祭祀”也是受到外来民族文化的影响。不过笔者在麻山调查时，并没看到“砍马祭祀”的现象，据说如果要砍马的话，主人家要将被杀之马牵着去村寨中的每一家串一遍门，这样太花时间，所以现在已经很少有人家砍马。倒是和其他苗族一样，麻山苗族常以杀牛来祭祀。在一些乡镇，如果家中有人去世，便要杀牛，而杀牛的方式非常血腥。将牛吊于树上，绑牢，然后将牛头从颈部活活斩断。举行该仪式时，主人家的亲朋好友大多到现场观看，执刀人也是本家成员或亲属。待牛被杀死后，将其分成块，执刀人可以分得牛头。主人家还要请吃酒，不过有意思的是，客人是自带酒水和菜来主人家吃，如果主人家家境殷实，便煮上一锅马料豆（黄豆）给客人分食。

六 “老苗”的婚俗

本支系苗族的传统婚俗被称为“跳月”，是出面婚的一种类型。《炎徼纪闻》中记载：“男女屣笙而偶，免乳而归其聘财。”所谓“屣笙”，即踏着芦笙的节拍跳舞，即通过“跳月”的方式自由择偶。今天的麻山亚支系苗族大部分已不再吹奏芦笙和“跳月”了，这是清雍正“改土归流”后，代管该亚支系苗族的布依族土司严令禁止的结果，而改由父母包办，父母包办要请媒人，宽裕的家庭媒人不止一个，叫请“大媒”，拮据的家庭则请“小媒”，即只有一个媒人。但青年男女对于父母包办婚姻经常甚是不满，至今还流传着一些关于包办婚姻带来恶果的歌谣，不过如果男女双方对包办的婚事极度不满时还可援引古例私自缔结姻缘，这样的姻缘同样受到社会的认可。而未受布依族土司代管的北部一些地区，却延续着“跳月”的习俗。“免乳而归其聘材”是说男女双方结为夫妇的当时并不举行婚礼，而是要等到头胎儿女出生并断奶后夫妻二人才抱着子女前往女方家交付聘礼，同时举行隆重的婚礼。《黔书》中也记载了该亚支系的“跳月”和“出面”婚礼，相较于《炎徼纪闻》，则更为翔实：“春时，立木于野，谓之‘鬼竿’。男妇旋跃而择对。既奔，则女氏之党以牛马赎之，方通媒妁。”“既奔”指未婚女子径直往意中人的家庭结为夫妇，即沿袭传统“出面”婚的作法，但受汉文化的冲击，女方家庭的观念发生了改变，认为不举行婚礼，自家的女儿便上男方家的门，这样会被世人看不起，因而宁愿出牛马将女儿赎回，再以汉族礼仪举办婚礼，将女儿堂堂正正嫁出门，这样才有面子，“方通媒妁”即指按汉族习俗操办婚礼。不过，时至今日，除了一些非常偏远的村寨外，自由恋爱、自由结合已经成为主流的婚姻形式，类似于“跳月”的择偶方式再度出现，农闲时，男青年带上芦笙等乐器到村寨附近的平坦之处吹响音乐，嬉笑玩乐以寻觅意中人，此外，现代的各种社交活动也是男女互相认识、恋爱的机会。但即使是自由恋爱，也不可能进行传统的“出面”婚，如果双方有意，男方家必须请媒人说亲、下聘礼、接亲、请酒，这样才是受到认可的夫妻。值得一提的是，双方家庭在同意婚事前，还要算卦以求证这门婚事是否合适，现在也如此。算卦有的用男女双方的生辰八字，这明显是受汉文化的影响，因为传统苗族历法并不使用天干地支，也就不应该有生辰八字一说，只有引入汉文化历法后才会出现这一形式的算卦。[①] 而最富特色的算卦形式是鸡骨算卦。算卦时，要在堂屋烧三炷香，念咒词，意为请神明保佑。然后杀一只公鸡，将鸡腿砍为等齐的两截，然后看骨上的骨眼，如果两只骨上各有两个骨眼，则为最佳，男女极为般配，如果是三个，距离必须相等，否则就不吉利，此时，可再杀一只，如果吉利，则婚事顺利进行，如果还不吉利，则此门婚事就要停止。

结　语

本文结合古代汉文典籍，对麻山“老苗”的称谓、语言以及习俗进行了浅述，从生态意义上讲，一个民族如果能在某个区域实现稳态延续，这就意味着该民族的文化与当地生态环境实现了适应。麻山“老苗”是最早定居于麻山地区的族群之一，并繁衍至今，他们的穴居模式、洞葬传统等文化因子本质上都是与当地自然环境适应的结果，不过遗憾的是如今往往被打上“落后”的标签。众所周知，麻山地区是我国当前石漠化最为严重的区域，其诱因本质上是在历史过程中，由于政治、经济等因素交织在一起导致的文化误用的结果。如果能够纠正偏颇狭隘的文化观，认真研究“老苗”等当地世居族群的文化，发掘他们的“本土性”知识，并将此类知识应用于生态扶贫中，这将是大有裨益的。

---

① 当地苗族现在使用公历、汉族的农历和传统的计时制度。传统的计时制度在《炎徼纪闻》中被称为“苗甲子”，并载“不知正朔以鼠焉，记子午言日亦如之，岁首以冬三月各尚其一曰开年”。不同的历法并不冲突，正如日常生活中，除夕、端午、清明、中秋按农历，元旦节、劳动节、国庆节按公历，可以做到并行不悖。

试论土司对贵州民族关系构建的影响
——以播州宣慰司与思州、思南宣慰司关系为例

赵尔文达　杨　含*

摘　要： 播州杨氏土司，思州、思南田氏土司与水西安氏，水东宋氏土司作为贵州历史上的四大土司，对其辖区内民族关系的构建乃至对整个贵州的历史发展进程有着深远的影响。杨氏自据播州后，便世代与思州、思南田氏保持着密切联系。本文拟在史料和考古所得的基础上，探讨播州宣慰司与思州、思南宣慰司的关系，并分析其对贵州民族关系的影响。

关键词： 播州；思州；思南；宣慰司

土司制度是元明时期中央王朝利用少数民族首领世袭统治，以实现对少数民族地区管理的一种特殊的政治制度。播州宣慰司地处今贵州北部，思州、思南宣慰司地处今贵州东部、东北部一带，由于紧密的地缘

---

* 赵尔文达，苗族，贵州民族大学人文科技学院助教，研究方向：中国少数民族关系史；杨含，侗族，贵州民族大学人文科学学院2015级旅游管理专业学生，研究方向：贵州旅游文化资源。

关系，境内民族构成相似等原因，两土司家族关系密切。少数民族首领间的沟通交流，促进了两辖区内少数民族群众的交流交往，同时也推动了两地汉文化的发展。

一　播州宣慰司与思州、思南宣慰司的概况

（一）播州宣慰司概况

播州，建于唐贞观十三年（639），统辖今贵州北部的大部分区域。北宋中后期时，杨氏归顺宋王朝，置遵义军与播州，至此，杨氏世领播州地。元至元二十八年（1300）改播州安抚司为播州宣抚司，隶四川行省。至元二十九年（1301），授播州宣抚使杨汉英为“绍庆、珍州、南平等处沿边宣慰使，播州军民宣抚使”。[①] 时辖地东至镇远，南抵今都匀，西达水西，北到今綦江。到了明洪武五年（1372），“播州宣慰使杨铿……来归……仍置播州宣慰使司”。时播州宣慰司领黄平、草塘安抚司，真州、播州、余庆等六个长官司，其辖地范围得到进一步扩大。明万历二十四年（1596），因宣慰使杨应龙叛乱，在明朝军队镇压后，播州宣慰司于明万历二十九年（1601）被改土归流，其地被分为遵义、平越两个“军民府”，分别隶属四川、贵州两布政司。

播州地区的土著居民为濮人，逐渐演变为僚。[②] 卫所建立以后，大量汉族移民涌入，使得当地的民族构成由“夷多汉少”变成了“夷少汉多”或“夷汉参半”。

---

① （明）宋濂：《宋濂全集·杨氏家传》，浙江古籍出版社 1999 年版，第 965 页。

② 王兴骥：《播州土司与水西土司关系之研究》，《贵州社会科学》2001 年第 6 期。

（二）思州、思南宣慰司概况

思州之名最早见于唐代。[①] 唐贞观年间（626—649），因务州境内有思邛水流经，“改名为思州”，[②] 隶属于黔州道，辖涪川、多田、抚阳、成乐四县。宋王朝在少数民族地区实行羁縻州、县制度。北宋初年，思州属羁縻州溱州路。宋徽宗大观元年（1107），由于田祐恭以思州地内附，宋以其地置羁縻性质的思州，以田祐恭为刺史。宋宣和元年（1119），以田祐恭为“贵州防御使”[③]。元朝至元十五年（1278），思州安抚使田景贤内附，元政府在思州地区设置万户府，“治龙泉坪”，[④] 并允许其世袭。先改为思州军民安抚司，再改为宣抚司，隶属于湖广行省。

元顺帝至正十七年（1357），“红巾军”统兵元帅明玉珍进军四川，并在今重庆称帝，国号“大夏”。在大夏政权建立的前一年，原思州宣抚司所属镇远州知州田茂安因不满其侄子思州宣抚使田仁厚的管辖，单独以其地献明玉珍，自此，思南都元帅府得到“大夏”政权承认，思南从思州中分离出来，第一次以独立的建置见于历史，以其地创立了思南道都元帅府。元顺帝至正二十五年（1365）六月初二，田茂安之子田仁智遣都事杨琛归附朱元璋，朱元璋以其“为思南道使，给三品银印，并

---

① 思南县志编纂委员会办公室编：《嘉靖·道光·民国思南府、县志》（点校本），2002年，第5页。

② 其具体时间，大致有两种不同的记载：《十道志》中记载的是贞观八年（634），而《太平寰宇记》《元和郡县志》《旧唐书·地理志》《新唐书·地理志》中记载的都是贞观四年（630）。

③ 贵州省文史研究馆点校：《贵州通志·前事志一》，贵州人民出版社1985年版，第363页。

④ （明）钟添纂修：（嘉靖）《思南府志》卷一《地理志·沿革》（第43册），巴蜀书社2006年版，第473页。关于龙泉坪现址，多认为是位于今贵州省凤冈县，后经尹刚、尹毅、丹青等考证，龙泉坪应位于贵州省德江县文新区之龙泉坪。参见尹刚、尹毅、丹青《元思州治所龙泉坪考》，《贵州文史丛刊》1989年第4期，第136页。

授琛宣抚使”。[①] 置思南宣慰使司。洪武六年（1373），“升思南宣慰司为思南道宣慰使司”。[②] 在田仁智归附明朝后，思州宣抚使也紧随其后，授思州宣慰司。永乐十一年（1413）二月，思州、思南两宣慰司被明王朝废除，后置贵州布政司总辖。

思州、思南境内世居苗、土家、仡佬等众多土著民族，“郡旧有蛮夷、佯僙、仡佬、木徭”。[③] 这一地区的少数民族，元明清时期泛称为“苗”，也有零星“蛮”和“土人”的记载，其中以“红苗”人多势大。到了明朝，思州、思南境内居民多为流寓者，这些汉族移民多以陕西、江西迁入。

二　播州杨氏与思州田氏军事上互相配合

自宋、元以来，播州、思州的田、杨两家在军事上已经开始相互合作和支援。

宋理宗宝祐二年（1254），因思州、播州连年抵御外敌入侵有功，思州守臣田应庚与播州守臣杨文都得到了晋升，“田应庚、杨文……官一转”。[④] 蒙古军队袭取云南，随后向东面进攻，思州田氏和播州杨氏都举兵抵抗，还派兵以援蜀境，曾受到南宋嘉奖。四年（1256）五月，罗氏鬼国通知思、播：蒙古军已在大理屯兵，将取道西南，大肆进攻南宋，应当事先有所防备。“诏以银万两，使思、播约结罗鬼为援。”[⑤] 五

---

① 贵州省民族研究所编：《〈明实录〉贵州资料辑录》，贵州人民出版社 1983 年版，第 1 页，引自《明实录・太祖洪武实录》卷十五，第 9 页。

② 贵州省民族研究所编：《〈明实录〉贵州资料辑录》，贵州人民出版社 1983 年版，第 9 页，引自《太祖洪武实录》卷八十六，第 10 页。

③ 思南县志编纂委员会办公室编：《嘉靖・道光・民国思南府、县志》（点校本），2002 年，第 8 页，引自（明）钟添等修（嘉靖）《思南府志》卷之一《地理志・风俗》。

④ 贵州省文史研究馆点校：《贵州通志・前事志一》，贵州人民出版社 1985 年版，第 387 页。

⑤ 同上。

年（1257）四月，播州边境告急，思州田氏二十世田应庚“乞兵屯泸、叙以援思、播州”。[①] 六年（1258）四月，蒙古军侵入播州境内，田应庚还特地派思州驻扎御前忠胜军副都统制，前往播州与播州军“同筑关隘备御”。[②] 南宋时期，在抵抗蒙古军时，思、播两地也共同进退。

元朝建立后，思州田氏和播州杨氏皆相继降附。世祖至元十四年（1277）春，思州田景贤、播州杨邦宪“相继送款，俱授安抚司”。[③] 元统治者为了控制这些土司，下令两家交质子入侍，至元十六年（1279）二月，上“命田、杨二家贵官子充质子入侍”。[④] 在此之后，思、播两安抚司还受到朝廷派遣征讨缅甸，至元二十一年（1284）夏四月，“敕发田、杨二州蛮军，从征缅”。[⑤] 武宗至大三年（1310）正月，元统治者也曾调遣思州、播州土兵讨伐湖广乖西带蛮阿马等叛乱，至元七年（1347），广西瑶民叛乱，也“诏思、播军讨之”。[⑥]

思南、思州两宣慰使世代不和，更因砂坑的争夺将其矛盾推向白热化，两家时常发生械斗，相互仇杀。永乐十一年（1413）十一月，明廷废思州、思南宣慰司时，曾下令播州宣慰使杨升出兵以助明平“苗民”救思州、思南田氏。时值思南、思州宣慰司覆灭之际，由于思南、思州与播州世代交好，播州宣慰使杨升不肯出兵助明，还以种种理由向朝廷要价。[⑦]

以上播州和思州频繁地一同出现在各种记载中，不仅缘于两地地理位

① 贵州省文史研究馆点校：《贵州通志·前事志一》，贵州人民出版社 1985 年版，第 389 页。

② 同上书，第 392 页。

③ 同上书，第 405 页。

④ 同上书，第 408 页。

⑤ 同上书，第 424 页。

⑥ 同上书，第 481 页。

⑦ 同上书，第 542 页。

置上的紧密，通过播州宣慰使不肯出兵助明以平思州、思南一事可以推断出，播州杨氏和思州、思南田氏自宋元以来便达成了友好同盟关系。

三　播州杨氏与思州、思南田氏的姻亲关系

自有思、播开始，两家关系便世代交好，不仅在军事上互相扶持，政治上也共同进退。但最为重要的是，两家还有姻亲关系。这种关系不仅有利于双方结成政治同盟，稳定政治，联合对外抗敌，还会对经济、文化等各方面产生重大影响。联姻关系可以成为联姻的双方对其友好合作关系的保障，使双方对其同盟关系更有信心。

播州宣慰使杨氏与思州、思南宣慰使田氏在历史上有很多次联姻。据《遵义府志》载：至元二十三年（1292），播州宣慰使杨邦宪之妻田氏被封为永安郡夫人，由于杨元鼎身后无子，田氏（杨汉英妻）以杨如祖三子杨铿为嗣。这里的田氏，虽不能考其是思南宣慰司一支的田氏，还是思州宣慰司一支的田氏，但从各种考古资料中可以确切地考证到思州、思南田氏与播州杨氏二家的姻亲关系。遵义新蒲区发现的播州杨氏第二十一世杨铿墓及其妻田氏墓志铭（如图1）载："缘姓田氏，其始祖宗赠少师□忠果以……思州宣抚使司侍卫亲军都指挥使……"遵义市团溪发现的播州杨氏第二十五世杨辉之墓及其妻田氏的墓志铭（如图2）载："故淑夫人田氏墓志铭……淑夫人田姓讳淑秀……系出于思南巨族，鼻祖唐少师忠果公十四世孙前宣慰使大雅公之侄孙女也。"杨辉于正统十四年（1449）四月袭职，[①] 时距思南宣慰司的废除已三十六年，而当时田氏一族已没落，但杨氏仍与田氏保持着姻亲关系，说明两家的关系交好程度之深。

① 贵州省民族研究所编：《〈明实录〉贵州资料辑录》，贵州人民出版社1983年版，第312页。

图 1　播州宣慰使杨铿夫人太淑人田氏墓志铭拓片

图 2　播州宣慰使杨辉夫人田氏的墓志铭拓片①

---

①　两图引自贵州省文物考古研究所遵义县文物局《田氏墓志铭文拓本》，《考古》2015 年第 11 期，第 60、85 页。

从现有的考古发现来看，只有播州宣慰使之妻杨氏的墓葬及墓志铭，思南、思州田氏的墓葬和墓志铭等至今均未找到，但从杨铿、杨辉二人之妻的墓志铭看完全能佐证田、杨二家姻亲关系。

四　播州与思州、思南宣慰司关系紧密的原因及对贵州的影响

（一）播州与思州、思南宣慰司关系紧密的原因

播州宣慰司辖今遵义地区等贵州北部及重庆南部一带；思南宣慰司辖今铜仁地区思南县、印江县、沿河县、德江县等县市地区，为今贵州东北部地区；思州宣慰司的辖地则覆盖了今岑巩县、镇远县等贵州东部地区。地理位置的邻近，是促成播州宣慰司与思州、思南宣慰司长期紧密关系的客观条件。

文化上的相似性增加了播州与思州、思南宣慰司频繁交流交往的可能性。文化上的交流，主要体现在对中央王朝文化发展和传播的支持，播州与思州、思南宣慰使对儒家文化的学习，以及对这几地宣慰司学、书院的建立和传播都予以支持，儒学的进入和发展，使得各地民众逐渐被汉化，“夷佬渐被德化，俗效中华……婚娶礼仪，服食体制，与中州多同”。[①] 另外，今贵州东部、北部及东北部民众的民族成分本就具有相似性，使得文化差异更加缩小，便于沟通和交往。

播州宣慰使杨氏与思州、思南宣慰使田氏的和谐互助的关系历经宋、元、明三朝，曾一起多次被中央王朝征调抗击外侵或平定叛乱，可以说，在军事上、政治上，杨、田两家相互配合和合作，除此之外，两

① 思南县志编纂委员会办公室编：《嘉靖·道光·民国思南府、县志》（点校本），2002年，第8页，引自（明）钟添等修（嘉靖）《思南府志》卷之一《地理志·风俗》。

宣慰使家族还保持着姻亲关系，甚至当思州、思南宣慰司被废除后，播州宣慰使与其后裔仍有联姻关系，可以看出两宣慰使家族的关系的紧密。

（二）播州与思州、思南宣慰司关系紧密对贵州的影响

贵州地区虽在各朝代均有不同规模的移民，但由于地理环境复杂，严重阻碍了区域内的经济发展和民族交流，由于紧密的地缘联系，播州杨氏与思州、思南田氏的长期和平相处，促进了两区域内百姓的联系和交往。宣慰使家族和谐的关系推动了播州宣慰司与思州、思南宣慰司境内民间的经济贸易与文化方面的相互交流和融合，促进了黔北与黔东、黔东北地区的文化进步和经济发展。

由于两地区宣慰使始终与中央保持一致，积极学习儒家和中原文化，促进了这一区域内民众的思想开化，同时有利于朝廷强化在这一地区乃至整个贵州的统治，为封建大一统的国家形成奠定了文化基础。

结　语

对于播州宣慰司与思州、思南宣慰司这两家土司之间的关系的探析，将改变以往一谈到土司制度，往往都是从中央王朝与土司之间关系出发的研究模式，这种模式往往注重元、明王朝对土司的军事征调、承袭的控制、纳收赋税等方面的研究，而忽视了地方土司之间的关系。地方土司之间的关系不仅关系着地方的经济交往和文化交流，甚至还影响着地方和国家的稳定。自隋唐羁縻制度起，播州杨氏和思州田氏就各自

雄踞一隅并始终团结互助，共同存在于各种史料记载中，其土司官职直到明朝才废除。播州宣慰司与思州、思南宣慰司团结和谐的关系促进了今贵州北部和东部、东北部地区汉文化的传播，还为这一区域内的经济发展提供了较为稳定的外部环境，这为明朝这一区域汉族移民的大量涌入奠定了基础。

由于笔者研究水平有限，加之关于播州与思州、思南土司来往交流的史料较少，因此，对这两大土司之间关系的探讨仍存在诸多不足，还有待于今后进一步深入研究。

文学艺术

乌江流域阳戏艺术与传承研究

余继平*

摘　要：阳戏文化遗产作为非物质文化遗产的重要部分，是人类在漫长历史进程中积淀下来的精神财富，是世代乡民社会理想、道德伦理、人生志趣和审美观念的直接体现。对它进行认真、系统的研究有助于多方面、多角度地探讨我国各民族的传统文化与文化变迁；有助于探讨民族生态、生产活动、社会结构、婚姻家庭、礼仪节庆、信仰禁忌、文学艺术等问题。本文针对乌江流域阳戏基本特征、内容、表演、面具等艺术进行了梳理，并对其传承现状及存在的问题，提出几点保护建议，以望乌江流域阳戏在继承与创新、保护与利用中科学进行。

关键词：阳戏；乌江流域；传承现状；对策

乌江流域民族地区古为“蛮夷之地”，在历史上由于地理位置，曾分设郡县、羁縻、土司等建制沿革的诸多原因，大量外来“华夏族系、氐羌族系、苗瑶族系、百越族系及蒙古、回、满等”移居蛮夷之地，加

---

* 余继平，长江师范学院乌江流域社会经济文化研究中心教授，研究方向：少数民族艺术与文化遗产保护。

之在不同历史时期不同民族通过古代自然移民、政治移民和军事移民等形式移居这里与原住土著民族杂居，使该地区既接受中原文化的传播，又受荆楚、巴蜀、滇桂等文化影响。在长期改造自然和自我的过程中，乌江流域民族文化绚丽多姿，多民族文化的相互交融形成了厚重丰富的民族文化形态。主要有民间文学、民间音乐、民间舞蹈、民间戏剧、民间工艺美术、民间曲艺、民间节日等丰富多彩的文化遗产。

阳戏属于傩戏，是中国傩文化的载体。据《辞海》载："傩戏……由驱鬼的傩舞发展而成……演出时多戴面具，故又名'师公脸壳戏'，表演动作一般较简单原始。音乐大多以锣鼓伴奏，人声帮和，故有的地方又称'和合腔'。"阳戏各种表征表明是原始傩文化活动的遗存现象。作为承载各族人民生产知识、生活理想、道德伦理、审美情趣的阳戏在乌江流域长期传承，成为维系传统社会持续发展的重要方式。

一　乌江流域阳戏基本特点

乌江流域阳戏一般是人们祈求神明保佑自家身体健康、六畜兴旺、生意兴隆、仕途亨达等愿望实现后或者喜庆降临，而举行的一种以请神、酬神、祈神、送神为基本结构的酬恩了愿或喜庆贺神的祭祀活动。乌江流域阳戏内涵丰富，具有不可忽视的多重价值。在民间，根据其功能把傩戏分为阴戏和阳戏。以酬神和驱邪为主的傩称为"阴戏"，它是跳给神和祖宗看的；以娱人和纳吉为主，跳给人看的傩称为"阳戏"。而阳戏也称"舞阳神戏"或"还阳戏"或"愿戏"，是傩戏的主要部分，即正戏。如咸丰阳戏被志书目为"傩愿戏"，并称："咸俗春上许愿，秋后还愿，还愿必戏，戏则以土家歌舞演唱，伴以锣鼓"。其"曲调以民间小调组合而成”“三五人出戏，头戴木制面具，腾挪跳跃，一唱众和”“唱词通俗顺口，引人发笑。主要剧目有《覃童卖猪》《张嫂子打鱼》《卖长工》等”。“酉阳阳戏，又叫‘跳戏’。它没有明显的内坛与外坛之分，由坛祭仪式和跳正戏两大部分组成。坛班所跳之戏，其内容都是阳间之事，阳戏班也不走丧家做阴斋道场。”① 正戏分全堂戏和半堂戏，全堂戏演二十四出戏，半堂戏演十二出戏。正戏中插入一些杂戏节目，“因为这些戏是演给活人看的，叫‘阳戏’。在傩仪程序来说，这时开始上演有故事情节的戏，叫‘正戏’。正戏的演出中，又不时插入一些反映时代生活的剧目，称之为插戏”。② 而把插戏放在正戏后演出，所以也叫后戏。正戏和插戏内容多取材于神话传说、历史演义、民间故事、戏曲等。

笔者对重庆酉阳、贵州开阳、福泉等县的阳戏展开过调查，表明阳戏和阴戏没有截然分开，没有单纯表演“阳戏”或“阴戏”的。因此，阳戏表演是要供奉“川主、土主、药王”，要做“迎神、酬神、送神”仪式的二十四坛法事，还要演出诸如赐福戏、贺寿戏、仕进戏、婚娶戏、送子戏、逗乐戏等唱戏表演。酉阳阳戏是不分内、外坛（内为做法师，外为唱戏）的，也不明显标出坛次，而是按其实际运作的情况而定，演唱正戏段落时，演唱剧目是根据事主家跳戏的因由和坛班的剧目建设情况而定，剧目演唱多少则是看延请坛班跳戏时间的长短而定。当然也并不是阳戏和阴戏都平均地进行表演，表演更多的是淡化祭祀仪式，强化戏剧娱乐的因素，增加更多娱人部分的内容，不断增强自身的审美功能。

---

① 段明：《四川省酉阳土家族苗族自治县双河区小岗乡兴隆村面具阳戏》，台湾省施合郑民俗文化基金会 1993 年版，第 15 页。

② 贵州省地方志编纂委员会：《贵州省志·文学艺术志》，贵州人民出版社 2003 年版，第 484 页。

乌江流域阳戏，人们根据表演是否佩戴面具为标准，把它分为面具阳戏和开脸阳戏。“所谓面具阳戏，就是表演者戴着面具演出，每个戏班有各种角色三十至五十多个不等，按平常演出剧目人物多少备制。而开脸阳戏，直接在表演者面部装彩，绘制脸谱。”① 乌江流域阳戏在保留古老面具阳戏的基础上，由于阳戏受外来戏曲的影响，也逐步向便捷的开脸阳戏演变。在乌江流域重庆地区，因酉阳地处湘鄂渝黔交界地带，自古被视为蛮荒之地，交通相对落后，环境相对封闭，难以接受外来文化的影响，仍保留着面具阳戏的古朴特征，由于涪陵、彭水和武隆等毗邻乌江、长江水道，水陆交通相对便利，文化交流相对频繁，必然使该地的阳戏逐渐走向开脸表演的变化，只是在酉阳小河、铜鼓等局部地区还保持戴面具表演的特色。乌江流域贵州开阳、福泉阳戏清楚地显示了从木制面具向开脸阳戏过渡的痕迹。开阳楠木渡和南龙等地阳戏面具系用白杨木等制成，后在“文化大革命”时期，面具损毁殆尽，现演出时直接用颜料开脸表演；开阳禾丰鲊坝塘阳戏表演虽仍戴面具，但其面具是在模具上用白棉纸裱糊、上漆和绘制而成，残存面具阳戏的部分特征。福泉城厢马田阳戏班保存整套的阳戏面具，形象生动传神；福泉道坪谷龙阳戏班除珍藏两个古老阳戏面具外，其表演所用面具或引进安顺地戏面具，或采用现代面具。因此，福泉阳戏面具处于变迁之中。

阳戏是一个信奉多神祇的宗教艺术群体，它有强大的、无形的神祇意识来维系着它的生存和传承。儒家思想的确立，道教的兴起，佛教的传人，巫教的影响，阳戏对各路神明广收并纳，不仅有儒、释、道、巫的神祇和民间民俗信仰的自然神，也有来自民间神话传说、戏曲小说、

① 涪陵地区文化局：《涪陵地区戏曲志》，涪陵地区文化局 1991 年版，第 15 页。

历史故事中的人物神或称人格神，甚至历史上的一些先贤名士，有功于民者也常被民众视为神人，正可谓是“举头三尺有神灵”。仅在《请神咒》中呼名唤姓奉请的神祇就有三百八十多位，上有上清、太清、玉清三清大帝，上元盘古、中元盘古、下元盘古、三元盘古，下至二十五里以内的当方土地、桥梁土地、南凹土地、庙门土地、三十三天门土地，大到玉皇大帝，小到啄木鸟神统统都要请到。由此可见，多神祇也是阳戏的一个主要特征。①

二　乌江流域阳戏的流布

乌江流域民族众多，文化底蕴深厚。作为承载各族人民生产知识、生活理想、道德伦理、审美情趣的阳戏在乌江流域长期传承，成为维系传统社会持续发展的重要手段。根据历史文献和田野考察，乌江流域阳戏这种乡村仪式剧流传较为集中的有如下几个地区：

乌江流域重庆市内阳戏主要分布在涪陵、酉阳和秀山等地。酉阳阳戏可见《酉阳直隶州总志·风俗志》记载：“州属多男巫，其女巫则谓之师娘子。凡咒舞求佑，只用男巫一二人或三四人。病愈还愿，谓之阳戏，则多至十余人。生旦净丑、袍帽冠服，无所不具。伪饰女旦，亦居然梨园子弟以色媚人者。盖巫风转为淫风，其失礼愈不可问矣。”② 段明先生曾三赴酉阳调查，发现“酉阳的面具阳戏，五十年代以来，主要活动范围在双河、丁市、李溪、黑水、兴隆等区，近十多年来，又以双河区的小岗乡和铜西乡最为活跃，颇有复兴的势头”。③ 秀山阳戏脱胎于傩

① 参见杨光华《且兰傩魂》（上部），人民文学出版社 2008 年版，第 60 页。

② （清）《酉阳直隶州总志·风俗志》，同治三年（1864）刻本。

③ 段明：《四川省酉阳土家族苗族自治县双河区小岗乡兴隆村面具阳戏》，台湾省施合郑民俗文化基金会 1993 年版，第 17 页。

戏，现仍主要分布在平马乡一带。

乌江流域湖北鄂西南地区阳戏主要分布在恩施、咸丰和来凤等地。恩施阳戏叫柳子戏，又称“扬花柳”。咸丰阳戏与傩戏关系紧密而被统称“傩愿戏”“咸俗春上许愿，秋后还愿，还愿必戏，戏则以土家歌舞演唱，伴以锣鼓。曲调以民间小调组合而成，爽朗明快，风趣诙谐。三五人出戏，头戴木制面具，腾挪跳跃，一唱众和，动作简单、原始、粗犷。无舞台布景，堂屋院坝，随意登场。唱词通俗顺口，引人发笑。主要剧目有《覃童卖猪》《张嫂子打鱼》《卖长工》等”。①

乌江流域贵州省内阳戏主要集中地有福泉、松桃、开阳、遵义、铜仁等。遵义阳戏最早见于《遵义府志·风俗志》：“歌舞祀三圣曰阳戏。三圣，川主、土主、药王也。近或增文昌，曰四圣。每灾病，力能祷者则书愿帖，祝于神，许酬阳戏。既许后，验否必酬之。或数月，或数年。预洁羊、豕、酒，择吉，招巫优，即于家歌舞娱神。献生献熟，必诚必谨；余则诙谐调弄，观者哄堂。至勾愿，送神而毕。即以祭物燕乐亲友，时以夜为常。”② 巫傩之俗催生铜仁阳戏，成为人们宴集娱乐的方式。《铜仁府志·地理志·风俗》记载：“岁暮，招巫歌舞以酬之，名曰还愿。演诸淫剧，观者哄堂。至勾愿送神毕，即以祭物燕乐亲友。”③ 开阳阳戏主要流传在贵州开阳南龙、中桥、马场等地。“开阳阳戏始于明代洪武五年（1372），由南龙李姓始祖李茂高、李茂师二人从江南入黔带来开阳。之现任掌坛师李文渊，共传了 19 代。1987 年，县文化部门专门作了调查，全县有五个阳戏班，主要在南龙、中桥、马场一带流传。”④ 其正规演出时间是农历正月、五月、六

① 咸丰县志编纂委员会：《咸丰县志》，武汉大学出版社 1990 年版，第 474 页。

② （清）郑珍、莫友芝：《遵义府志·风俗志》，道光二十一年（1841）刻本。

③ （清）喻竹君：《铜仁府志》，光绪十八年（1892）刻本。

④ 贵州省开阳县地方志编纂委员会：《开阳县志》，贵州人民出版社 1993 年版，第 727 页。

月，每年举行三次，一场戏全部演完需要四天四夜。农历正月初七至初十演出。这几天是人、谷子、豆子和棉花的祭日，乞求来年取得好收成。主要演出《土地判官》《安安送米》等剧目；农历五月十三日“单刀会”，是在关帝庙为纪念关羽而专演的戏，主要演出《白猿传艺》《桃园结义》和《斩华雄》等剧目；传说农历六月二十四是“二郎神”的诞辰，为纪念神话中的二郎神和历史上的二郎（川主、水神）而演出，祈求“二郎”庇佑一方平安，主要演出《劈山救母》和《开山大将》《二郎降孽龙》等剧目。此外还有村民在酬神还愿时请戏班子演出，时间和规模是根据主人的要求而定。演出时要搭戏台挂神案，鸣牛角，敲打鼓、镲、大锣、小锣，戏班子就开始或引吭高歌，或独唱、领唱、合唱、帮腔。阳戏表演者需要戴上木面具，身穿陈旧的古戏装，剧目内容通过道白、唱跳、追打等表演形式完成。演出中十分讲究手势语言，有的用来表现角色性格特征，有的用来配合唱腔音乐的韵律和节奏，有的表演手势动作是为了烘托和创造某种环境活跃氛围。松桃阳戏可见《松桃厅志·地理门·风俗》记载：“自城市迄乡村，皆有庙宇。士民祈禳，各因其事，以时致祭。有叩许戏文，届期搬演者。”①

三　乌江流域阳戏的剧目

乌江流域阳戏表演历史悠久，历代阳戏艺人发挥聪明才智积极进行艺术创作，故剧目十分丰富。根据历史文献和田野考察，乌江流域阳戏剧目大致可以整理为表1。

---

① （清）徐鋐、萧琯：《松桃厅志》，道光十六年（1836）刻本。

表 1　乌江流域阳戏剧目简

省份	地区	阳戏剧目
重庆	酉阳	《蓝继子》《杜老送子》《解带封官》《大孝记》《蟒蛇记》《恩哥记》《硃砂记》《薛丁山征东》《薛仁贵征西》《薛刚反唐》《瓦岗立地》《二反长沙》《唐王落难》《秦琼反山东》《五虎平南》《穆桂英》《八仙庆寿》《秦叔宝祝寿》《程咬金祝寿》《反女娲记》《芦花拾扇》《替母还愿》《打枪救主》《打枪救王》《火龙传》《中唐传元龙太子》《聂洪武投军》《双槐树》《巧姻缘》《仙女配夫》《李子英求名》《五台搬兵》《四郎探母》《陈光蕊赴任》《冬梅花》《宝扇记》《珍珠记》《宝化记》《线化记》《宝珠记》《吃茶配夫》《三孝记》《大龙记》《兰园采桑树》《官捷试妻》《槐荫配合》等
	涪陵	待考
	秀山	《三娘教子》《白锣裙》《棒打薄情郎》
	彭水	待考
	黔江	待考
湖北	恩施	《兰桥会》《槐荫会》《解带封官》《哈巴拜年》等百余个，有反映家庭生活的“一家之戏”和移植南戏“杨家将”“三国戏”的“一国之戏”
	来凤	待考
	咸丰	《覃童卖猪》《张嫂子打鱼》《卖长工》
贵州	福泉	《李二郎锁孽龙》《金角将军》《开山莽将》《引兵土地》《文王挂帅》《李龙将军》《白猿传艺》《开路先锋》《桃园结义》《斩华雄》《周仓猛将》《千里走单骑》《韩信追霸王》《孟姜女》《龙王女》《庞氏女》《柳毅传书》《柳青娘子》《董狗二偷谷子》《霸王别姬》《安安送米》《打柴娇娘》《土地判官》《唐氏太婆》《凤仪亭》《古城会》《楚汉相称》等

续　表

省份	地区	阳戏剧目
贵州	遵义	《八仙上寿》《仙姬送子》《天官赐福》《桃山救母》《锁孽龙》《璧山图》《坐虎针龙》《药王收柳》《席棚击掌》《黄金诰》
	开阳	《开坛发牒》《撤净扫坛》《开路先锋》《请神金童》《川主领牲》《灵官镇台》《柳青化药》《催愿仙官》《范郎下京》《钟馗镇宅》《韩霸二将》《运星踩斗》
	松桃	待考
	铜仁	待考
备注	乌江流域阳戏剧目系民间艺人口耳相传,数量甚是惊人,但散失者众,现存者仅为其中极少部分。乌江流域阳戏剧目由于田野考察的限制,可能存在名目不同而内容相同的情况。由于云南镇雄仅占乌江流域极小部分,故未将其纳入统计的范围	

由表1可见乌江流域阳戏剧目可以归纳为三大类。一是历史故事，如《桃园结义》《韩信追霸王》《薛刚反唐》等；二是民间传说，如《李二郎锁孽龙》《孟姜女》《柳毅传书》等；三是日常生活，如《柳青娘子》《董狗二偷谷子》《吃茶配夫》等。乌江流域阳戏的剧目繁多，内容也非常丰富。“正戏在表现宗教神秘性的同时，展露着社会形态与民众思想。插戏，演出的是生活化的故事，其剧目多取材于神话、传说和民间故事。”① 阳戏程序固定有序，“开坛和闭坛均为神戏，请神、酬神、送神，表示对祖先、神灵、先师的祈求、感恩和忠诚”。

① 贵州省地方志编纂委员会：《贵州省志·文学艺术志》，贵州人民出版社2003年版，第484页。

四　乌江流域阳戏的表演

乌江流域阳戏历经数百年的传承，满足了各族人民祈福纳祥和娱人教化的需要，表演具有如下明确的规范性。

（一）“无故不演”为原则

乌江流域阳戏表演有固定的时间和程序，总是在相应的节日或有人邀请后才前往表演。“阳戏班演出时间，一是在每年农历六月二十四，为祭二郎神的生日，二是在腊月正月，应还愿人家邀请，不收报酬，完全是为消灾祈福的娱乐活动，所需经费由群众自筹。”① 相对落后的生产能力和认识能力，促使乌江流域历代各族人民产生浓重万物有灵思想，人们把自身命运寄托于难以记述的神灵，意图通过特定时间和场合的祭祀酬谢来获取神灵庇佑，保障和谐持续发展。因此，乌江流域阳戏的表演或是为纪念神灵生辰，或是为酬还愿信，或是为表达祝福。但凡获得邀约，乌江流域阳戏班子便不计钱财多寡而前往表演，了却事主愿信，祝愿世间安康。

（二）“神灵庇佑”贯全程

乌江流域阳戏是儒、释、道、巫等信仰共同作用的产物，故表演具有鲜明的宗教性特征。因此，乌江流域阳戏表演必定是在浓烈宗教氛围中进行。一是阳戏与“阴戏”轮流表演的戏剧结构。乌江流域阳戏表演结构是阴阳相连，即一坛阴戏套一坛阳戏且用打卦祈神来实现阴阳转换。二是阳戏表演前要遍邀各路神灵、历代祖师降临法坛，维护神坛和

① 贵州省开阳县地方志编纂委员会：《开阳县志》，贵州人民出版社1993年版，第727页。

剧场的安宁祥和。阳戏班坛出发吹牛角邀约“玉皇”和“老君”，“神案挑子每过寨子，也要鸣角三声，意表坛门中的阴兵阴将都要约束规矩，不得进寨骚扰百姓；另一方面也是告知那些没有顶敬的孤魂野鬼跟随着去找点水饭吃，讨点纸钱花，为事主广集阴德”；“这场法事主要是坛师向诸位神灵、三元法主、三圣菩萨、圣公圣母、列位师祖述说还愿缘因，迎请他们进入坛场，祈求他们保佑还愿祭祀活动的圆满成功”；“勾销这则法事，是整个阳戏还愿祭祀活动的结束。这则法事，主要是奉送各路神仙返宫归殿，辞别众位神仙、祖师，辞别主家人员”。[①] 综观整个阳戏表演，始终处在各路神灵的庇佑之下进行。在此过程中，各路神灵得以祭祀，愿信得以酬还；在神灵的权威下，民众得以教化和娱乐，生产知识和生活经验得以传递，伦理道德得以传承。因此，乌江流域阳戏表演中，神灵既是供奉酬谢者，也是神坛祭祀和剧场表演的保护者，更是传承生产生活知识和维系传统社会的强化者。

（三）“择地搭台”建坛场

乌江流域阳戏脱胎于古老的傩戏，除仪式中酬神与娱人元素多寡不同外，坛场布置亦有差异。乌江流域傩戏表演一般在事主堂屋进行，有称“傩堂戏”。“傩堂戏演出的场地一般是在主人家的堂屋里进行，人多时也可在屋外大一些的场地演出。傩堂戏里的‘堂’字，大概是指演出场地。”[②] 相对于傩堂戏而言，乌江流域阳戏表演地点则多在事主场院中进行，借助事主相对宽敞的庭院扎台表演。乌江流域阳戏表演场所实际是古老傩戏不断娱乐化过程中观众人数增加的必然选择。随着阳戏日渐成为乌江流域各族人民重要文化消费形式后，参与者不断增加，

---

① 杨光华：《且兰傩魂》，人民文学出版社 2008 年版，第 204—245 页。
② 庹修明：《巫傩文化与仪式戏剧研究》，贵州民族出版社 2009 年版，第 118 页。

已非狭窄堂屋所能容纳，故搭建戏台进行表演，满足更多观众的文化需求。

（四）“大众参与”之特点

在发展过程中，乌江流域阳戏始终处于大众的关注之下。在戏剧生态上，乌江流域阳戏植根于广泛复杂的宗教信仰习俗，是儒、释、道、巫等多种信仰民俗共同作用的结果，信仰民俗是其存在发展的前提和基础。在戏剧影响上，乌江流域阳戏与傩戏、花灯戏等存在密切的关联，包括傩戏、花灯戏等民间戏剧在内的艺人共同促进了阳戏的发展。乌江流域福泉阳戏明显受到花灯的影响，故《平越直隶州志・地理八・风俗》记载：“（元月）十一至十六日谓之灯节，厅堂皆悬灯。城乡聚禁止龙灯装，故事从鼓乐，遍行村坊。所至，迎以大炮。又有为花灯装，士女唱《采茶歌》，或扮演杂剧者。”① 在戏剧传承上，乌江流域阳戏得到历代各族人民的大力支持，成为人们纪念神灵、酬还愿信、展现理想、娱乐自我的重要方式，故能世代传承。在戏剧表演中，乌江流域阳戏没有严格的舞台界限，观众可以随时附和阳戏艺人的表演；民间艺人表演中也用方言与观众沟通，间歇时也与观众打成一片。因此，乌江流域阳戏就是历代各族人民以酬神还愿为契机，搭台搬演自己的故事，群众性特征十分鲜明。

五　乌江流域阳戏的音乐

乌江流域阳戏是集戏剧表演、花灯歌舞于一体的综合性艺术，主要用大锣、大钹、勾锣、小鼓、二鼓等打击乐器，也可采用胡伴奏。乌江

① （清）瞿鸿锡、贺绪蕃：《平越直隶州志》，光绪三十三年（1907）刻本。

流域阳戏的音乐伴奏伴随表演始终，器乐演奏则根据曲调结构，在演唱停顿时由乐队进行间奏；当祭祀仪式或戏剧开始和结束时乐队演奏；在各台开始前，为渲染气氛而进行长时间演奏，具有连接场次、渲染气氛、强化情感等多重作用。

乌江流域阳戏开始或引吭高歌，或独唱、领唱、合唱、帮腔。其唱腔十分丰富，有“九板十三腔”之说。因文献阙如，乌江流域阳戏音乐的“九板十三腔”大多语焉不详，但胡天成先生指出阳戏“九板”即“快板、慢板、垛板、一字板、梭板、慢二流板、快二流板、数板、抢板”，“十三腔”即“阴腔、阳腔、师腔、慢腔、快腔、高腔、低腔、咏腔、静腔、秽腔、赞腔、吊腔、总圣腔”。[①] 在乌江流域重庆地区，酉阳阳戏的唱腔丰富，“唱腔有‘皇生腔’‘丞相腔’‘小旦腔’‘老妈妈腔’‘武生腔’‘书童腔’‘大王腔’‘元帅腔’等8种。配以锣、钹、鼓、马锣、勾锣、点子锣等打击乐器，曲牌有‘闹台’‘一锤’‘二锤’‘三锤’‘吊五锤’等”。[②] 秀山阳戏唱腔有“赶板调”“后山调”“正宫调”等，“唱腔以商、征调式为主。曲牌分《一流》《二流》，以打击乐伴奏”。[③] 乌江流域湖北恩施地区阳戏的音乐特色鲜明，“其主腔有两种唱法，用本嗓唱平腔，尾音不翻高，称‘老柳子’；用真假嗓结合，尾音翻高八度，称‘新柳子’……以定2—6弦的大筒胡琴为主奏乐器”。[④] 乌江流域遵义地区阳戏：“道白用方言，演唱常用曲调有《辰河腔》《木腔》《阳戏腔》《坛戏腔》《平板》《数板》《西皮》《二流》等。”[⑤]

---

① 胡天成：《重庆阳戏与福泉阳戏之比较研究》，杨昌儒、卢云辉主编《贵州世居民族文献与文化研究》，中国社会科学出版社2014年版，第76—105页。

② 酉阳县志编纂委员会：《酉阳县志》，重庆出版社2002年版，第484页。

③ 秀山土家族苗族自治县县志编纂委员会：《秀山县志》，中华书局2001年版，第536页。

④ 湖北省恩施土家族苗族自治州地方志编纂委员会：《恩施州志》，湖北人民出版社1998年版，第918页。

⑤ 贵州省遵义县志编纂委员会：《遵义县志》，贵州人民出版社1992年版，第859页。

六　乌江流域阳戏的面具

长期以来，乌江流域以交通不便、民族众多、经济落后等限制而处于封闭的状态。乌江流域阳戏因而具有原始古朴的气息，其中造型各异的阳戏面具就是典型代表。

乌江流域阳戏面具造型丰富，角色众多。酉阳阳戏面具主要有皇生、丞相、老生、小生、旦子、反王、大大王、二大王、员外等角色，以及正神、凶神、世俗面具、丑角面具、牛头马面等，“第一类，用于祭祀仪式中的面具”，如老郎太子、关圣帝、皇生、包垂相、元帅等；“第二类，用于唱正戏中的面具”，多数是按戏中角色的生、净、丑行当使用。[①] 乌江流域根据其用途上来划分，总体上可以分为坛祭祀仪式面具和阳戏表演面具两大类；从造型的角色上可分为男、女、老、少、文、武、丑七种类型；从扮演的角色分生、旦、丑、神四个类型。但事实上“阳戏的祭祀与阳戏的演出常常是混杂在一起，很难截然分开的”。

阳戏面具有多样化，有的写实，有的抽象，面具造型精细，多姿多彩。阳戏面具开脸色彩多采用棕、红、橙、黄、绿、蓝、紫、灰、白、黑十种颜色。各种颜色均有一定的象征意义，突出角色的性格特征。比如，红脸多为忠勇刚直，青脸多为凶恶骁勇，粉脸多为英俊年少，绿脸多为力大勇猛，花脸多为奸邪阴毒、阿谀奉承等。随着时间的推移，乌江流域阳戏面具逐渐退出舞台或发生变异，故开阳禾丰鲊坝塘阳戏班用纸质面具替换了原来的木质面具，福泉道坪谷龙阳戏班子甚至引入了安顺地戏面具。乌江流域阳戏面具是阳戏艺人的伟大艺术创造，阳戏艺术

① 参见段明《重庆酉阳土家族面具阳戏》，《中华艺术论丛》第九辑，同济大学出版社2009年版，第441页。

的重要构成。庹修明先生认为："这些神灵存在于老艺人的心灵与幻觉之中，以其虔诚的宗教情感进行创作。在这种气氛中孕育出来的创作冲动，一经雕刻出来的面具，就具有某种用概念难以表达清楚的灵性，而且很少雷同，这是程式化的木雕很难与之相比的。"① 事实上，这些面具的区别、界限又很难划清。比如，"白猴"只是猴子的一个符号，并没标明它是公猴或母猴。老、少也是相对而言，没有严格的划分标准。又如，"周仓""张飞""孟姜女""范杞良"等是把他们归于老或少，都不确切。另外文、武也是随着剧情转化的，有的角色既能文又能武，如曹操、韩信等。阳戏面具的造型，往往寓含神性、鬼性、人性和兽性，是鬼神人兽的拼凑组合。② 同一角色的面具，因坛门不同，往往互换互用，或者几个大致相同类型人物共用一个面具的事情时有出现。

乌江流域阳戏面具是民间艺人实现由人而神转换的必要方式，故既是仪式祭祀神灵的象征，也是阳戏角色身份的体现。每一面面具雕刻好后必须经过坛师主持进行"开光"，才能变成具体的神祇，在行法时就灵验。因此，一经"开光"仪式后的面具，就要受到顶礼膜拜，不能再将面具随意堆放，更不能出卖。阳戏面具无论是在坛内弟子还是在众多的信仰者和观众的心目中，每一面阳戏面具都是具体的神祇，每个戴上面具的法师或艺人就已经不是原来的他了，而是神的化身，是所戴面具神祇的代言人，就开始司以神职，传达神灵的意志和信息。通过他们的祭祀活动，驱逐疫鬼、纳吉、祈福就能得到实现。

阳戏面具是宗教与艺术相结合、酬神和娱人相结合的原始戏曲形式的一种载体，是阳戏的重要标志。开阳、福泉阳戏面具人物，有源远流长的中国神话中的神祇如开山、开路、土地，还有历史人物，例如，求

---

① 庹修明：《面具文化概观》，贵州人民出版社 1993 年版，第 292 页。

② 参见杨光华《且兰傩魂》（上部），人民文学出版社 2008 年版，第 46 页。

贤似渴的刘备，态诚刚直的关羽，威风凛凛的二郎神，铁面无私的土地判官，美丽端庄的甘夫人、糜夫人，天香国色的龙女，满脸书生气的柳毅，一脸稚气的安安小童，目不识丁的合和二仙，一往情深的孟姜女，忠厚老实的范喜良等。这些阳戏人物面具多以白杨木制成，在艺术特征上呈现很强的写实性，造型上趋向于世俗化、地域化、民族化和脸谱化，充分体现出阳戏面具的艺术魅力，凸显了民间艺人丰富的艺术想象力及创造力和审美观。

七　乌江流域阳戏传承及现状

（一）乌江流域阳戏的传承特点

乌江流域阳戏历经不同时期民间艺人的不断丰富和完善，具有深厚的内涵，其传承具有鲜明的特点。

第一，传承主体性别单一。乌江流域阳戏文化底蕴深厚，传承历史悠久。因“男儿不看戏，女人不观灯”传统观念的影响，在乌江流域阳戏表演中，女性参与者少，甚至剧中女角亦由男角反串。“端公亦类道士类也，作法与演戏相似。衣服亦号行头，且有选少年着女装为神仙者，观之若狂。”[①] 乌江流域福泉道坪谷龙阳戏班子有极少女性参与，而开阳南龙中桥阳戏表演自始至终均由男性扮演女角。开阳廖昌国先生在其《中国伦理傩——贵州省开阳县调查录》的统计开阳阳戏艺人中未见女性参与。乌江流域阳戏传承者的性别失调，至少表明乡村女性多以看客身份参与阳戏戏剧活动，女性未能对乌江流域阳戏的传承发挥足够作用。

---

① （清）李宗昉等：《黔南丛书》，嘉庆十八年（1813）刻本。

第二，传承方式独特神秘。乌江流域阳戏的传承一是拜师学艺，后继者跟随老师在表演实践中不断学习和提升技艺，因此阳戏表演活动实践是民间艺人传授和学习技艺的一个重要环节。随着现代文明对乡村生活的强力冲击，乌江流域阳戏的表演机会日渐减少，从而造成传承机遇的缩减。乌江流域阳戏有“三年两头还”“唱发财菩萨”的表演传统，即三年内隔年酬还阳戏两次，足见阳戏活动的频繁。“唱阳戏一般都是具有庆贺的性质，或者是发财得宝，或者是官运亨通，或者是诞辰喜宴，或者是嫁女娶媳，就要唱阳戏，所以有的直称阳戏为‘发财锣摞’或‘欢喜锣锣’。”① 如此频繁的表演机会对乌江流域阳戏发展和艺人培养起到积极作用，涌现出世代不息的民间艺人。随着乌江流域阳戏与乡村生活的距离不断拉大，因“现在还阳戏的人家很少”，乌江流域阳戏的表演机遇日趋减少，故民间艺人失去了通过阳戏表演来传承艺术的机会。二是神秘的“阴传”方式，实现阳戏技艺的传承。“这种‘阴传’是指跳戏的技艺不由现任坛班的掌坛师传授，而是由该班仙逝人间的原任掌坛老师投梦给受传者，在梦中引导他学习跳演面具阳戏之技艺。”② 段明先生考察酉阳阳戏后，在《四川省酉阳土家族苗族自治县双河区小岗乡兴隆村面具阳戏》中详细记载了阳戏艺人告知的“阴传”事例。在田野考察中，乌江流域福泉道坪谷龙阳戏班主告诉笔者，当年家中突发大火，烧毁了除飞到屋外树上两个面具之外的全部阳戏行头。他们依靠残存面具的灵性，竟然将谷龙阳戏的祭祀科仪和阳戏表演全部回想起来。

① 陈玉平：《阳戏研究综述》，《贵州民族学院学报》（哲学社会科学版）2009 年第 3 期。

② 段明：《四川省酉阳土家族苗族自治县双河区小岗乡兴隆村面具阳戏》，台湾省施合郑民俗文化基金会 1993 年版，第 16 页。

（二）乌江流域阳戏现状

阳戏凝聚着丰富而深厚的文化基因，具有强烈的民族精神、地方色彩和民俗意味，同时也体现着深层的民族文化心理，具有丰富的文化价值。它作为地方民间民俗活动形式，在乌江流域地区至今仍还存在和发展着。但随着阳戏日渐远离乌江流域各族人民的现实生活，其传承危机日渐凸显出来。

阳戏传承现状与其他民间戏剧一样，传承人年龄老化，年龄结构并不尽如人意。据开阳廖昌国先生统计，开阳地区的阳戏艺人年龄统计表明：开阳作为乌江流域阳戏主要流传地区，60 岁以上的阳戏艺人计 22 位，约占总数的 30%，30—50 岁的阳戏艺人计 33 位，约占总数的 45%，而 30 岁以下者仅 9 位，约占总数的 12%，传承队伍相对富于活力。由于阳戏采用口传身授的传承方式，老年艺人往往技艺精湛，但错过了最佳的授徒年龄。因此，老年艺人与中年艺人大致相当的队伍实不尽合理。20 岁以下的传承者更少，使得阳戏传承队伍缺乏后劲。表 2 中统计的中青年艺人较大部分是“非遗”保护的产物，多为新近参与的阳戏传承者，尚未完全掌握阳戏艺术。随着老艺人的衰老，他们即使想学，其可能性也属有限。

表 2　　贵州开阳阳戏艺人年龄

年龄段	80 岁以上	70—79 岁	60—69 岁	50—59 岁	40—49 岁	30—39 岁	20—29 岁	20 岁以下
人数	无	14	8	6	11	16	6	3
比例	无	19	11	8	15	21	8	4
备注	廖昌国所统计贵州省开阳艺人共计 74 人,其中年龄待考者 10 人							

笔者在2009年暑期田野考察中也发现，开阳南龙中桥阳戏班子现有21人，其中80岁1人，70岁以上4人，60岁以上2人，50岁以上2人，40岁以上者5人，30岁以上6人，20岁以上1人，20岁以下则没有传承者。

另外，笔者于2009年针对开阳南龙乡、楠木渡、宅吉乡、龙水乡等9个阳戏坛，福泉城厢镇的马田、龙昌镇的黄土哨、地松镇的沙子坎、道坪镇的谷龙和黄丝镇的大坪等5个阳戏坛戏班的现状调查作简略综合比较分析，以窥见乌江流域阳戏的现存状态见表3。

表3　　开阳阳戏分布及戏班情况

戏班名称			戏班人员情况	主要掌坛师	文化程度	主要特点
开阳县	禾丰乡	鲊坝塘	周银芳、吴华光等16人,其中中青年8人、中年5人、老年3人	周银芳 老年77岁	私塾4人,初小9人,初中3人	纸面具或安顺面具、花灯表演,三圣
	南龙乡	李家班	李文渊、李正举等8人,其中中青年2人、中年4人、老年2人	李文渊 老年74岁	小学4人,初中3人,中专1人	开脸、绝技表演,三圣
		谷顶谭家班	谭光明、谭志洲等31人,其中28岁以下9人、中青年4人、老年17人	谭光明 老年66岁	小学17人,初中13人,高中1人	少量面具及开脸、花灯表演,三圣
		中桥村	刘正远等16人,其中中青年4人、中年6人、老年6人	刘正远 青年36岁	小学9人,初中4人,高中3人	少量面具及开脸、绝技花灯表演,三圣
	楠木渡	程家班	程显文、刘世贵等11人,其中中青年3人、中年4人、老年4人	程显文 老年73岁	私塾2人,小学3人,初中5人,大学1人	少量面具及开脸、绝技、花灯表演,三圣
		黄木村张家班	张宁文、张宁全等10人,其中中青年3人、中年5人、老年2人	张宁文 老年78岁	小学5人,初中5人	少量面具及开脸、花灯表演,三圣

续　表

戏班名称		戏班人员情况	主要掌坛师	文化程度	主要特点
福泉县	马田阳戏	曾华祥、王国义、李兴华、王国伦、刘能林等13人，均为中老年	曾华祥 中年53岁	初中、小学	有面具、绝技表演，元皇祖师，三圣
	黄土哨阳戏	成立了阳戏保护协会，弟子邓启禹、聂仕学、徐大学、黄国昌、刘明书等及会员54人。年龄在50—70岁之间	聂仕学62岁，徐大学56岁，邓启禹74岁，黄国昌57岁	多为小学、初中	面具23面、绝技表演，元皇祖师，三圣
	沙子坎阳戏	叶廷兴、叶有奎、叶有志、叶方忠、叶方成等25人	叶廷兴 59岁	多为小学、初中	无面具，已为开脸表演，三圣
	谷龙阳戏班	周万良、周万祥、周万平、周昌志、周昌会、向登海等20人，其中老年占20%，中年占17%，青年占63%。平均年龄45岁	周昌志 56岁	小学、初中、高中	面具16面及道具设备较齐全、绝技表演，元皇祖师、三圣
	大坪阳戏	刘华章、奚可信、奚传林、奚传章、奚传贵等10余人，年龄在46—70岁	刘华章 奚可信	小学、初中	少量面具、绝技表演，元皇祖师、三圣
	龙昌高堡阳戏	保大公、董焕奎、熊代林、陈光历、陈延军等14人	董焕奎	小学、初中、高中	少量面具、绝技表演，元皇祖师、三圣
	地松街上阳戏	田法高、田法昌、林开发、林开荣、余继成、姚银成等13人，平均年龄50岁。	莫法斌	小学、初中、高中	现存面具38面、戏服、道具、乐器均为主传、保存完好，元皇祖师，三圣

中反映如下现状及问题：

1. 阳戏艺人年龄偏老，后继乏人的问题十分明显。除新中国成立后历经政治运动一定程度影响或中断了阳戏的传承，造成阳戏艺人的青黄不接外，其原因还有：一是年轻人受经济、时尚文化及思想认识不足等因素影响，致使阳戏队伍人员不足，老龄化严重，出现青黄不接现象。客观上，由于社会经济及城市化进程快速发展，民众生活方式发生改变，阳戏与民众生活、民俗民风密切结合的环境也逐步消失，当代民众习俗对阳戏的依附性已经不复存在，以及现代传媒的介入，艺术、娱乐方式的增多，在多元文化的冲击与取舍下，导致人们改变了审美方式，尤其是更多的青少年选择时尚娱乐方式，不关心和不愿从事阳戏表演。农村绝大部分青壮年外出经商、打工，分散全国各地，就连现有的阳戏班子内部也有不少人到外地打工，因此要组织一场阳戏表演也只能勉强撑持。

二是传承内部机制因素的影响。阳戏傩坛主要传承形式有父子相传和师徒相传，而阴传方式实属少见。父子相传，子孙晚辈从小跟随父亲长辈还愿演出，进入坛门成为坛门弟子。长辈身传言教，晚辈诚心学习，一般要经过十年、八年的跟班学艺，至长大成人，阴戏、阳戏，文武二坛的法事祭仪都能独立执法后，坛师才正式度职予他，便成为下一代的坛师。师徒传承一般是亲戚或近邻子弟，跟师父学艺三五年后，能独立还愿司职时，由师父度职，取法号，则成为下一代的传人。① 受传承机制影响，传承人培养时间长，人员少。除刘正远、黄土哨阳戏班外其余年龄偏高，传承人极少，后继乏人的问题尤为突出，令人担忧。

2. 由于艺人文化程度均不高，缺少文字材料整理，传统阳戏文化流

① 参见杨光华《且闌儺魂》（上部），人民文学出版社 2008 年版，第 16 页。

失严重。据民间艺人介绍，阳戏文武演出剧目上百余个，连续演唱一月而不重复。由于在阳戏表演艺术区域，民间艺人只有小学文化，甚至有部分是文盲，整个阳戏文化活动的过程全靠口传心授，文字记载极少，加上许多优秀的民间艺人大多年高体弱，由于艺人记忆力的衰退，表演的曲目正在减少、流失。目前根据保存下来的剧本（多为清代戏本或凭老艺人回忆记录）和民间艺人的回忆，大致有:《李二郎销孽龙》《金角将军》《开山莽将》《引兵土地》《文王挂帅》《李龙将军》《白猿传艺》《开路仙锋》《桃国结义》《斩华雄》《周仓猛将》《千里走单骑》《韩信战霸王》《韩信点兵》《孟姜女》《龙王女》《庞氏女》《柳毅传书》《柳青娘子》《董狗二偷谷子》《霸王别姬》《安安送米》《打菜（柴）娇娘》《土地判官》《唐氏太婆》《凤仪亭》《古城会》《楚汉相争》《太平灯》等之类的文武剧目。对于阳戏的唱腔和步法、绝技等更是没有文本的整理和记载。现保存“莲花步”传统步伐，原有唱腔曲牌100余种目前尚还保留“急急风”“得胜令”“太平锣”等10余种，而大量传统唱腔曲牌失传。

3. 传统面具、古戏服装流失严重，原始表演艺术魅力有所减弱。早期头戴面具逐渐演化为涂面化妆表演。全堂阳戏面具为36面，由于种种原因，大量古面具难免遇难，每个戏班面具不齐。福泉全市面具保留古面具78面，现在阳戏班多为新雕刻面具。开阳、福泉除使用少量面具外，其余均为开脸演出。所供神祇、所用法器、演出戏本和绝技如上刀山、衔红铁等都大同小异。服装除少数几个戏班有蟒袍外，其余为大花布自制或舞台服装，缺少角色服色，欠缺角色艺术感染力。

4. 保护与研究简况。至20世纪80年代在开展民间文艺调查时发现，阳戏才得以复苏，逐渐得到了各级政府部门和宣传机构的支持并引起了学者的广泛关注。

一是得到政府及相关部门支持。如1988年贵州省文化厅举办“贵州傩艺术形态展”中首次展示福泉阳戏面具与剧照，并收录于大型画册《贵州傩戏面具》中，此后陆续参加各种展览和各种宣传报道，2003年在《人民日报（海外版）》发表“贵州傩戏（阳戏）传承六百余载”，以及《贵州民族社》《贵阳晚报》发表《傩戏是我们的奇迹》《开阳阳戏濒临绝境，文化遗产亟待抢救》等吸引了国内外的专家、学者。近些年来，在当地政府部门的参与和引导下，阳戏被列为各级非物质文化遗产名录，流域内各级文化部门积极组织和参与阳戏剧目的搜集、整理阳戏文字资料和拍摄面具与演出剧照的工作。并通过宣传、举办阳戏学术研讨会，扩大了阳戏的社会影响，推动了阳戏的保护和发展工作（见表4）。

表4　　　　乌江流域重庆市区域阳戏保护境况

项　目	非物质文化遗产保护级别	该县参演人数		发掘（流行）地	年　代	代表性传承人
		本项	占比（%）			
酉阳面具阳戏	市级	7	10	小河、铜鼓	唐代	吴长富
酉阳阳戏灯	市级	7	10	龚滩	唐代	罗芝英
秀山阳戏	市级	15	5	平马镇溜马	清嘉庆年间	侯景辉
秀山灯儿戏	县级	10	3.6	保安乡	待考	暂无确定

虽然前期做了不少基础性的工作，乌江流域阳戏名声远扬，引起了众多专家、学者的关注和赞誉。但是仍然存在思想认识上的不足，忽视阳戏的社会功能和文化艺术价值，把传承发展阳戏误认为就是搞封建迷信活动，两者的性质混为一谈，担心抓阳戏工作会惹祸上身，故避而远之；相关部门领导仍没有引起足够的重视，不愿在阳戏文化上投入精力和财力，对前期所做工作缺少延续性，阳戏文化知识的普及宣传活动力

度不够，这严重影响了阳戏的保护与发展工作。因此，对阳戏保护与发展工作，需要做出明确的长期发展规划，对阳戏文化艺术的引导和扶持力度还需进一步加强。

二是阳戏爱好者重视与学者的关注。当地文艺工作者和阳戏传承人充分发挥主动性，积极投入这项工作中。当地群众能够参与阳戏活动，阳戏队伍有所起色，并取得一定效果。如福泉市文联退休的杨光华先生编辑出版了《且蘭傩魂》学术成果，开阳县文联廖昌国先生深入田野考察、整理开阳阳戏文字资料等。阳戏传承人们的文化自觉，如周昌志所在的谷龙村成立了文学艺术联合会，建立村级文艺协会加强阳戏的保护和传承工作；阳戏掌坛师继承人刘正远、曾华祥、向登海等人组织维系阳戏队伍的发展，并积极投入阳戏文化资料的撰写工作等。而且他们积极组织演出、参与学术研讨等活动，为提高阳戏的知名度、传承和发展都作出积极的贡献。但还需进一步解放思想，加强对当地阳戏的沿革、师承关系的挖掘整理及传承人的培养，特别是发挥自身优势，尤其需要重视加强对阳戏剧本、步法手势、唱腔、绝技等技艺的文字资料的记录和整理。近年来，不少学者从不同的角度对阳戏展开探索，学术成果不断增多。但是对阳戏在傩文化艺术中的归类仍存在学术分歧，对阳戏产生、流传及其艺术特征等整体研究还较少，对阳戏的艺术形态、阳戏与民俗、阳戏与其他民间文艺的关系等问题还需进一步深入研究。

八　阳戏的保护与传承建议

（一）提高认识，注重加强引导

阳戏是典型的村寨民俗文化，是地方传统文化的主要组成部分，它反映了一种集信仰、艺术于一体的乡民精神生活。因此，要做好阳戏等民族民间文化的深入挖掘、抢救与保护工作，用科学发展观的理念去构建和谐社会及当代民俗生态文明，这是各级政府及有关部门义不容辞的职责。

政府要发挥主导作用，综合运用经济、法律和必要的行政手段，统筹协调，形成合力，促进各部门积极参与保护工作，建立职责明确，分工协作的协调机制和工作机制，为新形势下的阳戏剧种和阳戏团体保护、建设和发展营造良好环境。同时广泛吸纳聘请国内外有关学术研究机构、大专院校、企事业单位、社会团体等各方面力量共同开展阳戏文化遗产保护工作，充分发挥专家的作用，建立专家咨询、研究机制和检查监督制度。应充分发挥各级公共文化机构的作用，设立专题博物馆或展示中心。各级政府应将阳戏文化遗产保护经费纳入本级财政预算，同时积极引进民间资金，加大投入，确保抢救与保护工作的顺利进行。特别是政府及文化部门要对阳戏民俗传统节日活动应给予不同程度的经济扶持，以保证其正常活动，从而保证当地阳戏民俗活动的传统性和阳戏文化生态环境。

另外，还需加强宣传引导，提高认识，鼓励社会参与，共同做好保护工作。应充分利用广播、电视、报刊、远程教育、网络等媒体进行广泛宣传，并通过在农村、街道社区举办培训班、发放宣传资料等有效形式，多渠道、多层次立体式地加强对阳戏文化遗产保护工作相关政策和阳戏文化知识普及的宣传，特别是各级干部传统文化的培训工作，积极引导，不断增强人们对阳戏文化遗产的保护与开发利用意识，积极营造人人关注、支持和参与的良好社会氛围。

（二）加强阳戏资源档案建设，注重合理利用

应加大阳戏文化遗产的普查工作。全面了解和掌握各地各阳戏文化

遗产资源的数量、分布状况、生存环境、保护现状及存在问题，并运用文字、录音、录像、数字化多媒体等方式，认真做好对阳戏文化遗产进行真实、系统和全面的立体记录等基础性工作。建立档案和数据库，对阳戏文化遗产实物、资料及物质载体要妥善保管，予以保护，防止流失。应通过制定评审标准，编制申报保护名录，确定予以保护的阳戏传承人等，建立各级各地阳戏保护名录体系。同时针对原始资料，如各项史料、曲谱、剧本等进行综合概括，并加以系统整理、研究，校订出版。在有效保护的前提下，进行合理的开发利用。随着人们精神文化需求的不断增强，人文景观资源对游客的吸引力越来越大，而其中非物质文化资源所占的比例迅速上升。所以应积极筹措资金，成立阳戏等文艺表演队，积极挖掘、整理、探索阳戏文化的开发，同时对部分民族文化、文物古迹、民族风情活动点进行修复、维修和开发，将优美的自然景观和丰富的阳戏文化遗产结合在一起吸引大批游客，发展文化旅游事业。

（三）以人为本，培养后备人才

在联合国教科文组织《保护公约》中，对有关非物质文化遗产概念的表述为：非物质文化遗产，是被各社区、群、有时是个人，视为其文化遗产的各种实践、展现、表达、知识和技能，以及各类相关的工具、食物、手工艺品和文化间；各社区、各群体为适应他们所处的环境，为应对他们与自然和历史的互动，不断使这种代代相传的非物质文化遗得到创新，同时也为他们自己提供了一种认同感和历史感。由此促进了人类文化的多样性和人类的创造力，这一界定的范围包括口头传统（包括作为文化载体的语言），传统表演艺术，民俗活动、礼仪、节庆，有关自然界和宇宙的民间传统知识和实践，传统手工艺技能及与上述表现形式相关的文化空间。这些要素相互关联，有机地存活于共同的社区或群体之中构成非物质的生命环链；在历时向度，则包括它由生成、传承到创新的全部过程。从这里面看出文化遗产保护工程的核心在于人，在于承载着非物质文化遗产的人们，在于整个生活在这一文化空间的广大的民众。阳戏依托于人本身而存在，以声音、形象和技艺为表现手段，并以身传口授作为文化链而得以延续。对于阳戏文化遗产传承的过程来说，人就显得尤为重要。

所以，应抓紧培养阳戏文化遗产保护工作中所需的各类人才。阳戏文化遗产保护工作是一项专业性、科学性很强的复杂工作，需要一支业务素质好、专业结构合理的专兼职工作队伍。应有计划地开展人才培养工作，采取进修和短训等方式，培养和提高现有管理人员的工作能力和业务水平。同时，加强阳戏等非物质文化遗产的基础理论研究和学科建设，为非物质文化遗产保护提供科学保证。阳戏是和人的活动息息相关的，是靠人传承下来的，如果从事阳戏艺术的艺人日益减少，遗产就会面临人亡艺绝。因此，对阳戏杰出传承人应尽快进行普查、摸底与认定，保护老艺人、培养新艺人，关系延续阳戏文化遗产传承。政府应拨付专项资金，加快阳戏传承工作的步伐，解决阳戏队伍从业人员温饱和生存的根本问题，鼓励民间艺人多收徒弟，培养阳戏后继传承人。当然不能只指望政府扶持，还要靠自己主动求生存，在政府帮助下寻求商业合作伙伴，科学合理地兴办专业阳戏文化产业，与文化旅游形成文化产业链，用文化产业链的发展思路增加阳戏队伍的经济效益，让更多人员参与阳戏表演艺术中来，从而促进阳戏的传承和发展。此外，各级教育机构要把民族民间文化纳入教学内容。结合实际，以农村、社区、协会、学校为载体，建立阳戏等传统文体活动基地。并切实开展民族民间文化进课堂活动，适当聘请当地民间艺人做兼职教师，传授各种民间技艺，提高学生的人文素质。尤其是大学要根据实际开设相关专业或者相关课程，以培养保护文化遗产方面的专门人才，传承弘扬文化遗产。

对阳戏文化遗产保护与传承还在于建立一个可持续发展的活态的文化生态，“文化生态不仅是指人类文化和行为与其所处的自然环境之间相互作用的关系，同时还理所当然地指向生命之圈中各种不同文化之间相互作用的关系”。① 任何民族的文化都有其生态背景，如民族的生产方式、生活方式、民居建筑、民族性格、思维特征、审美情趣等，都与地理生态环境有密切联系。因此，在开展民族文化遗产保护的同时，应抓住新农村建设构建和谐社会及国家大力抓文化产业的机遇，重视民意，调动人们的积极性，发挥其主人翁精神，行政管理部门、学术界与民间结合，共同努力，达到自觉、自发的文化遗产保护与传承状态。齐抓共管，狠抓生态建设，重新协调人与自然的关系，挖掘民族民间生态文化智慧，通过生态重建让传统文化因子有机地存活于共同全面建设小康社会及构建和谐社会的社区或群体之中。

参考文献：

[1]（清）李宗昉等：《黔南丛书》，嘉庆十八年（1813）刻本。

[2]（清）瞿鸿锡、贺绪蕃：《平越直隶州志》，光绪三十三年（1907）刻本。

[3]（清）徐鋐、萧琯：《松桃厅志》，道光十六年（1836）刻本。

[4]（清）《酉阳直隶州总志·风俗志》，同治三年（1864）刻本。

[5]（清）喻竹君：《铜仁府志》，光绪十八年（1892）刻本。

[6]（清）郑珍、莫友芝：《遵义府志·风俗志》，道光二十一年（1841）刻本。

① 李伟、魏巍：《巴渝文化与重庆文化生态圈建设》，《文艺争鸣》2008 年第 7 期。

［7］“咸丰县志”编纂委员会：《咸丰县志》，武汉大学出版社 1990 年版。

［8］贵州省地方志编纂委员会：《贵州省志·文学艺术志》，贵州人民出版社 2003 年版。

［9］贵州省开阳县地方志编纂委员会：《开阳县志》，贵州人民出版社 1993 年版。

［10］贵州省“遵义县志”编纂委员会：《遵义县志》，贵州人民出版社 1992 年版。

［11］湖北省恩施土家族苗族自治州地方志编纂委员会：《恩施州志》，湖北人民出版社 1998 年版。

［12］秀山土家族苗族自治县县志编纂委员会：《秀山县志》，中华书局 2001 年版。

［13］“酉阳县志”编纂委员会：《酉阳县志》，重庆出版社 2002 年版。

［14］庹修明：《巫傩文化与仪式戏剧研究》，贵州民族出版社 2009 年版。

［15］杨光华：《且蘭傩魂》（上部），人民文学出版社 2008 年版。

［16］陈玉平：《阳戏研究综述》，《贵州民族学院学报》（哲学社会科学版）2009 年第 3 期。

［17］胡天成：《重庆阳戏与福泉阳戏之比较研究》，杨昌儒、卢云辉主编《贵州世居民族与民族文化研究》（2013 年卷），中国社会科学出版社 2014 年版。

［18］李伟、魏巍：《巴渝文化与重庆文化生态圈建设》，《文艺争鸣》2008 年第 7 期。

［19］段明：《四川省酉阳土家族苗族自治县双河区小岗乡兴隆村面具阳戏》，台湾省施合郑民俗文化基金会 1993 年版。

论穿青人诗歌创作中的穿青文化

——在首届中国文艺“长安论坛”上的发言

林　岚　喻子涵*

摘　要： 聚居在贵州西部的穿青人属于“已识别待定民族”，它有一套有别于汉族和其他少数民族文化特征的自成体系的文化传统，而穿青诗人及其诗歌则肩负着宣扬和传承本民族文化的使命。穿青人诗歌表达的是一种震撼人心的母族情结和对地域民族文化的深情关注，一方面书写丰富的民俗文化以强化族群记忆和民族凝聚力；另一方面又揭示母族文化边缘化的恐慌与文化身份的焦虑，并使焦虑与重建成为穿青人诗歌的一大主题。族群文学是多民族文学的重要组成部分，穿青人诗歌对于研究中国多民族文学提供了鲜活的样本，也可为中国“多民族文学”的振兴与发展增加一分力量。

关键词： 穿青人；《穿青人诗选》；民族文学；多民族文学

---

* 林岚，贵州民族大学文学院2013级中国现当代文学硕士研究生；喻子涵，贵州民族大学教授、硕士生导师，研究方向：民族文化产业、中国现当代文学、跨媒介文学。

美国意象派诗人庞德说："诗歌是种族的触角。"触角是生物最重要的感觉器官，而诗歌是一个民族精神气质的敏锐反映，是民族文化最为精粹的诗意表达。庞德的比喻确实很精妙。文学与文化有着天然的共生关系，深深根植于贵州西部一带民族文化土壤的穿青人的诗歌，其简洁的文字承载的是一个民族的精神和历史的积淀。因此可以说，诗歌是民族文化的指路碑，透过不朽的碑文可以走向丰富而神秘的民族文化，可以抵达一个民族的灵魂。

一　识别待定的穿青民族

在贵州西部，位于乌江上游六冲河、三岔河和鸭池河流域的毕节、安顺、六盘水、黔西南、黔南五市（州）十多个邻近的县，聚集着67万名穿青人（据第五次全国人口普查自报填写"穿青人"族称的人数），其中半数以上聚居在织金、纳雍两县，每县超过20万人。关于穿青人的族源由来，学术界众说纷纭。以著名人类学家费孝通先生和民族识别专家宋蜀华、林耀华先生为代表，认为穿青人由明代西迁汉族移民集团发展而来；而当地学者和穿青人自我识别调查组专家则认为，"思播流裔"、水东土司"宋家后裔"的"土人"与"外省流寓"的"里民子"是穿青人的前身，由于其先民"衣尚青"，后来称"穿青"。20世纪80年代中期，国家民委鉴于穿青人与汉族的共同性大于差异性，因此没有认定穿青人为一个单一的少数民族。但是，根据民族意愿，并且为了民族团结和社会管理，2003年公安部发文《关于对贵州省革家人和穿青人居民身份证民族项目内容填写问题的批复》（公治〔2003〕118号）："凡已按照少数民族对待的仍按少数民族对待，填写民族成分时原来怎么填写仍怎么填写。"因此，在办理居民身份证时，可填写为"穿青人”。[①] 穿青人属于“已识别待定民族”，它有一套自成体系的文化传统，这个文化传统是有别于汉族和其他少数民族文化特征的。穿青人有自己的宗教信仰，家中必设“五显坛”（用小竹篓装起来的小坛罐，坛罐里边装满了盐茶五谷和铜钱，竹篓上还插着五色布条做的旗帜），供奉“五显神”（一说是“显聪、显明、显正、显直、显德”，另一说是“五显华光大帝”），从每年农历九月二十八日五显神的生日起，家家开始带有家祭性质的“庆坛”活动（傩堂戏、跳菩萨），以保平安、吉祥、兴旺。穿青人也有图腾崇拜，他们把山魈（最凶悍的猴类动物）作为图腾，不许随便提到它，更不许说不敬的话，在许多生产、生活用具上刻上山魈图像，每年农历正月初五到十五，由巫师装扮成山魈模样到各村各户驱赶瘟疫，以祈求平安。穿青人的婚丧习俗规矩繁多，婚俗有背鸡认亲、以鹅押礼、打亲闹亲、砍亲照亲、草鞋陪嫁、披露水衣和戴雨帽、讨奶母钱、新娘站花、挑水试新娘、井边回门等程序，民国以后逐渐简化；老人正常过世，有草鞋荐亡、竹棍报丧、买水浴尸、垫鸡鸣枕、供茶吊孝、火把送葬、烧火照墓等丧葬习俗。穿青人的服饰特征，最明显的标志是旧时妇女不缠足（大脚板），喜穿细耳草鞋或反云勾鼻花鞋，脚扎青色绑带，穿青蓝两色制成的三节衣、两节袖、滚花边大袖衣，拴腰带，戴大勾耳环，梳“三把头”发饰。穿青人的节日文化也比较丰富独特，有大年（从除夕到初五）、小年（正月十四、十五）、三月三（敬山神、树神，吃“毛香粑”）、四月八（“吃染黄饭”，驱害虫仪式）、七月半（七月十三祭祀祖先的节日）、九月二十八（五显神生日，杀鸡、燃香敬供五显菩萨）、十月初一（杀雄鸡一只供牛王菩萨，打粑粑套在牛角上，给牛披红挂彩慰劳牛）。穿青人的语言特征体现在“老

① 参见杨然《穿青人问题研究》，博士学位论文，中央民族大学，2006年。

辈子话”（穿青人自称为“老板腔”）上，尽管有争议（一说古时汉语的一种方言，另一说脱胎于少数民族语言），但实际上“老板腔”是居住于各地的穿青人所共同使用的民族性的语言。①

以上诸如宗教信仰、图腾崇拜、婚丧习俗、服饰特征、节日文化、语言特征等，都是穿青人独特的文化符号。文化是一个民族的精神内核，是一个民族的向心力，丢失掉自己文化的民族永远都不能在多元的文化背景中求得生存和进步。在现代西方文化与汉文化的双重夹击下，穿青人已然丧失自己的母语，在主流文化中甚至处于一种失语状态，穿青文化的传承也随之面临着严峻的挑战，因此，穿青人肩负着宣扬和传承母族文化的使命，而穿青诗人及其诗歌便是完成这一使命的重要任务和渠道。

二　穿青诗中的母族情结

穿青人的诗作散见于《诗刊》《星星》《山花》等国内各种报纸杂志和网络博客，最近诗人王家洋又比较全面地收集整理了《穿青人诗选》稿本，本文便以此为样本对穿青诗人及其诗歌创作予以考察和研究。人们都知道，诗歌是最易被误读的一种文学形式，一首诗的内涵往往有多种解读。有意思的是，这次集中阅读这些诗，其特定内涵和意义突然变得明朗起来。少数民族诗歌擅长在对具有本民族特色的宗教信仰、意识情趣、风俗习惯等民族文化内涵的揭示中，解开民族起源的基因密码、勾勒民族文化生长的土壤，传承母族文化。这部《穿青人诗选》表达的就是一种震撼人心的母族情结，即这些诗歌作品蕴含着鲜明

---

① 参见陈宏枢《穿青人历史与文化》《织金文史资料》（第七辑），织金县政协文史资料委员会 2004 年版。

的民族性特征。

《穿青人诗选》共收有较有成就的31位诗人的作品，年龄跨度从“60后”至“90后”，他们都倾心于用诗歌语言探寻民族起源、勾勒母族历史、描绘本民族文化特征，捕捉一个民族的集体记忆。如陈绍陟的《土人》写穿青人来源，刘宇浩《青衣裳》写穿青人服饰，徐源《遗失的三把头》写穿青妇女的发饰等，以带有宏大叙事的思维和形式，追溯穿青人的族源及其文化符号。其中，“60后”诗人陈绍陟的《山魈人马》，对于穿青人崇拜的山魈图腾有着更加清晰地描述：“因向上攀援的姿势太久/而纷纷直立起来/丛林风向天旋动黄金的声音/奇异地充满诱惑，绵绵散开/成为最初的语言//越过一片片森林一道道峡谷/惊！黄金果已熟透红果汁流遍黄昏/一齐伏地痛饮/敏捷而古怪地向随风而生之月招手/便是一片黑暗，疑云四起，浓如浑身毛发/是最初的胜利与欢乐//但是有箭矢射来，有绳索捆来/有鞭子抽来，无羁的山魈人马/浩浩荡荡成为奴仆，而惊怒/而沉默……丛林岁月，呼啸飞越树梢/祖先啊！日渐苍白为遥远传说/以受难之日记为岁首，挥舞皮肤的五彩经幡/漫漫沿村祈祷依山而歌/黑色眼睛粒粒破碎//再也采不到黄金果，但其诱惑如梦幻/日日在天边光芒四射。”穿青人古时崇拜山魈为神，以猴为自己民族的图腾，自称是“山魈人马”，该诗以山魈图腾为切入点，描述母族先民辛劳创业及浩浩荡荡的迁徙史，震撼人心。诗人从人类学、宗教学、民族学的角度驾驭起族群历史、族群信仰、族群文化题材，给民族文学创作提供有益启示。

当然，穿青诗人对自己民族的遥远历史毕竟是模糊的、虚幻的，因而他们描写的历史只能借助于传说、习俗或身边亲人的感觉来复原，这是一种带有个人情感化的历史，其实也就是母族情结下民族文化想象的表达。如陈绍陟的《陈大道》写陈家二世祖、徐源《指路碑》写穿青民间宗教信仰习俗、李枝能《致母亲》写母爱亲情。这类诗歌以个人记忆为主题，叙事夹杂抒情，传达出浓厚的母语情结。而杨春明的组诗《寻找青族》，其母族情结最为明显，整组诗分别以“父亲”“母亲”“大哥”“姐姐”为标题构成一首叙事性的抒情长诗，其中第五章《寻找青族》写道：

> 我似乎听到了遥远的话语/我怦然心动/那是祖先的语言/那语言从刀光剑影中突围出来/在寻找一个藏身之所/并有遥远的文字作了记号/我被时空阻隔/时间在无情地流逝/心被火焰反复灼烤焚烧/我在失去与祖先的一线联系/遥看着他疲惫的背影越来越远/冥冥中一个声音说/存乎于心
>
> ……我要循序渐进/逆时光而上穿越迷离穿越风雨穿越黑暗/我要冷静地迎送黑暗/透过时光的雾瘴让昨天在我的眼里洞开/我看见穿青衣的人们结绳造屋刀耕火种/看见他们日出而作日落而息绿了山坡黄了田野/看见他们踩山的大脚穿着细耳草鞋在青石板上大步踏歌/看见了他们种桑采茶纺麻织纱在清澈的河/水里漂洗一青二白的长布/看见他们对歌打莲花落庆五显坛跪拜山魈/看见他们婚丧嫁娶生儿育女/我真切地感到某种把握在沉静中逼近/我大声呼喊/然而他们远离着我/我被水一般浸满的黑暗和无奈淹没

全诗看似以一家四口人的成长轨迹来谱写一部家族的历史，实际上这部家族史就是数十万穿青同族的缩影，是整个穿青族顽强的奋斗史和生命史。并且，从上面的片段可以看出，穿青诗人对母族的寻根与追思、对母族历史的大胆想象与复原、对母族历史与文化书写的狂热，是试图在多元文化中探寻本族的起源轨迹与本族文化的生成基因，使母族文化能在多元文化的发展中获得合法身份，同时与他族齐头并进并保持自身的独特性，反映出穿青知识分子深沉的“民族意识”和文化传承的担当。

三 永不抹灭的族群记忆

少数民族诗歌所体现的民族性既是显性的又是隐性的。穿青诗人在追寻母族历史的同时，还把笔力投向穿青人集体记忆中的文化传统、生活习俗等。他们尽量发掘和表达本民族有别于汉族与其他少数民族文化特征的传统文化，从这些集体存储的文化传统中去感受自己民族的历史及其生活情景和生存境况。如徐源的《穿青人》组诗，通过《草鞋陪嫁》《指路碑》《遗失的三把头》《牛王节》《生命之树》《救苦解结》等章节，书写穿青人的婚嫁习俗、民间宗教信仰、服饰特征、节日习俗等民族文化，揭示穿青人习俗文化中的集体记忆和文化认同。

陈绍陟在族群记忆方面也有着明显的书写，他在《穿青衣》中写道：

> 等天一黑，等天一亮，山上唱山歌/唱得粗野，唱得羞涩/杜鹃一山一山开得大朵小朵/茶花一岭一岭燃得如烟如火/稻谷一坝一坝金黄灿烂/荞麦一坡一坡掀起笙乐/就下山来，就下坡来，就下坎来/细耳草鞋轻盈如云，有风一阵/有花一朵，母亲传下的踩山大脚/站得稳硝石，站得急草尖/青青绑腿缠累山间流水/青青衣裙飘忽云勾花边/梳起三把秀发有杀天苗劲/腰系一条长带有媚地柔情/嫁到姑妈家去/有人挥弯刀砍路，有人执亮槁照明/背着你的陪嫁草鞋，夜半翻大山/抱着你的一双大雁，清晨过大河/远井等你汲水哟！穿青女/花牛等你驾犁哟！穿青女/荒地等你栽树哟！穿青女/织麻布，千里采药安染缸哟！穿青女/生来手脚大哟！穿青女/死时棺材小！哟！穿青女

这里描述的就是穿青族嫁娶的习俗及穿青女从来不裹脚的传统。民俗习惯强化着族群记忆，族群记忆又使民族文化得以保留和传承，从而实现文化认同和民族团结与繁荣。再如“泛 90 后”诗人若非的组诗《乡村纪事》，描述的是穿青族传统丧葬习俗中为一个早夭者送灵的场面——接火、度关、面壁思、送行。这些区别于汉族文化的风土人情使得穿青人的诗作带有深深的母族印记，这些印记甚至细化至诗中具有明显穿青族特征的辞藻。还有前文提到的《山魈人马》，“山魈”，即猴的一种，是穿青人的图腾信仰，穿青人把山魈作为吉祥物，我们可以看到在穿青人聚居的地方，他们的许多生产生活用具上都刻有“山魈”图像。可以说“山魈”是专属于穿青人的名词。类似的还有徐源《遗失的三把头》里提到的“五显”是穿青人专属的神灵信仰，刘宇浩《青衣裳》里“老辈子话”指的是如今已经消失的穿青族母语……这些显性的民族标签不仅是穿青诗歌区别于其他诗歌的特征，它对于穿青族文化的传承亦起着重要作用。

从诗人和诗歌来说，立足于挖掘族群记忆是在于将一个民族深处的真正话语呈现出来，完成诗人及其诗歌对自己民族的彰显、为自己民族立命的神圣责任。如陈绍陟《土人》：

厚嘴唇播着刀耕火种的故事/一个匍匐的民族，一代又一代/躯体上生长着五谷//一个泥土塑成的民族/生于泥土。活于泥土。死于泥土/连砂器清脆的响声和碎片也没有/五指耕刨大地/安埋岁月和自己//一个穿黑色衣装的民族，没有旗帜/只有撒不尽的种子，没有英雄/只有默默而生而长的子孙，没有勇士/只有杀人放火的复仇者，没有颂歌/只有吟唱鬼神的谣曲，没有纪念碑/大山都在风化//石头间是一片片男男女女/黝黑而陡峭，太阳在背脊上斜斜地/落下去，硕大/沉重/血红/苍莽神奇的高原没有回声

“土人”是穿青人的祖先，但存争论，而诗人必须追根溯源。当然，诗人不同于历史学家，诗人只需要这个符号、情结、指向，他就能完成灵魂的寄寓，完成诗意的出发，完成话语的呈现。

再如徐源的《跳菩萨》：

> 颂扬吧　颂扬生活在肮脏/灰暗　隐秘之中的　光明的/神圣的　不可诋毁的光荣的阳具/羞涩的　忍辱负重的/被诗歌掩霉的　繁衍子孙的伟大的阴部//崇尚土地的人　崇尚永恒的性/崇尚我们身上流淌的血液/在堂屋里　这纯洁的地方/在虔诚的跪拜中　菩萨是善良的/他望着我们　深爱着祖先/深爱着自己的家园//每一个子孙　都有一个菩萨在庇佑/大慈大悲的五显神/请指引我们　沿着青赤白黑黄/五路火光　一路返回/在最初的路上　找到唯一的见证人//这粗野的祭祀　渐消亡的老辈子话/三把头　三节两袖衣/我们都深爱着　我们在暗角哭泣的根

“跳菩萨”是穿青人一年一度秋收后的“庆五显坛”活动。穿青人崇拜、供奉“五显神”，以保平安、吉祥、兴旺。同时，“五显”崇拜是穿青人的文化符号，是穿青族群的宗教信仰和文化娱乐生活，是族群记忆中最深刻的内容之一，直到如今，穿青人的其他文化符号逐渐遗失，而“跳菩萨”仍在民间流传。它通过既神圣又世俗、既庄严又娱乐的方式，对一代代穿青人进行传宗接代、伦理道德和历史传统教育，以强化族群记忆和民族凝聚力。穿青诗歌的价值正在于这样的描绘与揭示。

四　渐入边缘的文化焦虑

当然，除了显性特征外，诗选中的作品还有一些隐性的共同特征，最突出的便是大多数诗人的作品表现出对于母族被边缘化的恐慌与焦虑，如陈绍陟、徐源、漠血、西山行者的诗均有体现。徐源在《遗失的三把头》中写道：

没有镜子　让我们看到自己　回到过去/那些腐蚀在风雨中的脚印　无人收藏/刻在骨头上的痕迹　歪歪斜斜/终不成一个能记载的字　我们将到哪儿/去寻找埋葬在高处的祖先/没有尸体的祖先　只有一捧厚重的泥土//在空旷的时间　对着厚重的大地/喊得撕心裂肺/哦　这一个梳着三把头的民族/身披夜晚　提着马灯和头颅/向着黎明的寨子走去。

“三把头”是穿青妇女的典型头饰，是穿青人的文化符号，但是这种梳妆习俗已经在年轻人一代遗失。在诗人眼中，这不是一种习俗的丢失，而是穿青文化的丧失，因而引发沉重的忧虑。杨春明《寻找青族》中有一片段这样写道：

我现在坐在群山之巅/心没有受伤也没有麻木/我对峙着内心的寂寞和矛盾/类病的忧郁和执倔缠绕着我/你虽然真切的活过/但是你消逝了/群体的消逝是缘由个体的消逝/因为个体是羸弱的/羸弱的个体面对是非曲直往往死在半路/黑夜临近了/我缄口不言/面对沉陷在晚暮的沉默/我希望有一个女人爱我

不难看出，诗中流动着焦虑和期待的情绪。

穿青人的身份问题成为穿青人的心结。尽管穿青人通过一代知识分子自我识别的努力，从“待识别民族”推进一步成为“已识别待定民族”，但是身份问题仍然没有得到最终解决。所以文化身份及其身份焦虑，让穿青人陷入一种矛盾复杂的文化困境。尤其是随着本民族价值存在的提升，穿青人的民族意识增长趋向也十分明显，焦虑与重建成为穿青诗人书写的一大主题。正如杨春明《寻找青族》写道：“在我野草般的思想饱满而又孤单地荣衰一遍之后/孤寂的独醒的浮云落下一阵雪来/她悄悄地站在我的背后/雪一样深情而低柔地对我说/走吧　我陪你上路/于是我欣喜若狂/失去的一切顿时复得/我高声喊我是青族/我看见着黑衣的人们强悍有力神采照人/放下了依恋和惆怅/成群结队铺天盖地走入我的内心。”

再如王家洋的作品《我们都是穿青人》《犁》《一年四季》《不要打开这盛满墨水的酒瓶》《动物园里的鸟》等，以朴实、自然、简洁的语言和搭配瑰奇的意象，使得一些无以名状的隐性情感得以形象化，比如，用远离城市的“一滴露珠”象征穿青乡土社会的遗世独立，其对母族文化的拳拳深情可见一斑。此处以他的《动物园里的鸟》为例，有人从中读出生态保护的启示，有人从中领略到城乡文明的差别，有人从中悟出人类精神的空虚，而在我看来，它还表现了一种对穿青文化认同、文化传承的焦虑：

> 这些鸟，假如没有翅膀/我就不会提起这支沉重的笔/就不会想起蓝天和大海，日月和星辰/也就不会久久掂估这些鸟语的分量/这些鸟，假如没有翅膀/我就不会恨命运、恨池塘、恨井/也就不会为那些逝去的火/以及它们的源头，久久出神/这些鸟，这些被地平线久久拦住的水/这些不甘沉沦的云朵/在动物园里，成为人类百读不厌的寓言/除了我，还有谁注意过它们的眼睛/还有谁能为它们落下真诚的文字?! /这些鸟，这些本该属于大自然的精灵/翅膀开始僵硬，甚至退化/却仍然保持着飞翔的姿势。而这些/只有我一个人知道

鸟被关在动物园，意味着生命体失去了自由和主体意识。少数民族

的文化传承常常陷入两种尴尬的境地，一是被他族文化完全取代、被人们遗忘直至消失；二是被圈禁起来，被一种不对等的猎奇的眼光审视。王家洋笔下的这只鸟就属于第二种。任何有主体意识的生命体一旦被禁锢、被束缚以后，最终都是灭亡的结局，“这些鸟，这些本该属于大自然的精灵/翅膀开始僵硬，甚至退化/却仍然保持着飞翔的姿势。而这些/只有我一个人知道”。王家洋似乎预感到母族文化的衰败趋势，并为之感到深深的担忧。王家洋是个有责任感的文人，他不想母族文化的慢慢消失只有他一个人觉察到，他希望所有穿青人对本族文化都能肩负起传承的使命感，也希望他族给予穿青人更多的关注和发展空间。

五　地域文化的深沉关注

翻开三十一位诗人的简介，发现有近 2/3 的诗人来自黔西北，特别是来自毕节纳雍的诗人最多。人杰地灵的纳雍是贵州有名的诗歌大县，是贵州“乌蒙山诗派”的核心区域，它那具有历史积淀的浓烈文化氛围使很多诗人的作品具有明显的地域性特征。中国的诗歌自古就有地域性的传统，诗的源头《诗经》中的《风》就带有很强的地域性特征，《楚辞》则又是南方文化的产物。诗选中的诗人们均是来自贵州的穿青人，乌蒙山上的一山一水、一草一木、一人一事、一秋一冬都是诗人笔下割舍不掉的情怀，都带着诗人内心久久不灭的牵念。因此，《穿青人诗选》中的诗歌作品不仅有明显的民族性，还带有立足于云贵高原文化的地域性特征。诗人们喜欢写家乡、擅长写家乡，或怀念，或批判，或带着若即若离的微妙情感，其思绪、情调、话语、语言、取材总有那块地域的影子。这些诗人大概分为两类，一类是“忆往昔”型，另一类是“叹今朝”型。

“忆往昔”型如出生于乌江上游的诗人王庆，忘不掉的是乌江的石榴花、风铃声、唢呐声，并深情地说："告诉你，春天来临的日子，你是我唯一的皈依啊！"即使不得不为了生计离开故土，但他"站在城市之外，我的文字记录遥远的乌江"，即使"我的眼睛长满厚厚的苔藓"，然而"我把手伸进水中，春天如水"（《守望乌江》）。诗人对故土的牵挂、依恋之情荡漾其间。"80后"诗人李光明的笔下尽是回忆，回忆亲人，回忆故土，回忆"细数蛙鸣的童年"。他在《我为什么一直觉得外婆还没有离去》中写道："我确信外婆就是一座村庄/她的白发就是简陋之居上的茅草/双眼是村旁的枯井/苦涩百味已无力流淌。"表达了对故土、亲人的深切思念。还有陈小江、唐信林、胡树斌、龙海、张习辉等的诗，均有对高原、家乡的怀念，这类诗读起来较为温情动人。

而另一类是"叹今朝"型，这类作品往往是站在现代文明的立场上，以冷静的眼光回首、反思家乡的一切。如土生土长的纳雍诗人李枝能笔下的《纳雍河》：

> 我静坐于褐色的岸石上/孤独　未老先衰/等待远古冰川期的到来　而今/尧禹已死孔丘已死河水已死了/死了千年死了万年只因生得太早死得太早/巴茅草随时间疯长偷偷渗出记忆/却不能告诉我告诉你一个古老的故事
>
> 于是赤足前行吧/走不尽的苍凉黄尘/唱不完单调深沉的乐章/一支古箫一路卵石/迸裂化石中的最后一声驳船/那脚杆很长的候鸟　坦然/掩去我的惶惑如在苍茫间一种默契/纳彝沂木　我的母亲/真想成为诗/让所有日子都能读出韵律……

不仅是家乡的母亲河，更是一条承载着纳雍历史的长河，可如今它却是荒芜的、干涸的，犹如死去一般，已经"不能告诉我告诉你一个古老的故事"，母族的基因密码眼看就要被神秘化、消失殆尽，诗人对于地域文化的深沉关注由此可见。李枝能还写有“终于读懂高原沉重而古老的年纪”的《高原魂》和“寒冷中我闻到你的芳馨”的《高原风》，地域文化色彩都较浓。另外，房小可眼中的高原已然成了“悲情的高原”，“树木已经枯败，森林即将消失”，“河流已经死去，灵魂的震颤和伤害在天空下那么耀眼和清晰……”诗中深含痛惜；闵云霄、张品、周春荣、李长琦的诗则是以城市生活来反衬家乡的宁静、淳朴、落后……后一类诗较前一类而言显得更为冷静和客观，充满悲悯和审视。当然，怀念也好、批判也罢，总之家乡在穿青诗人心目中有着与母族文化同等的地位，无论生在何时、现居何地，家乡总会伴随诗人的笔触，无法割舍。或许，这就是艾青所说的“对这土地爱得深沉”！

结语　多民族文学振兴之路

族群文学是多民族文学的重要组成部分，多民族文学是中华民族的精神依托。因此，挖掘整理族群文学资源，编辑出版族群文学选本，对于振兴多民族文学其意义不言自明。同时，民族民间文学往往又是中国主流文学高峰/没落节点上拯救文学生命的关键元素。先圣孔子曾说：“礼失而求诸野。”这对于寻求文学发展规律也有所启示。实际上自古以来的文学发展史已经证明。《诗经》《楚辞》、汉乐府均源于民间歌谣的提炼与加工；胡适先生认为，唐诗体式最初也是受西南民间歌谣的启发生成的；[①] 宋词源自民间的曲子词和宋代特定的市民文化风尚；元曲源

① 参见杜国景《在歌谣中与主流相遇》引胡适《全国歌谣调查的建议》，《全球语境与本土话语：中国多民族文学论坛十年精选集》，社会科学文献出版社2014年版，第116页。

自蕃曲、胡乐，由街市村坊的小令、小调加工而成。到了“五四”时期，胡适带着对“这二十年的新诗”的不满，提倡歌谣收集，以“替中国文学扩大范围，增添范本”，“供今日新诗人的学习师法”。① 直至21世纪的今天，源自生活底层的族群文学越来越备受关注，民族文学发展方兴未艾，正如《民族文学研究》编辑部主任刘大先说：“21世纪以来少数民族文学出现了新一轮的创作与出版热潮，少数民族文化与精神资源也成为主流文学的重要创作来源。”② 可想而知，穿青人诗歌可为我们研究中国多民族文学提供更多鲜活的样本，同时，关注和研究一个特殊民族的诗歌文本，可为中国“多民族文学”振兴与发展增加一分力量。

另外，北京师范大学谭五昌教授在一次采访中说：“自20世纪90年代至今，贵州诗歌在国内诗歌界的重要地位已经逐渐丧失了。”③ 作为一名贵州诗人，不得不承认这一论断的合理性和可靠性，并为之感到遗憾和恐慌。而今看到这个《穿青人诗选》稿本，又似乎看到了贵州诗歌发展的希望。贵州是一个多民族省份，“多彩贵州”的号角也一再吹响，民族民间文化是贵州文学复兴的重要资源，如果专注于诗歌的民族性和地域性并紧密结合当代性需求和世界性视野，或许这是贵州诗歌发展的新出路；尤其是致力于一个个族群文学的发展并形成贵州多民族文学的合力，则可以改变边地文学、底层文学被描述、被表达的局面或命运。在这方面，闻名世界的大凉山彝族诗人群就是一个成功的范例。谭五昌教授还说：“我认为选编好的诗歌选本与读物是非常重要的工作……一

① 杜国景：《在歌谣中与主流相遇》引胡适《〈歌谣周刊〉复刊词》，《全球语境与本土话语：中国多民族文学论坛十年精选集》，社会科学文献出版社2014年版，第127—128页。

② 刘大先：《中国多民族文学论坛继往开来十年路》，《全球语境与本土话语：中国多民族文学论坛十年精选集》，社会科学文献出版社2014年版，第1页。

③ 郭思思：《贵州诗歌在国内诗歌界的重要地位已经逐渐丧失——中国当代新诗研究中心主任、北师大教授谭五昌专访》，《贵州民族报》2011年11月11日，《民族文学周刊》第13期。

个优秀或杰出的诗歌编选家其重要价值是不可低估的，它是一个光荣的角色与身份。”[①] 将文学作品编选结集的现象在当代文坛上并不鲜见，有的以年代选编，有的以体裁选编，有的以行政区域选编，更多的则是单个作家作品选集，而一个单一少数民族作品的选编则更具有现实意义——少数民族是聚居在相对固定区域且具有独特民俗风情的民族，因此，从诗选中既可以看到少数民族文学创作的独特性和原创性，又可以提炼出多民族文学的多样性和共生性；既可以深入少数民族诗歌的民族性特征，又可以感受到民族文学的地域性特色。所以，它们是多民族文化共荣圈中不可缺少的重要成分，而这正是这本《穿青人诗选》的价值所在，也是我们研究它的意义所在。

① 郭思思：《贵州诗歌在国内诗歌界的重要地位已经逐渐丧失——中国当代新诗研究中心主任、北师大教授谭五昌专访》，《贵州民族报》2011 年 11 月 11 日，《民族文学周刊》第 13 期。

贵州世居民族历史文化资源的文学转化研究

——以李发模长篇叙事诗《呵嗬》为例*

艾　洁**

摘　要：贵州是一个多民族杂居的省份，其中生活在黔北地区的仡佬族是贵州世居民族，有着自己悠久的历史和文化，贵州著名诗人李发模的长篇叙事诗《呵嗬》运用了长诗这种艺术形式对仡佬族的历史、文化和民族精神进行了书写。本文将以这部五千多行的长篇叙事诗作为蓝本，对其进行地域、历史、民族文化、民间艺术到文学的转化研究。

关键词：《呵嗬》李发模；仡佬族；文化资源；文学转化

"呵嗬"一词，就词的属性来看，只是一个简单的语用词。但是对诗人李发模而言，却是在为贵州世居的仡佬族发出关于他们民族的呐喊。"呵嗬"是仡佬族人民在自然的天地中吆喝高山、绿水的方式，

---

* 基金项目：贵州民族大学科研基金资助项目《贵州世居民族历史文化资源的文学转化研究——以李发模长篇叙事诗〈呵嗬〉为例》(15XYS062)。

** 艾洁，仡佬族，贵州民族大学文学院中国现当代文学专业2014级硕士研究生，研究方向：中国现当代文学。

“呵嗬”是仡佬族人民在隔着乡村寨落呼喊亲朋好友的默契行为。同时，《呵嗬》也是诗人李发模为仡佬族同胞吆喝出属于他们的文化和历史、文明和生活，诗人李发模在《呵嗬》中，通过现代叙事长诗的文学文本形式“为一个民族写史”①。

我国是一个多民族的国家，不同的少数民族有着自己的民族文化，所以许多关于民族历史的民族长诗便应运而生。如藏族史诗《格萨尔王传》（或叫《格萨尔》）、苗族史诗《亚鲁王》等，这些史诗无一不在展示本民族优秀的历史民族文化，由众多民间艺人将民间故事进行搜集、整编、修改最后形成诗歌，严格来说是民间文学的范畴。但《呵嗬》一诗与其他民族长诗不一样的地方就在于作者以一个现代人的眼光，对仡佬族的民族历史文化进行了较为深度的挖掘，并将之转化为一部纯文学的文本。

《呵嗬》全诗共五千余行，由十个章节组成。诗歌以水妹和山蛮这两个仡佬族年轻人的爱情故事和身世遭遇为主线，在书写可歌可泣的爱情故事的同时将仡佬族的地域、历史、民族文化进行了一个全面的展现。德国哲学家海德格尔说：“诗人的天职是还乡。”李发模先生生于仡佬族众多的遵义地区，诗人以“黔北石旮旯里的庄稼和种庄稼的老人”自居，悉心浇灌，用自然与人文的土壤将黔北仡佬族的民族之根培育发芽，使之茁壮成长为参天大树。在这棵树上，能看到黔北仡佬族的生存状态、民族智慧、生活习性、民族个性，甚至是支撑民族生生不息的民族精神。

一　黔北地域文化在诗歌中的故事性呈现

仡佬族是一个历史悠久的民族，其历史最早可以追溯到殷商时期。

① 李发模：《呵嗬》，贵州人民出版社2009年版，第247页。（文中所引《呵嗬》诗句不在此一一注明）

他们多生活在我国的西南、中南等地区，随着历史的变迁，仡佬族多分布于我国的贵州、广西、云南等地，而贵州的仡佬族则多分布于黔北地区。黔北地区地处喀斯特地貌区域，风景奇特，山洞、岩洞、山岩比比皆是，地理景观奇特，植被丰茂，竹林成海。仡佬族先民们一直生活在这样的自然地理环境中。人类与其生存的土地有着很深的联系，不同的生存环境会造就人们不同的性格。从人们的生活经验来看，都认为生活在草原上的马背民族热爱自由、敢爱敢恨、生性豪迈；生活在海边的人们因为经常需要经历大风大浪，所以造就他们勇敢的性格。山峦重叠、瘴气丛生的生存环境对于几千年前生产力极为不发达的仡佬族人来说，想要将生活继续下去，还需要努力与大自然搏斗。这样的生存环境造就了仡佬族人勇敢、不畏艰险和勇于与逆境搏斗的精神。尽管仡佬族人一路走来生活充满崎岖，失掉无数生命，但这片热土却也养育了一代又一代的仡佬人。

藏族人民在其史诗《格萨尔王传》中将格萨尔王的英勇善战、惩恶扬善、弘扬佛法的事迹刻画出来，格萨尔王无疑是藏族人民的精神偶像，他的精神也影响着一代又一代的藏族人民。在《呵嗬》中，诗人将仡佬族先民们具化为一个个生动的形象，用这些生动的形象向读者展现仡佬族人贯穿在其骨血里的民族性格。甲章中，诗人呈现了与母亲相关的七个男人，这七个男人的形象分别是补伕（巫师）、酒师、学者、养竹人、厨师、农人、风水先生。这七种身份描写刻画出仡佬族男子不同的形象，七个男子中有五个人是在经历了自然灾害后死去。诗中对他们的死是这样描述的：

第一个男人，被老虎吃了　老虎肚皮，是活埋他的棺材/第二个男人，摔下高岩　峡谷激流，送他去大海/……第四个男人，路遇泥石流　岩石塌方，葬在大山胸怀/……第六个男人，死于旋风独木桥上，魂飞天外/第七个男人，遇瘴气而死　蚂蚁推一堆黄土，把他掩埋。

从诗句中我们可以读出诗人对他们的死亡过程的描写并不是血肉模糊且惨痛的，更多的是让读者感到一种悲壮和勇敢的意味。在诗人的眼中，他们是血性且勇敢的，

七个男人坐过的体温，烟味乃至血性和脊梁的曲直。

仡佬族的先民们虽然在一次次的自然灾害中失去自己的生命，但是在面对死亡时依旧勇敢无畏，一次次的死亡并未让仡佬族人民退缩，勇敢的仡佬人选择的是挺直脊梁，在这片土地上生存下去。

生存环境为人类带来的并不是只有苦难，一方热土养育了一方人民。虽然恶劣的生存环境不断磨炼着仡佬人的意志，但也让无数的仡佬人在这片土地上得以生存和发展。《呵嗬》中诗人用满含热情的诗句对地域文明进行歌颂，用充满血性的语言将仡佬人对自然的敬畏和感恩之心表达得恰到好处。

把血熬的液斟进杯中吧/把汗煮的饭盛在碗中吧/抱心上的柴火暖高山吧/仡佬人，感恩大自然……

在《呵嗬》的丁章，祖传的天地中，诗人开篇便将仡佬人对大自然的感情表明——仡佬人对自然的热爱是来自血液。大江大河灌溉着仡佬人的心灵花园，高山大地见证着仡佬族人千百年的子孙传承。来自大自然的馈赠让当政者注意到了来自远山的人们，仡佬人使用朱砂使仡佬族人民得到了世人的注意。在南宋《溪蛮丛笑》中便有对仡佬族人使用朱砂的记载：“砂出万山之崖为最，仡佬人以火攻取。”在仡佬族人生活的万山和务川等地，朱砂的藏量相当丰富，仡佬族的先民濮人、僚人以采

砂为生计。丰富的朱砂矿藏是土地对仡佬人的恩赐，让仡佬人得以在这片土地上获得生存的条件。

> 一万年的红/几千年的火……恩惠仡佬远祖——濮人、大合……/至今，山还显灵水还流韵岩还刻符/砂坑、栈道还低于传说神圣的/朱砂矿啊。

> 朱砂矿上，林立的宝王庙/知泱泱中华，是仡佬人。

仡佬人开采的朱砂用在帝王的玉玺红盖、御笔朱批、宫廷翘檐、器皿古红、摩崖石刻、测人量天的水银柱、巫师的神符、人们的生活中。仡佬人用这样的一种方式，将他们的烙印，深深地印在了华夏的历史中，中华文明中从此多了这一抹鲜艳的红。

诗人在将仡佬族地域文化转化成文学形式的过程中并不是单纯地把仡佬族的各种生存环境、自然资源进行一番歌颂和赞美，而是用自己独特的方式，将仡佬族人生活了几千年的土地孕育出来的地域文化展现在读者面前。读者跟随着诗歌中的男主角山蛮，通过山蛮的眼睛，看到了仡佬族人生存的土地，看到了仡佬族先民创造的属于自己的朱砂文化、水银文化、悬棺文化、竹文化。通过山蛮的遭遇将仡佬族地域文化娓娓道来。仡佬族生活的地区盛产竹子，山蛮和水妹的相识将仡佬族居住地的竹文化道出；在山蛮逃亡的路上，跨过芙蓉江、洪渡河，将山水的历史呈现；路遇宝王庙，朱砂红便深深地印在了人们心中；被歹人追杀至坟地，让仡佬族人因生活环境而产生的悬棺文化得以展现。诗人用如此奇特的构思将仡佬族人的地域文化用充满诗性的语言完成了地域文化到文学的转化。

二　民族历史文化渲染诗歌情感基调

仡佬族是一个历史相当悠久的民族，从先秦时期开始便有对仡佬族人的记载，史书上将仡佬族人称为“濮人”（或写作“卜人”）；魏晋南北朝时期，又将他们与古越人一起，被泛称为“僚人”；到唐、宋时期，史书上出现了“葛僚”“佶僚”等称谓。虽然史书上并未对仡佬族人的历史加以详细的记载，但是从这里便可以知道，仡佬族一直存在中华民族的历史中，与其他民族一起，共同创造了光辉灿烂的华夏文明。在几千年的漫长历史进程中，仡佬族的先民们，在生产实践中，以自己辛勤的劳动和智慧，创造了丰富而灿烂的历史和民族文化，为中华文化增添了绚烂的光彩。诗人将仡佬族人的悠久历史、民族文化用现代诗歌的表达方式书写下来。

作为边地的民族，远离中央政权，便注定不会有太多机会成为被关注的焦点，甚至在历史的书写中也不会被提及，关于仡佬族的起源更是无从说起，但是至今仡佬族民间还有祖辈住在山洞的传说。每个民族都有关于自己民族最初的想象，汉民族有女娲造人，西方有亚当和夏娃的故事，仡佬族也有自己的创世神话故事。古代的仡佬族初民曾以犬为图腾，在仡佬族传说《金毛狗》和《缕金狗》中，便能看出狗对于仡佬族先民的重要性。在《呵嗬》乙章中，诗人用猎人和狗的对话对仡佬族的起源进行追寻：

猎人：狗狗们，可知哪个来制天？/狗们：（举目望过远古）/古来无奈来制天。……猎人：是哪个来造地？/狗们：古来无限来造地。……猎人：是哪个造太阳？/狗们：是无奈以簸箕造太阳。/猎人：是哪个造月亮？/狗们：是无限拿筛子造月亮……

仡佬族传说中自无奈和无限创世界后便一直从事农耕，将生命延续。历史在不断发展，仡佬族的历史也在不断向前推进。仡佬族的发展历史是一部充满了悲情的历史，一路走来“饱经沧桑……历尽血洗”，封建王朝的制度在中国延续了几千年，这意味着仡佬族人在统治者的统治下生活了几千年，从夏王朝到清朝四千多年的时间里，仡佬族人从风雨里走来。

百年千年，千年仡佬山/……一湾河水盈盈想说；话说岁月/在这渡口，摆渡“大元王国”/又渡商周秦汉……/一船夜郎，一船郎州，再一船/神武古播，经唐、宋、元、明/一船呵嗬，已到明朝万历年间……

短短几句诗歌讲述着仡佬族千年的历史。仡佬族的历史是流着血的历史、是反抗的历史。自元朝开始，中央王朝便开始在仡佬族地区实行土司制度，这样的制度一直持续到明、清时期。明朝万历年间，中央政府为了镇压播州土司杨应龙，一场战役爆发，在播州之役中，无数的仡佬族人参加了战役。

平播之役。在仡山海龙囤上……悬挂的仡佬兵将/惊世骇俗的威武……

播州之役之后，仡佬族人因参加战役被称为叛党，被迫躲进深山，之后的中央政府实行改土归流，仡佬人的生活显得越发艰难：

隐族埋名的仡佬人啊/躲避屠戮，执拗地/在山旮旯里开朵朵野花……钦定的叛乱，仡佬兵卒人家/躲排山倒海之重压……逃进深山，所有嘴唇紧闭……改土归流，族分几等……仡佬人的生存，一步步/被逼上悬崖……

改土归流，中央管辖后，朝廷将许多官吏派往边地，仡佬族人在暴吏的统治下生活得步履艰难，抢民女、施苛政。诗人通过水妹与官吏的对答将一个昏官恶吏的形象刻画得惟妙惟肖：

> 明火执仗，抢……那地方狗官——思前想后，心生一计/好毒辣……关爷：叫山蛮爹出来，三件大事/可否办妥/若不行，趁今天/你水妹就跟我……

尽管面对恶吏的种种逼迫，仡佬人还是用智慧战胜了种种刁难。种种的苦难书写着仡佬族人的历史，种种的苦难铸就着仡佬人勇敢的性格，经历过千难万苦的仡佬族人终于将压迫者推翻。诗人在对仡佬族历史的描写中，用悲壮的语调，将仡佬族人的悲情、无奈展现得淋漓尽致。诗人用自己感性的语言，大气豪放地将仡佬族历史中的流血、牺牲、反抗的历史画面一幅幅地描绘出来，展现于世人眼前。

历史在发展，仡佬族的民族文化也在发展。仡佬族有许许多多的传说故事，这些故事包括了创世传说、开天辟地、信仰崇拜等展现朴素自然观的民族文化。因仡佬族居住地多生长竹子，所以仡佬族历史中关于竹子的传说的出现就变得顺理成章。竹王是仡佬族宗教信仰中的神祇之一，《华阳国志·南中志》中便记载了竹王的来历，诗人将这个重要的仡佬族传说写入长诗中："史载：'初，有女子浣于遯水，有三节大竹，流于足间。闻其中有号声，剖竹视之，得一男儿，归而养之。及长，有才武，自立为夜郎侯，以竹为姓。'"乙章的《竹王传说》将仡佬族关于竹王的来历、仡佬人对竹子的喜爱，以及竹子对仡佬人生活的重要性体现了出来，仡佬人爱竹，用竹，将竹子作为自己的图腾崇拜对象，诗人将竹子代表着仡佬族文化的重要意象来书写，也能让读者看到诗人对诗歌选材的睿智之处。除了"竹文化"之外，在《呵嗬》中，诗人还着重展现了仡佬族的丧葬文化。在男主角山蛮逃难的路上，他来到竹海，看到仡佬族族人关于悬棺的文化：

> 悬在半空中生与死的古栈道啊/那些欲突破天空的远古的足迹/在最险窄艰难的高处/与天地达成最古老的生死默契/……悬棺、岩棺，一如时空的抽屉/可供天地飞进飞出/……谁说我们是悬空的迷？不/从祖先的祖先起始，濮人/生能跋山涉水，狩猎捕鱼/死了，也鹰一样飞起/以一种凌空的姿势……

从诗歌表现的丧葬文化不难看出，诗人极力想在丧葬文化中表现出仡佬族人性格中对勇敢的向往，就算是死去也要极力向上拼搏的精神，这种精神不断影响着仡佬族人在各个方面的创造。仡佬族人创造着属于自己的文化，唐代佛家六祖慧能，贵州最早见诸文字、最先走出大山、叩问中原文化的学者尹珍，宋代战略军事家冉琎、冉璞……他们用自己的实践为中华文化的发展传承做出了贡献。壬章“仡佬人与仡佬人创造”一节中，诗人将仡佬族历史上的文化名流一一列举，将仡佬族人创造的白酒文化、傩戏、高台舞狮、花灯等民间文化、丧葬文化做了详细的总结，并用文学的语言将仡佬族文化的方方面面进行了诗性的描述。

《呵嗬》是一部历史叙事兼抒情的长诗。从历史文化视角来看，《呵嗬》以一对仡佬族青年男女的爱情追求为主线，融合仡佬族自创世以来到明清时期的历史变迁为辅线，表现仡佬族的历史发展图景。作品将仡佬族的历史进行梳理、剪辑，在长诗中对仡佬族的发展历史进行文学的处理，从诗歌的角度将民族发展历史娓娓道来的同时，更是将仡佬族人民的痛苦、欢乐与历史的发展相融合，让诗歌在兼具历史思考的同时更带有对人性美好的歌颂。所以作品既有诗歌抒情的特点，又具有叙事诗歌跌宕起伏的故事情节的故事性特点，兼容叙事与抒情。再从民族文化角度来看，仡佬族是贵州的世居少数民族，经过长时间的发展形成了自己独特的民族文化和独特的民族习俗。在诗中，诗人便将仡佬族的神话传说，如竹王传说、芭蕉仙子传说、宝王传说等流传已久的传说故事改编为诗歌，用精练简短的语言把仡佬族先民对于自然的朴素理解，以及这些传说对仡佬族族人民族精神的塑造用山蛮和水妹的经历写出。仡佬族人敬畏天地、自然、祖先，这种文化已经在仡佬人的生活习俗里得到了传承，诗中出现的丧葬文化、民间文化都是仡佬族人民族精神的传承和体现的象征。诗人以巧妙的故事编排，将仡佬族极具特色的历史、民族文化融入其中，将之打磨成型，使诗歌在朗朗上口、极具趣味性的同时还能引发读者对仡佬族文化、仡佬族人质朴守成、勇敢无畏、粗犷豪迈而又儒雅智慧、勇敢坚强而又达观乐天等刚柔并济的民族性格的深层次思考。

三　民族民间文化书写策略的转变

人们对少数民族的印象大都是能歌善舞，仡佬族也不例外。仡佬族是喜爱唱歌的民族，仡佬族的歌谣源远流长，深受人们的喜爱。俄文艺理论家车尔尼雪夫斯基提出“艺术生活”这样一个概念，他认为没有生活原型或者现象就没有艺术创作的源头和灵感，就像古希腊文化中戏剧的产生一样，古希腊悲剧起源于酒神的祭祀仪式。在春天，人们为了祈祷丰收，在悲壮、严肃的气氛中悲剧诞生了。而仡佬族民族歌谣作为一种民间的文学形式早已存在，明代嘉靖《贵州通志》记载，石阡府苗民司仡佬族“丧葬击鼓唱歌，男女围尸跳跃”，由此可见，仡佬族先民已在各种场合创造出了来源于生活各个方面，抒发自身情感并极具民族特色的民族歌谣。“仡佬族歌谣的数量非常丰富，歌谣的类型繁多，有古歌、情歌、酒歌、苦歌、劳动歌、哭嫁歌、新民歌等种种形式。”这些民族歌谣不仅展现了仡佬族人民的生活习俗，还将仡佬族人民对生活的认识和对生活的热爱进行了艺术的提炼。

《呵嫲》虽然从诗歌体裁上来看是现代叙事长诗，但是诗人在创作的同时还将仡佬族传统的民族歌谣进行改编，让传统的民间口头艺术完成了新的蜕变。仡佬族的劳动歌包括打闹歌、盘歌、砍荒歌、织布歌、采茶歌、放羊歌等几个种类。盘歌知识性强，歌词生动且富有浓郁的生活气息。盘歌一般通过歌唱双方一问一答来进行，这种艺术的表现手法不仅带有很强的趣味性还能提高人们的辨析能力，诗人在多个章节中运用到了盘歌的形式，在乙章“寻根追源”中，诗人塑造了猎人和狗两个对唱形象，将歌词改编为诗句，一问一答的过程中便将仡佬族祖先的创世经历讲述清楚。丁章“仡佬盘歌”中，用山蛮和水妹的盘歌对唱，告诉人们仡佬族人对自然的认识，在自然的山水中映射出仡佬族人对自然的热爱和情感的质朴。乙章“在九天母石寨”一节中，用魔幻现实主义的手法，在动物的对话中，让山蛮走进远古的记忆，将仡佬族先祖造人的传说通过动物们的一问一答，既从山蛮的经历这条线索来让故事主人公丰富本族的历史文化，也让读者对仡佬族文化有了清晰的认识。

在整部诗歌中，除了盘歌形式之外还有多种歌谣形式的现代文学演变。在描写山蛮与水妹的爱情时，情歌的改编是最合适的。仡佬族人的婚姻父母是不加干预的，多由男女双方自主选择，所以对山蛮与水妹爱情的描写，诗人选择了最能表现仡佬族年轻人爱情特色的情歌来表达，情歌唱出了山蛮与水妹爱情的美好，也唱出了仡佬族人对爱情的美好歌颂。当山蛮和水妹的爱情升华后，诗人又选用仡佬族的传统酒歌和婚嫁歌渲染欢庆的氛围，在俏皮的歌词中品味爱情和婚姻的幸福。用劳动号子展现仡佬族男人在劳动时对血性和硬朗的追求……

诗人能将仡佬族传统的民间歌谣转化为现代诗的形式表现出来，除了需要自身对仡佬族民族民间文化有较多的了解之外，还需要运用自己极具匠心的语言来将诗歌进行文学的提炼，根据歌谣本身的特点加以改编，在保有歌谣原本特色的基础上，加入文学的考量，在不同的情节设置中，加入不同的歌谣形式，使整部长诗在语言的韵味和情节设置的巧妙性上都有独到的一面。这一种改编的形式有别于传统的史诗格律的严谨、结构的封闭、文体的华丽、风格的崇高，诗人选用的是自由的格律、开放的结构、朴实的风格和俏皮自然的格调，使仡佬族民间歌谣焕然一新，实现了民间歌谣到现代文学的转化。

结　语

诗人在《呵嗬》中用山蛮和水妹从相识、相爱、结合、被迫分离、山蛮的流浪、夫妻重逢的故事，将仡佬族悠久的地域、历史、民族文化、民间艺术用现代叙事长诗的文学形式表现出来。

从诗歌的叙事性来看，诗人以巧妙的情节设置，在三个不同的时空中，运用后现代拼贴的手法，将天机道人、猎人与狗这两条线作为山蛮与水妹爱情故事的副线随意穿插。看似无关联的故事背后其实是诗人特意设置的情节的互补，从主人公的出场到最后的结尾，诗人将仡佬族的创世神话到改土归流的历史，设置到男主角的不同人生阶段，随着男主角的成熟和面对不同的遭遇时的变化，将不同的历史背景与诗中人物命运结合，写出了一部独特的仡佬族发展史。在诗歌中天机道人用一种超然的眼光，将世事洞明，让诗歌在有极强的叙事性的同时还有相当浓烈的关于人生的思辨性思考。诗人独特的诗歌叙述手法在当代贵州长诗或当代贵州少数民族长诗中是极为少见的，诗人摆脱了传统少数民族史诗的创作形式，将自己对仡佬族的主观认识与客观形式相结合，使每一个人物、每一个意象都被赋予鲜活的意义，对西方创作方法的创造性使用也为《呵嗬》的整体形象增添了新的色彩。

从诗歌的韵律和语言来看，诗人在诗歌中采取的是一种抒情式的表达，在书面语言使用的同时还将仡佬族语言中极具民族性特色的口语夹杂在诗歌中，让诗歌的整体语言风格呈现出高雅与通俗并存、严肃与俏皮相互交织的画面。在加入了仡佬族传统的民间歌谣后，诗歌除了整体形式产生特别的变化外，民间歌谣本身有别于传统文学的特色让《呵嗬》的语言风格变得更具特色。诗人在《呵嗬》中完美展现了对语言的驾驭能力及对诗歌整体风格的把控才能，用文学创作的方式对贵州世居少数民族地域与历史、民族文化的传承保护与利用，帮助人们正确认识少数民族的传统文化对于贵州乃至全国文化建设的重要性；对贵州的仡佬族人民来说，也是学习及保护本族历史文化和精神传统的一个重要渠道。

《呵嗬》是一个极具示范性的案例，诗歌中仡佬族各种文化的交织呈现并未给人突兀之感，这种创新性的写作方式不仅为贵州文坛，甚至为全国少数民族文学创作开辟了一条极具引领性、借鉴意义的道路。

参考文献：

［1］李发模：《呵嗬》，贵州人民出版社 2009 年版。

［2］钟金贵：《仡佬族民俗文化研究》，民族出版社 2012 年版。

浅析贵定布依族山歌“十八调”

——在首届中国文艺“长安论坛”上的发言

罗丁群*

摘　要： 山歌是布依族民间文学的一个重要组成部分，同时也是精华部分。布依族是一个能歌善舞的民族，在他们的劳动生活中，常常“以歌代言、以歌传情、以歌议事、以歌会友”。人们用歌声来传递彼此之间的动人感情，抒发着真挚的情感，表达出浓浓的亲切感。布依族无论是在劳动、节日、说事、闲谈、赶集、走亲访友、红喜甚至青年男女谈情说爱都要唱山歌。在贵定县的布依族山歌有“十八调”，即十八种唱法，不同场合运用不同的调类真挚巧妙地抒发自己的感情，在2015年被国家文化部批为“非物质文化遗产”的重点保护对象。

关键词： 贵定县；布依族；山歌；十八调

布依族是云贵高原上一个古老的民族，主要分布在贵州省的黔南布依族苗族自治州、黔西南布依族苗族自治州、贵阳市、安顺市、毕节市

* 罗丁群，布依族，贵州民族大学中国少数民族文学2015级专业硕士研究生，研究方向：少数民族文学。

等地。居住特点大多是成片聚居或与其他少数民族交错杂居，布依族民间文学包括：神话、传说、故事、歌谣、谚语、戏剧等，其中，歌谣是布依族民间文学最丰富也是最重要的一个部分且数量多，在贵州的布依族地区享有“诗乡歌海”的美称。

同时，布依族还是一个能歌善舞的民族，在黔南州布依族苗族自治州的贵定县，居住着淳朴的布依人民，他们视歌如生命，用最具地方特色的“山歌十八调”歌唱生活、迎接远方的宾客，男女老少在阵阵锣鼓声中，从四面八方汇聚到一起，尽情咏唱着似乎永远也唱不完的歌。山歌对唱由未婚青年男女、大人、小孩都可参加。布依人恋爱自由、婚姻自主，男女之间常常是以歌定情。特别是在农闲季节，布依山寨歌声如潮，无论是在路边绿树下、河边岩石上，还是山腰的绿荫深处，都是青年男女对歌的地方，无论是山头、溪旁，还是无人踏过的深草地里，都会听到那悠扬的歌声。日落西山，夜幕降临，在潺潺的流水边、静静的小桥头、神奇的竹林中，不时传来甜甜的歌，悄悄的情话。

一　十八调的生境

布依族属于“百越”部落的一支，是贵州世居少数民族之一，以其淳朴热情、智慧勤劳、能歌善舞闻名于世，主要聚居在我国贵州省的黔南和黔西南两个布依族苗族自治州及其他地区，云南省、四川省的部分地区也有布依族居住。贵定县隶属贵州省黔南州布依族苗族自治州，位于黔南州的北部，是一个多民族聚居的县，少数民族占全县总人口的53.5%，其中布依族人口有10余万人，占全县总人口的37.1%。贵定县的布依族主要分布在盘江镇、沿山镇、云雾镇、抱管乡、巩固乡及铁厂乡。由于受到新时代文化的冲击，仅有巩固乡的石板村、纳栗寨及云雾镇的燕子岩保留较完整，至此还用布依语交流，其他乡镇的布依语基本消失。但布依族人民喜爱以歌传情、以歌代言的交流方式，却完美地传承下来。

贵定县布依族山歌“十八调”源于民间。因布依族自古以来只有语言，没有文字，十八调的传承也只是口口相传，直至1956年国家民委使用拉丁字母拼音为布依族创造了文字。所以对于十八调的产生时间、地点也无法去考证，据清末编修的《贵定县志稿》记载：“隋开皇元年（581）贵定最早建宾化县于今大平伐长官司（今抱管乡境内）等重大庆典或祭祀活动中，夷人（即今布依族）山歌就以其丰富多样的曲调尽情展演……”由此可见，布依山歌（夷人山歌）至少是在“隋开皇元年”之前就已经形成了的。“以其丰富多样的曲调尽情展演”一句，还可说明“隋开皇元年”之前就已经形成的布依山歌，且演唱的曲调也不止一种了，要不怎么会谈得上“丰富多样的曲”？

由此还可以推断，贵定布依山歌“十八调”应该发祥于今抱管乡境内，流传分布于以今抱管乡为中心的各大小布依族村寨。如今，贵定布依山歌“十八调”不仅辐射了贵定县十六个布依族人口居住较为集中的乡（镇），而且还流传到周边县（市）的一些布依族村寨了。其中比较典型的有贵定县抱管乡的苦竹寨，盘江镇的音寨、麦懂，窑上乡的长寨，云雾镇的水纹寨，巩固乡的石板寨，沿山镇的高晓寨，旧治镇的猛壤寨，昌明镇的龙塘湾寨，猴场堡乡的摆龙寨，新巴镇的龙井寨，落北河乡的小滥冲寨，马场河乡的干岔河寨等。周边县（市）如龙里县羊场镇的安金寨、孔雀寨，都匀市石龙乡的平醒寨、岩脚寨，平塘县掌布乡的斗底寨、本底寨，惠水县摆金镇的清水苑寨，开阳县禾丰乡的水头寨、马头寨等其他地区，所唱布依山歌的曲调也极为丰富，几乎大同小异。

布依族古代文学以歌谣最为丰富。在贵定县地区，布依族山歌不仅调类多，而且所唱歌谣的内容尤为丰富多彩，根据不同的场合唱歌的人会选择适当的腔调进行歌唱。十八调的歌唱主要有劳动歌、苦歌、反歌、习俗歌、情歌、恭贺歌、颂歌和儿歌等。

劳动歌通常是叙述人们在农业生产劳动和手工生产劳动的过程，有时会叙述劳动的艰辛，有时也会歌唱每个月适合播种的种子或用歌来传授经验和方法，具有浓郁的生活气息。苦歌是布依族诉说自己苦难生活的悲歌，这类歌反映出了布依族生活环境的恶劣。反歌是布依族反对剥削和统治阶级的压迫，同时也歌颂了布依族人民不卑不亢、敢于与剥削阶级作斗争的精神。习俗歌是人民在本民族的节庆日所唱的歌，布依族的节日主要有：三月三、四月八、六月六，在这些节日他们都会用歌声来庆贺。情歌主要是布依族的青年男女在谈情说爱时对对方的赞美和思念及邀约的歌曲，在布依族中，男女谈恋爱通常称为“浪哨”，这类歌体现出了布依族在婚姻方面是自由的。恭贺歌通常是用来恭贺主人家的歌，比如搬迁新房子、娶媳妇、满月酒、金榜题名等喜事。颂歌出现的时间较晚，是在解放战争时期，解放军经过贵定县的布依族村寨时，给当地的人民带去了幸福的生活，所以就用优美的独特民族歌声来感谢他们。儿歌是小孩玩耍时唱的嬉戏歌或长辈在逗孩子开心时所唱的歌。

由于我国的经济生活发展水平提高速度迅猛，贵定距离省会仅45分钟的路程，容易受到外界文化的影响，唱歌的种类并不多，特别是苦歌、反歌在他们的歌声中已渐渐消失，小孩们也很少唱自己民族的歌了。而最为流行的是习俗歌、恭贺歌、情歌三种，在人们的生活中一直在流唱着。

二　十八调语言文学的独特风格

贵定山歌十八调创作风格上大多采取现实主义和浪漫主义相结合的创作手法，或是如实叙述，或是夸张、想象、比喻。由于布依族只有语言没有文字的缘故。在近代社会中，外界社会的经济、文化迅速地传入布依族地区，布依族民歌从形式和内容上都发生了一些新的变化。在贵定县只有小部分的布依族会说布依语，表现上有了新的发展和强烈的时代气息，以至年轻人在唱歌时大多是采用汉语布依调，只有年龄较大的人用布依语演唱，至今，他们在表现形式、内容、方法上几乎都和汉族的一样，甚至有些直接是从汉族中过渡过来的。

布依族山歌最具有文学艺术，具有本民族的特色风格，主要表现在具有浓烈的抒情性和叙述性，能够充分地表达歌唱者的思想感情。通过对布依族山歌十八调的分析，不仅有助于大家了解布依族山歌的文化意义和价值，而且也有助于其传承和保护。

（一）句式

贵定县布依族“山歌十八调”的演唱都采用布依语和汉语，由于时代的发展，布依族的语言逐步走向消亡，所以现在的大部分人都在用汉语来进行演唱，虽然是用汉语，但仍然保存着原生态的布依族山歌调。

用汉语演唱的大多都是七字为一句，通常把七字一句的称为七言体，这样的格律在贵定县的“十八调”中最为常见。例如：

一杯米酒满满斟，斟杯米酒敬客人。

客人喝了这杯酒，荣华富贵享不尽。

汉语演唱时特殊情况下也会使用五字一句，五字一句的称为五言体，这样的五言体并不常见，偶尔会在情歌中出现。例如：

年轻玩耍时，好像花正开。

花开有季节，过时不再来。

用布依语演唱时还会出现杂言体，即每句的字数都不一样。

用汉语演唱通常是四句为一段或一首，而贵定的布依山歌十八调都是四句为一首。例如：

我家住在苞谷山，苞谷斟酒酒更酸。

只要情歌不嫌弃，吞杯酒来妹欢心。

少数情况下用六句为一段或为一首，六句的大多是重复演唱后面两句的。例如：

走了一程又一程，走到你家找酒吞。

你家仁义实在好，我们可多害羞人。

你家仁义实在好，我们可多害羞多。

又如：

豌豆开花一排排，主家做客我们来。

主家酒肉香味美，双杯美酒我们抬。

主家酒肉香味美，双杯美酒我们抿。

有时也会出现反复的句式，都是通过赞颂同一种事物之后表达自己的情感，这种句式常出现在青年男女谈情说爱时的情歌中。例如：

男：太阳出来照半岩，金花银花滚下来。

金花银花我不爱，只爱情妹好人才。

女：太阳出来照山顶，金花银花吊下岭。

金花银花我不爱，只爱情哥好人品。

（二）押韵

用布依语来演唱的山歌通常会押头尾韵、腰尾韵、头尾腰尾混合韵。头尾韵即整首歌中上句的最后一个音节与下句的第一个音节同韵；腰尾韵是整首歌上句的音节与下句的中间一个音节同韵；头尾腰尾混合韵分为两种情况：一种是先押头尾韵后押腰尾韵，另一种是先押腰尾韵后押头尾韵。

贵定的布依族山歌十八调几乎都是采用汉语来演唱的，由于受到汉语诗歌的影响较大，其通常是押尾韵，押韵的方式主要有：

（1）第一、第二、第四句的最后一个字押韵，例如：

官家小姐坐高楼，王孙公子都去求。

出的出来进的进，好像粪蛆拱骨头。

（2）第二、第四句的最后一个字押韵，例如：

郎家没有人做饭，妹家没有人砍柴。

我两都是单纱线，要把纱线团拢来。

（3）句句押韵，即每句歌的最后一个字要押相同的韵，例如：

天上星宿单打单，妹要跟哥不怕难。

一脚踢开铁门坎，伸手折断铁栏杆。

（三）文学表现手法

布依族山歌大多是布依族人民自编自唱的歌曲，有的是现场现编现唱，即即兴演唱，也有的是靠寨子的歌手辈辈传承的。总体来说基本的写作手法是赋、比、兴。赋，即铺陈直叙，把人们要表达的思想感情直接表达出来；比，即比喻，借一个事物作为比喻，来表达思想情感；兴，即通过歌咏其他的事物来表达的思想感情。布依族是一个比较含蓄的民族，在他们的生活中，都是谦虚、委婉地表达一件事，所以在贵定县的布依族山歌十八调中，比、兴手法用得较多。例如：

> 情妹打扮像彩虹，眉毛弯弯像条龙。
> 牙齿白白如羽扇，脸上好像桃花红。

在布依族的情歌中，运用比的表现手法来夸赞对方的美貌和勤劳的品质，婉转表现了爱情中的男女是相互倾慕对方的。

例如：

> 三棵杉树一样高，阳雀飞来站树梢。
> 阳雀飞来站树上，麻布洗脸初会表。

又如：

> 好棵酸梨在路边，酸的酸来甜的甜。
> 不嫌梨酸上树讨，不嫌哥丑妹来连。

兴又叫“起兴”。布依族山歌常用在诗篇或章节的开头，先说其他事物以引起所要表达的内容，情妹要想表达自己对情哥有意就先歌唱路边的刺梨且谦虚地把刺梨说成酸刺梨。

（四）演唱方式

布依族在节日聚会或有红白喜事时，一般都要以歌代言、以歌传情，一般可以分为独唱、对唱及合唱三种形式。

独唱是单独一人时，可独唱或自唱，大多是在唱自己人生的悲哀与欢乐；对唱是指有人唱就有人合，人数一般不定，或是青年男、女谈情说爱时唱，又或是不同寨子因为喜事聚在一起而唱；合唱是指三个人以上的人在一起唱歌，一般是大家聚在一起劳动时最喜爱唱歌的一种方式。作为山歌无论在什么环境任何人都可以唱，没有什么限制和约定，所以演唱方式也是随意的。布依族山歌，同样如此，大家可以任意发挥、自由选择歌唱。

在贵定布依族山歌十八调中是没有歌名的，内容根据场合而定，尽量做到句句押韵，使歌唱起来朗朗上口。

三　十八调的内容

所谓布依山歌“九板十三腔十八调”，就是指同一首歌词，可以用“十八种”不同的曲调来演唱，通常简称为“十八调”，在黔南州贵定县的布依族地区传承流唱。这十八种曲调又可以分别归属于“十三种”不同的“腔”和“九种”不同的“板”，腔是腔调，板则是指种类。

贵定布依族山歌十八调主要分为：原普调、米杨花调、哟喂调、山水滴调、沙啦啦调、柳菊花调、里芝调、呀呀依调、真心歌调、情合意合调、溜溜调、哥哟（妹哟）调、哟嚯哟调、七姊妹调、红花调、迎合调、悠闲调。一首歌可以用十八调唱出来，但并不是所有的调类不分场合，不同的场合要用适合的调类演唱，才能更好地体现民族特色、表达出演唱者的心情。

原普调是十八调中人们最常唱的，对场合的要求并不高，通常用于初次相会、遇见熟人或询问时相互问候而唱，表达出了布依族在日常生活中歌的重要性，都是以歌叙事，例如：

辣子开花辣子白，你是哪方来的客？

你是哪方来的表，隔山绕水认不得。

米杨花调唱用于生产生活中和歌颂新时代的时至歌，主要强调生产的发展使布依族人民生活变得更加富饶，或是歌颂党的好政策给人们带来的好生活。布依族大多居住在有水的地方，以水稻为主食，米杨花即水稻在八九月份时长出的胚芽。这类歌在必要时，要重复后面的两句，目的是要强调人们过上好生活的心情，表现出布依族是把恩情看得很重的民族。例如：

十八大会似春风，神州大地暖融融。

执政兴国促发展，文化建设甩贫穷。

哟喂调是在婚俗等喜宴上人们最为喜爱唱的调类，唱起来清爽、明快、恬静，容易活跃气氛。此类调常用于婚俗上摆床（布依族婚姻习俗上要由新郎的伯妈和婶婶把床上用品叠放好，等待新娘的到来）和时宵夜推杯（推杯是布依族喝酒委婉地拒绝别人给自己斟酒），不仅表现出了喜事时人们心中的喜悦，同时也体现了在布依族的餐桌上，酒已成待客的必要之礼，衬托其待客热情、大方，例如：

一张桌子四角方，四条板凳摆四方。

金杯银杯摆八个，牙骨筷子摆八双。

布依族的青年男女谈恋爱时，地点常约在山上或水边，哟喂调常用于情歌或人们在叙述一件事情时的歌，这调类的歌词常常会唱景抒情、唱物叙事，歌唱者通过托物言志的创作手法委婉地表达自己的思想感情和叙说一件事，表现出了布依族温柔的美好品德。例如：

出门看见艳山花，看见艳山懒回家。

不是艳山扰乱我，是我扰乱艳山花（艳山花即类似杜鹃花）。

沙啦啦调常用于迎接远方到来的宾客，用自己做的糯米酒去敬客人，这类歌通常都称为“敬酒歌”，歌唱的内容大多是说酒是什么做的、怎么做、客人喝了这酒将来会过上怎么样的生活。例如：

一杯美酒满满斟，斟杯米酒敬客人。

客人喝了这杯酒，荣华富贵万年春。

在布依族的住房前后喜欢种上一些花花草草来装饰住所，每家装饰的程度不一样，去别人家时，布依族总喜欢夸赞对方。柳菊花调常用于赞美及歌颂别人，在贺房酒、状元酒时歌颂主人家勤劳好学的美好品德，男女谈恋爱时称赞对方的美貌时常唱的调类。例如：

你家房子砌得高，金打柱子银包腰。

上面盖有琉璃瓦，下面住着美丽娇。

里芝调是情歌中初恋时青年男、女双方相互爱慕倾情时最爱唱的调类，用来赞美对方的外貌和品格，并不直接赞美，而是通过比喻或借物来赞美。这类调的比较委婉、谦虚，给人一种含情脉脉的感觉。例如：

好朵鲜花在半岩，妹我手段掰不开。

哪时掰得花到手，金盆打水应花开。

呀呀依调常用于情歌及酒宴宾客时所唱，这类歌较为欢快且带有恋人间的不好意思和主人的谦虚。表现恋人彼此一生相守的决心，希望远到而来的宾客能够喝下自家酿的米酒。恋人用唱歌的方式来表现终生相守，主人用歌声来表示自家待客的心情。例如：

这杯酒，我来斟，双手端来敬客人。

虽然我家酒不好，一表情意二表心。

在布依族的古代婚俗中，青年男女是可以给自己的终身大事做主的，父母一般不干涉，并且无论男女只能结一次婚，不能离婚。所以男女在谈恋爱时一旦认定了对方，往往会通过唱歌的方式来表明自己的决心。真心调常用于男女间决定在一起时所作出的山盟海誓。例如：

生要连来死要连，生死跟哥到百年。

哪人九十七岁死，奈何桥上等三年。

恋人间的情投意合在一起，以后的婚姻才会甜甜蜜蜜、幸福美满，在贵定的布依族山歌中，情合意合调就是用于青年男女相恋是对对方的一往情深，表现出歌唱者对感情的专一和负责。例如：

豌豆开花开到尖，蚕豆开花半数蔫。

要学豌豆开到顶，万丈竹竿通到天。

灯锣响调常用于情歌中的挑逗歌、试探歌，表现出了布依族男、女在爱情面前勇敢地追求，像灯锣（布依族在喜事敲的用铁制作而成的锣，声音“灯、灯、灯”地响）的声音一样响亮。在布依族爱情中，男、女之间是平等的，都有权利去追求自己的幸福，表现出了布依族没有重男轻女的思想。例如：

刺梨好吃刺又多，手拿衣袖把刺搓。

想问情歌有无伴，几十几会不会说。

青年男女在谈恋爱时，难免磕磕碰碰，并不是一帆风顺的，在没下定决心时男女之间都还有选择的权利，溜溜调常常用于情歌中双方之间的感情发生了变化而唱的歌，意思是这份感情已从自己的身边溜掉，表现出歌唱者的惋惜之情，例如：

枉自逗来枉自逗，好比鲤鱼吊干沟。

干沟无水枉自吊，情歌无心枉自逗。

布依族的男女约会一般是在吃过早饭后去赶集或是特定预约时间，到傍晚时必须回家，若是到傍晚还没有回到家，父母就会认为对方不是一个正直的人。哥哟（妹哟）调，常用于情歌中的送别歌，表现出了男女之间对对方的离去而显得依依不舍。例如：

太阳落坡坡背阴，情哥渐渐要启程。

阳雀去了山冷淡，情歌去了妹冷心。

哟嚯哟调常用于酒桌上的礼仪歌，主要是劝客人喝酒，夸赞自己酿的酒的味道，让客人心甘情愿喝下自己敬的酒，例如：

世上美酒万万千，最数布依米酒甜。

不信贵客尝一口，保你一喝甜几年。

布依族男女的恋人或夫妻关系，是不能直称“男女朋友”或“两口子”的，一般只能叫作两姊妹，表现出了布依族在男女感情中的含蓄。七姊妹调常用于情歌中的思念和决心，以及夫妻直接分别时所唱的歌（七姊妹的谐音是“妻子妹”）。体现了歌唱者的思念之苦。例如：

抬头看天天起云，埋头看秧秧子青。

一天望哥几百遍，不见影子不见魂。

红花调常用于人们在交谈时表述自己的心情，说明歌唱者内心的想法。在男女谈恋爱时常用来试探对方的想法，或是在日常生活中夫妻、邻里之间发生矛盾时化解矛盾而唱，但在情歌中最为常见。例如：

别人连表不费心，妹我连表费精神。

茅草荒坡走成路，石板路上踩成坑。

迎合调常用于婚礼、酒礼中，婚礼中一般是赞美主人家在餐桌上招待的热情，然后就歌唱祝贺主人家捡来荣华富贵的事，而主人家一般就会以谦虚的话来回，说自己招待得各种不周到。例如：

主人待客好热情，为我提壶把酒斟。

酒不醉人人先醉，酒不醉人歌醉人。

悠闲调是十八调中最为难唱，也是最少唱的，此调较长、口气缓慢。一般在情侣相恋、深情、送别时唱的歌，表现了彼此间都希望时间可以过得慢一点而发出挽留和不舍之情。例如：

送哥一里到大地，哥走东来妹走西。

哥走东方有好处，妹走西方眼泪滴。

在布依族的生活中，一直传唱着一首歌，即“山歌本是古人留，留给后人解忧愁。一天不把山歌唱，少年英雄白了头。”由此可见，唱山歌在布依族的生活中有极为重要的意义。无论是眼睛所见到的日月星辰、山川河流、花鸟虫鱼、古树枯藤，甚至是桌子、板凳、碗筷，布依族都可以用来作为抒情与叙述的对象。所以，不难发现，在布依族的山歌中，大多是先借景抒情、借物叙事，最后才委婉地表达自己的思想感情。

结　语

贵定布依族山歌十八调是布依族民间文学历史的沉淀，从本质上反映了布依族对人生的价值观，他们追求美好，崇尚自然、劳动，在他们的身上体现了淳朴、勤劳、温柔的美好品德。千百年来的生存发展中，他们不断改变和完善自己，努力塑造自己良好的民族形象。十八调能够传唱至今，体现了布依族人民对自己文化的爱惜和重视。

综观贵定县现存的布依族文化，布依族人会说母语的人已不多，会说的大多都在45岁以上，年轻人和小孩都不会说了，所以现在贵定山歌十八调几乎都是用汉语布依调进行演唱的。由于布依族的文字没有很好地传承发展，很多人不会书写不会译文，仅仅只能靠口头流传。当地政府定期召开布依语培训会，组织当地的布依族人民学习布依族的文化和语言，充分体现了当地政府对布依族文化的重视，但在做宣传时，采取的国际音标并不规范，出现了很多乱码且老百姓也不认识国际音标，所以宣传教育没有起到真正的效果。在此建议当地政府采用汉语进行记音，老百姓就易接受了。

一个民族的语言文化，会随着社会的经济发展产生变异，也会随着国家政府机构的重视态度而发生重大的变化，同时更需要本民族的人们清醒地认识。因此，国家的政策是重大关键，本民族人民的思想意识是重要载体，要用老百姓最容易接受且最容易学的方法进行传承教育，这样才能事半功倍。政府应组织专业人员开展普查，收集整理资料，建立完整的数据库资料系统，这样才能传承和保护布依族山歌十八调的文化。

参考文献：

［1］何积全、陈立浩：《贵州民族文学史》，贵州民族出版社 1992 年版。

［2］周国茂：《布依族文化大观》，贵州民族出版社 2010 年版。

［3］吴启禄、吴定川：《大学布依文课本》，贵州民族学院 2000 年版。

［4］马启忠、王德龙：《布依族文化研究》，贵州民族出版社 1998 年版。

［5］张中笑、罗廷华：《贵州少数民族音乐》，贵州民族出版社 1997 年版。

［6］贵定县史志编纂委员会：《贵定县志》，贵州人民出版社 1995 年版。

《多彩贵州文化学刊》征稿函

尊敬的专家、学者：

您好！

“多彩贵州”是新时期提炼的一个以贵州原生态文化为主体的多元文化关系、多样文化生态、多种文化现象、多类产业样态涵聚的地域文化概念。研究和探讨多彩贵州文化内涵和外延，及其在复兴贵州文化、创新贵州精神、构建生态贵州和美丽贵州持续发展战略中的地位与作用，不仅具有学术理论和现实应用的双重价值，也是贵州当前文化大发展、大繁荣背景下的历史选择。

为了推动多彩贵州文化领域的协同创新研究，丰富相关理论及实践研究成果，贵州民族大学于2015年10月15日正式成立“多彩贵州文化高等研究院”（第十一次校长办公会议纪要〔2015〕11号），以作为省级2011协同创新中心“多彩贵州文化协同创新中心”的重要支撑机构，现研究院决定创办《多彩贵州文化学刊》（由出版社公开出版），收录并编辑出版“多彩贵州文化”领域内的最新研究成果，本刊编辑部诚挚地向校内外专家、学者特约稿件，望您不吝赐稿。

一　选题范围及栏目设置

1. 多彩贵州文化理论与文化政策研究

包含多彩贵州文化理论体系与文化内涵研究、多彩贵州文化传播与构筑贵州精神高地研究、多彩贵州文化与同心文化关系研究、多彩贵州文化政策与文化产业化等方向的理论研究等。

2. 多彩贵州文化资源传承及非物质文化遗产研究

包含少数民族文化、民俗民间文化、夜郎文化、长征文化、阳明文化、国酒文化、茶文化、药文化等贵州文化资源的多种形式的传承发展研究。

3. 多彩贵州文化品牌塑造与传播研究

包含多彩贵州文化品牌内涵确定、品牌定位、品牌塑造、品牌衍生、品牌推广、品牌营销、品牌差异化传播等内容。

4. 多彩贵州文化旅游产业研究

围绕文化与旅游融合，开展多彩贵州文化旅游产业研究，包含创意旅游、数字旅游、旅游产品设计、旅游景区发展、旅游品牌符号推广等内容。

5. 多彩贵州文化数字技术研究

围绕多彩贵州的多元化文化资源，推动文化资源与文化科技的高度融合，开展多彩贵州文化数字化开发利用领域内的研究。

6. 多彩贵州文化协同创新研究

包含多彩贵州文化协同创新建设中的体制机制改革、交叉学科建设、合作模式探索、人才引进及培养等方面的研究。

7. 多彩贵州文化区域发展比较与借鉴研究

包含以黔中城市群为核心的，以州（市）域为单位的多彩贵州文化产业发展路径探索、经验总结、措施比较、模式借鉴等内容。

8. 多彩贵州文化资源的文学艺术转化与利用研究

包含民族民间文化、夜郎文化、长征文化、阳明文化、国酒文化、茶文化、药文化等多彩贵州文化资源的文学精品转化、戏剧影视精品转化、音乐舞蹈美术和新媒体艺术精品等各种艺术形式的转化和利用研究。

根据以上选题设置的栏目有：文化视点、文化名家、文化遗产、文化品牌、文化产业、文化科技、文化服务、制度文化、历史文化、民族文化、民俗文化、生态文化、宗教文化、文学艺术等。

二　稿件要求

1. 稿件要求具有原创性，不得抄袭，文责自负。原则上不录用已正式发表的论文，单篇复制比在15%以下。

2. 稿件内容最好能突出实证研究的最新成果，尽量多用案例进行解析和论述；理论研究多关注前沿现象，突出问题意识和创新意识。

3. 稿件字数要求每篇以0.8万—1.5万字为宜。

4. 稿件包含中文标题、摘要、关键词、正文等内容，并请在正文后附作者姓名、民族、职称、职务、单位、地址、联系电话和电子邮箱等信息。

5. 基金项目成果，请标明项目来源、项目名称、项目编号、项目负责人等信息。

6. 来稿请用打印稿，并同时提交电子稿件。

7. 引证注释应规范。具体要求如下：

（1）凡是引述的中英文资料，请尽量采用第一手文献，实在查不到的，可注明转引。

（2）论文中的外国人名或著作名第一次出现时，请附上英文原文。

（3）所有注释均改为当页注（脚注），同一篇文章或同一本著作第一次在注释中出现时，请详细注明相关信息，以后重复出现时，可只注作者及篇名、页码。

（4）注释格式：

［期刊］作者：文题，刊名+年期。

［专著］作者：书名，出版者，出版年，页码。

［译著］作者，译者：书名，出版者，出版年，页码。

［论文集］作者：文题，编者，文集名，出版者，出版年，起始页码—终止页码。

［报纸］作者：文题，报纸名+年月日，版次。

［网站文献］作者：文题，网站名称，日期，网址。

8. 本刊有权对文稿进行修改，如不同意修改，请投稿时注明。本刊因工作量大，请作者自留底稿。若三个月内未接到用稿通知，请自行处理，恕不退稿。

三　征稿与出版

征稿时间：常年征稿。

出版周期：每年一辑。

稿件一旦刊用即发放稿酬并赠书二册。同时将邀请《多彩贵州文化学刊》作者参加多彩贵州文化协同创新中心招标项目选题征集讨论会，并优先考虑为招标项目负责人。

欢迎各位专家、学者就上述选题并围绕栏目提交论文或研究报告，具体题目自拟。

四　联系方式

联系人：冉永丽

电　话：15085933792

邮　箱：2351016312@qq.com

《多彩贵州文化学刊》编辑部